Hintermeier · Bienen, Hummeln, Wespen im Garten und in der Landschaft

Helmut und Margrit Hintermeier

Bienen, Hummeln, Wespen im Garten und in der Landschaft

Honigbienen

Hummeln

Solitärbienen

Wespen

Hornissen

130 Farbfotos

28 Zeichnungen

7 Farbtafeln

Obst- und Gartenbauverlag · München

Herausgeber: Bayerischer Landesverband für Gartenbau und Landespflege e. V.,
Herzog-Heinrich-Str. 21, 80336 München.
Verfasser: Helmut Hintermeier.

Gesamtherstellung: Ludwig Auer GmbH, Donauwörth.
2. Auflage 1997. Broschiert: ISBN 3-87596-098-X; gebunden: ISBN 3-87596-099-8

Zum Geleit

Dem sich immer mehr beschleunigenden Rückgang vieler Tier- und Pflanzenarten kann heute nur noch mit einem umfassenden, großräumigen Biotopschutz wirksam begegnet werden. Es ist daher dringend geboten, noch vorhandene Lebensräume durch verstärkte Aufklärung der Bevölkerung, gesetzliche Schutzmaßnahmen oder durch Ankauf vor zerstörenden Eingriffen zu bewahren. Augenfällige amtliche Maßnahmen wie die Ausweisung von Schutzgebieten sind sicher notwendig, dürfen aber den Blick nicht verstellen für die vielfältigen Möglichkeiten eines effektiven Artenschutzes im persönlichen Nahbereich, wozu auch Gärten einen nicht unbedeutenden Beitrag leisten können. In jedem giftfrei gehaltenen Garten – und sei er noch so klein – lassen sich abwechslungsreiche Lebensräume schaffen, die als möglichst vernetzte „Ökozellen“ und „Trittsteinbiotope“ zu einem Refugium schutzbedürftiger Arten werden, die in der intensiv genutzten freien Landschaft keine oder kaum mehr Existenzmöglichkeiten finden. Überlebenshilfen jeglicher Art sind besonders für Insekten wichtig, da sie – von den Schmetterlingen und einigen Käferarten abgesehen – erst Mitte der achtziger Jahre verstärkt in das Blickfeld des Artenschutzes rückten. Es verwundert daher nicht, daß man den in dieser Broschüre angesprochenen Solitärbienen, Solitärwespen und Hornissen selbst in Kreisen engagierter Naturschützer lange Zeit nur wenig oder gar keine Beachtung schenkte. Trotz einer sich bereits abzeichnenden Einstellungsänderung können hier nicht zuletzt auch Gartenbauvereine und Gartenfachberater im Rahmen ihrer Möglichkeiten noch ein gutes Stück Aufklärungsarbeit leisten.

Bayerischer Landesverband
für Gartenbau und Landschaftspflege

Naturnahe Gärten werden für Insekten immer bedeutsamer. Dabei kommt es nicht so sehr auf den hervorragenden Einzelgarten an, sondern auf die Vernetzung möglichst vieler Gartenanlagen mit Lebensmöglichkeiten für Tiere.

Gärten als „Freiland-Insektarien"

Naturnahe, vielgestaltige Gärten und Anlagen sind mittlerweile zu wichtigen Teil- und Ersatzlebensräumen für zahlreiche Vogel- und Schmetterlingsarten geworden, wie auch für ein Heer von Nützlingen, unter denen Igel, Spitzmaus, Erdkröte und Zauneidechse, Ohrwürmer, Raubwanzen, Lauf- und Marienkäfer, Flor-, Schweb- und Raupenfliegen, sowie Zehr- und Schlupfwespen die wohl am häufigsten angeführten Beispiele bilden. Als attraktive Blüteninseln in oft floristisch verarmter Umgebung üben Gärten mit ihrem kontinuierlichen, vom zeitigen Frühjahr bis in den Spätherbst reichenden Nektar- und Pollenangebot auch eine große Anziehungskraft auf zahlreiche Hautflüglerarten wie Bienen, Hummeln oder Wespen aus. Häufigster und bekanntester Blütengast ist sicher die Honigbiene. Sie beherrscht unsere Vorstellung von einer Biene so stark, daß nur die wenigsten Menschen wissen, daß es allein in Mitteleuropa rund 500 weitere Bienenarten gibt, die in einjährigen Sommerstaaten lebenden Hummeln miteingeschlossen. Die übrigen, auch als Wildbienen bezeichneten Arten, führen in der großen Mehrzahl eine solitäre Lebensweise, bei dem die ganze Last der Brutfürsorge auf dem einzelnen Weibchen ruht. Eine beachtliche Anzahl ist dem Menschen bis in die Dörfer und Städte gefolgt, wo ihre Ansiedlung durch ein breites Angebot an Nisthilfen aus Holz, Pflanzenstengeln, Lehm oder Stein noch zusätzlich unterstützt werden kann. Nisthilfen dieser Art werden auch von solitären Faltenwespen (Lehmwespenarten) oder Grabwespen (Blattlaus- oder Töpfergrabwespen) als Kinderstuben benutzt. Zusammen mit den Wildbienen (Mauer-, Blattschneider-, Scheren- und Urbienen) stellen sich auch deren Brutparasiten wie Gold- und Schlupfwespen oder bestimmte Fliegen ein. Kreuz-, Walzen- und Springspinnen versuchen an den Nisthilfen als Fallensteller und Jäger ihr Glück, während sich die räuberischen Ameisen bisweilen des Raupenvorrats von Lehmwespennestern bemächtigen. Papierwespen, Lehm- und Wegwespen, sowie verschiedene Wildbienenarten nutzen das Nisthilfenangebot als „Baumarkt", indem sie mit ihren Kiefern von den Hölzern und Wänden kleine Spänchen und Lehmklümpchen für ihre eigenen Nestbauten kratzen. In friedlicher Absicht finden sich dagegen einige Sonnenanbeter wie Mistbienen oder Falter auf den warmen Holz- oder Lehmflächen ein, während Ohrwürmer und Asseln als Be- oder Anwohner einem schattigen Plätzchen hinter oder in den Bienenbehausungen den Vorzug geben. Bei schlechtem Wetter und nachts werden die Niströhren von Fliegen und etlichen anderen Tieren als Schutzquartiere aufgesucht (LÜTHJE 1992). Von Solitärbienen und -wespen besiedelte Zaunpfähle, Fachwerkbalken, Lehmwände, Trockenmauern, Sandwege, Geröllbeete und Steingärten stellen ebenfalls ein lohnendes Beobachtungsfeld dar. Selbst extensiv bewirtschaftete Nutzgärten können so manche Überraschung bescheren. So wurden vom Verfasser auf einem Erdbeerbeet in Heckennähe bis zu einem Dutzend Nestanlagen der Zweifarbigen Mauerbiene (*Osmia bicolor*) entdeckt, die ihre Brutzellen in leere, mit Grashalmen nachträglich gut getarnte Schneckenhäuser errichtet.

Bewußtes Sehen, gezieltes Beobachten

Nisthilfen für Solitärbienen und -wespen sind wesentlich leichter und billiger herzustellen als Vogelschutzgeräte und erlauben zudem noch eine intensive Beobachtung aus nächster Nähe. Verdunkelte Niströhrchen aus Acrylglas oder mit Glasabdeckung, aufklappbare Nistgänge in Holzbrettern, sowie größere Bienenschaukästen (WINKEL 1985) oder Hummelschauanlagen (WITTE 1989) erlauben bereits Kindern einen störungsfreien und gefahrlosen Blick in das unseren Augen gewöhnlich verborgene Nestinnere solitärer und sozialer Bienen. Das reibungslose Funktionieren eines Bienenvolkes mit 100 000 „Bürgern" fesselte übrigens schon die alten Römer so sehr, daß sie Beuten aus durchsichtigem Horn fertigten, um ins Innere schauen zu können. Wer sich durch eigenes Forschen über das Farben- und Formensehen oder das Lernvermögen von Wildbienen, Hummeln, Wespen und Hornissen informieren will, kann mit einer einfachen, an Nistkästen oder Nisthölzern angebrachten Versuchsapparatur – wie sie MARTIN HALLMEN in seinen zahlreichen Publikationen immer wieder empfiehlt – aufschlußreiche Experimente in Form sogenannter Stockeingangsdressuren durchführen. Mit farbig markierten sozialen Faltenwespen oder Hummeln bekannter Nester lassen sich das Heimfindevermögen aus unterschiedlichen Entfernungen, die Dauer und Anzahl von Sammelflügen sowie die Ortstreue der Tiere bei Blütenbesuchen testen. Schon diese wenigen Hinweise und Beispiele mögen deutlich machen, daß sich nach ökologischen Gestaltungsprinzipien angelegte Gärten mit einem reichen Blüten- und Nistplatzangebot unschwer zu einem kleinen Freiland-Insektarium entwickeln lassen. Darin sollten auch Wespen und Hornissen ein Daseinsrecht haben. Nicht durch menschliches Fehlverhalten und gedankenlos-brutale Zerstörung ihrer Niststätten zum Angriff provoziert, besitzen diese im Grunde friedfertigen Insekten einen ebenso hohen Beobachtungswert wie die wesentlich beliebteren Bienen und Hummeln. Da bewußtes Sehen und Erkennen immer schon ein bestimmtes Wissen voraussetzt, versucht die vorliegende Broschüre dem Leser wenigstens einen gerafften Einblick in die so faszinierende Lebensweise und hervorragende ökologische Bedeutung der zu erwartenden Gartengäste zu vermitteln.

Nisthilfen für Solitärbienen und Solitärwespen sind ebenso einfach wie billig herzustellen und können selbst auf kleinstem Raum angeboten werden.

Von überragender Bedeutung: Die Hautflügler

Größte Insektenordnung Deutschlands

Von den rund eineinhalb Millionen Tierarten, die gegenwärtig den ganzen Erdball bevölkern, zählen 800 000 Arten zu den Insekten. Die Zoologen haben dieses Riesenheer nach verwandtschaftlichen Beziehungen in Ordnungen aufgeteilt, wobei die Hymenopteren oder Hautflügler weltweit mit über 280 000 Arten nach den Käfern die zweitgrößte Insektenordnung darstellen. In Deutschland bilden die Hautflügler mit etwa 10 000 Arten sogar die umfangreichste Insektenordnung, gefolgt von den Käfern mit 7000, den Zweiflüglern mit 6000 und den Schmetterlingen mit 3000 Arten. Obwohl die Hautflügler in Größe, Gestalt, Aussehen und Lebensweise gewöhnlich extrem variieren, lassen sie sich doch in drei gut definierte Unterordnungen einteilen: Es sind dies die Pflanzenwespen (Blatt-, Holz- und Halmwespen u. a.), die Legewespen (Schlupf-, Erz-, Zehr- und Gallwespen u. a.) sowie die Stechwespen (Ameisen, Bienenameisen, Bienen, Falten-, Grab-, Weg-, Dolch- und Goldwespen u. a.). In der neueren Literatur werden die Stech- und Legewespen zur Unterordnung der Taillenwespen zusammengefaßt, die sich morphologisch vor allem durch die Wespentaille von den Pflanzenwespen mit ihrem breit am Brustabschnitt angesetzten Hinterleib unterscheiden. Es handelt sich im allgemeinen um mittelgroße bis kleinste Tiere, die zum überwiegenden Teil solitär leben, nur bei den Ameisen, Bienen und Faltenwespen haben sich unabhängig voneinander Instinkte zur Staatenbildung entwikkelt. Nimmt man nicht die Größe, sondern die geistigen Leistungen zum Maßstab, dürfen die Hautflügler mit Fug und Recht als die am höchsten entwickelten Insekten bezeichnet werden. Auch übt keine Insektengruppe so vielseitige Wirkungen auf alle anderen Landlebewesen aus wie die Hautflügler. Es verwundert daher nicht, daß diese Insektengruppe seit jeher die besondere Aufmerksamkeit entomologisch interessierter Beobachter auf sich gezogen haben: „Eines der ersten Bücher über sie erschien in der Goethezeit, geschrieben noch in der Gelehrtensprache jener Zeit, in Latein. Seither sind

Der Nutzen von Bienen ist vor allem durch die Bestäubungsleistungen bei Obstbäumen allgemein bekannt. Ihre Bedeutung für den Garten und die Natur ist aber noch weit größer.

Tausende von Büchern über sie geschrieben worden, im Durchschnitt mehr als eines pro Monat, und das Tempo hat sich ständig beschleunigt, so daß man heute etwa alle zwei Wochen ein neues Buch über sie erwarten kann"(SAUER 1985).

Unersetzlich im Naturhaushalt

In weiten Kreisen der Bevölkerung sind die Hautflügler – obwohl zu ihnen die Honigbiene und die Ameise gehören – indes viel weniger bekannt, als etwa die durch ihre Farbenpracht auffallenden Schmetterlinge oder Käfer. Dies zeigt sich schon darin, daß lediglich einige wenige Hautflügler einen alten, ins Germanische zurückgehenden Namen besitzen: Nur Ameise, Wespe, Hornisse, Hummel und Biene sind dadurch hervorgehoben, nur sie wurden von unseren Vorfahren erkannt und demzufolge benannt. Mit der Bezeichnung „Biene" ist hier natürlich allein die Honigbiene gemeint, die sich als Honig- und Wachslieferantin schon seit Jahrtausenden der besonderen Wertschätzung des Menschen erfreut. Allgemein unterschätzt wird dagegen bis heute die umfassende Bedeutung der Hymenopteren im Haushalt der Natur und damit in einem weiteren Sinne auch für uns Menschen: Reichlich vier Fünftel der Arten entwickeln sich als Parasiten an oder in pflanzenfressenden, räuberischen oder selbst wieder parasitisch lebenden Insekten und zählen zu deren wichtigsten natürlichen Regulatoren. Tausende von Schlupf- oder Brackwespenarten spielen so eine höchst bedeutsame Rolle bei der Erhaltung des ökologischen Gleichgewichtes und machen sich als wirksame Gegenspieler vieler Wald-, Feld- und Gartenschädlinge sehr nützlich. Für Forst-, Acker- und Gartenkulturen außerordentlich segensreich sind ferner einige hundert Erzwespenarten, die teilweise bereits gezielt in der biologischen Schädlingsbekämpfung eingesetzt werden. Nicht zu vergessen die Heerscharen der Ameisen, Wespen und Hornissen, die ebenfalls Unmengen von Schadinsekten verzehren. Eine Feldwespenart der Gattung *Polistes* findet beispielsweise in China bei der natürlichen Schädlingsabwehr in Baumwollplantagen Verwendung. Eine überragende Position nehmen die Hymenopteren jedoch als Bestäubungsinsekten ein. In Mitteleuropa stellen sie rund 50% aller Blütenbesucher, in weitem Abstand gefolgt von den Zweiflüglern mit 26%, den Käfern mit 15% und den Schmetterlingen mit 10%. Unter den Hautflüglern selbst bilden die Honigbienen, Hummeln und Solitärbienen die meisten und eifrigsten Blütengäste. Ja, infolge ihrer auf Pollen und Nektar beschränkten Ernährungsweise unterhalten sie die innigsten Beziehungen zu den Pflanzen überhaupt und es besteht kein Zweifel, daß sich die Bienen erst entwickelt haben, als die Blütenpflanzen bereits vorhanden waren. Jedoch darf auch in umgekehrter Weise behauptet werden, daß die Zahl der Blütenpflanzen erst mit der Entwicklung der zahlreichen Bienenarten gewaltig zugenommen hat und manche Besonderheiten im Blütenbau lassen sich nur als zweckhafte Bildungen erklären, eine erfolgreiche Bestäubung durch die Bienen sicherzustellen. Viele insektenblütige Pflanzen sind daher heute weitgehend von den Bienen abhängig, ohne deren unermüdliche Tätigkeit unsere Obstbäume keine Früchte tragen und eine große Zahl anderer Kultur- und Wildpflanzen keine Samen hervorbringen würden. Eine Landschaft ohne Bienen wäre auch eine Landschaft ohne Blumen.

Schutzmaßnahmen – auch für Wespen?

Schon aus diesen wenigen Hinweisen mag verständlich werden, daß alle heimischen, gesellig oder solitär lebenden Bienenarten zu den besonders geschützten Arten zählen. Es ist somit verboten, sie oder ihre Entwicklungsformen zu töten, wie auch ihre Nist-, Brut-, Wohn- oder Zufluchtsstätten zu beschädigen oder zu zerstören. Besonderen Schutz genießt auch die mittlerweile stark gefährdete Hornisse, während alle übrigen Sozialen Faltenwespen dem allgemeinen Artenschutz (§ 20 des BNatSchG) unterliegen. Konkret bedeutet dies: Wenn bei eventuell kritischer Lage eines Hornissen- oder Wespennestes eine Absicherung des Nistplatzes oder eine Umsiedlung des Volkes möglich ist, sind Vernichtungsmaßnahmen unnötig im Sinne der Artenschutzbestimmungen und somit ein Verstoß gegen die entsprechenden Vorschriften. Ungeachtet ihres gesetzlichen Schutzes haben Wespen – im Gegensatz zu den Bienen – bis heute keine Lobby und niemand fühlt sich so recht zuständig, wenn Klagen über Störungen durch Wespen laut werden. Inzwischen haben jedoch viele kommunale Verwaltungen Umweltämter eingerichtet, die Ratsuchenden helfen und vor allen Dingen informieren. Die Feuerwehr oder den Kammerjäger zur Beseitigung der Wespen herbeizurufen, ist bei einem allseits registrierten Umweltbewußtsein weder angemessen, noch aus der Sicht des Artenschutzes vertretbar. Zudem machen sich von den sieben bei uns vorkommenden Wespenarten nur zwei, die Gemeine Wespe und die Deutsche Wespe, durch ihre Naschhaftigkeit und Zudringlichkeit unbeliebt, dennoch halten es viele Menschen für ihre Pflicht, jedes in ihr Blickfeld geratene Wespennest unverzüglich zu beseitigen. Damit werden jedoch nicht die beiden genannten Übeltäter, sondern mehrere völlig harmlose Arten vernichtet, denn die Gemeine Wespe und die Deutsche Wespe legen in der Regel gut versteckte Erdnester an, während die übrigen freinistenden Arten leicht zu entdeckende Ballon-Nester errichten. Die Bedeutung dieser Arten – die sich nie in Wohnungen, auf Veranden oder in Gartenwirtschaften blicken lassen – ist für den Menschen vorwiegend positiv, denn sie fangen Fliegen, Bremsen und andere lästige Insekten in großen Mengen. Wespen haben daher eine wichtige Aufgabe im komplexen Artengefüge des Naturhaushaltes wahrzunehmen, so daß ihr Fehlen zu einer Störung des ökologischen Gleichgewichtes führen würde. Es ist daher unsinnig, die Nester dieser Hautflügler zu zerstören – im Gegenteil, man sollte ihnen Gelegenheit zum Nisten verschaffen. Für Hornissen werden bereits im Handel erhältliche Nistkästen angeboten und auch für Solitärbienen wurden von Fachleuten erprobte Nisthilfen entwickelt. Viel vordringlicher für Wildbienen und Hummeln ist jedoch der Aufbau geschlossener „Trachtpflanzenketten“ von April bis Oktober (verstärkt ab Juli), denn es muß immer wieder hervorgehoben werden, daß nicht so sehr ein Niststättenengpaß, sondern ein sommerlicher Nahrungsengpaß für das Fehlen dieser Blütengäste in unseren Gärten, Wiesen und Feldern verantwortlich ist.

Honigbienen

Biene und Mensch

Steinzeitliche Honigjäger

Bienen gab es bereits lange vor dem Menschen auf der Erde. Erste fossile Funde von sozialen Bienen sind aus dem 50 Millionen Jahre alten Baltischen Bernstein bekannt, dessen Einschlüsse bis in Einzelheiten mit unseren heutigen Honigbienen übereinstimmen. Jüngeren Datums, „nur“ 6 Millionen Jahre alt, sind die versteinerten Honigbienen des Randecker Maars auf der Rauhen Alb. Verschwindend klein, wenngleich Jahrtausende umfassend, erscheint dagegen der Zeitraum der ersten Begegnung und späteren Partnerschaft des Menschen mit diesem Insekt: Steinzeitliche Höhlenzeichnungen in Spanien, Afrika und der Türkei geben bildhafte Kunde davon, daß Honig schon in den frühesten Phasen der Menschheitsgeschichte sehr begehrt war. Die wohl bekannteste Darstellung, eine etwa 15 000 Jahre alte Wandmalerei aus der Provinz Valencia in Spanien, zeigt eine auf einer Strickleiter stehende Frau, die sich der Honigwaben eines in einem Felsloch wohnenden Bienenvolkes zu bemächtigen sucht. Mit der einen Hand greift die mutige Sammlerin in die von den wütenden Bienen umschwärmte Felsöffnung, am anderen Arm hält sie einen für die Waben bestimmten Topf. Der Mensch der Vorzeit hat sicherlich nicht nur den Honig, sondern auch die in den Waben enthaltenen Eier und Larven verzehrt, als willkommene eiweißreiche Ergänzung seiner oft entbehrungsreichen Speisekarte. Auf dieser kulturgeschichtlich frühen Stufe der Jäger und Sammler wurden wilde Bienenstöcke jedoch lediglich ausgeplündert, auch wenn die Menschen mit der Zeit erkannt haben mögen, daß die Bienen zu ihren Behausungen zurückkehrten und neuen Honig sammelten, wenn man ihnen nicht alle Brutwaben raubte. Eine planmäßige Bienenhaltung entwickelte sich erst mit dem Übergang zur seß-

Daß schon Steinzeitmenschen Honig sehr schätzten, verrät eine etwa 16 000 Jahre alte Höhlenzeichnung in Spanien (Herold 1965).

haften Lebensweise der Völker. Um die Bienen gewissermaßen in die Hand zu bekommen, kam es jetzt darauf an, Behältnisse zu fertigen, in denen die so geschätzten Honiglieferanten gehalten, beobachtet und schließlich auch behandelt werden konnten.

Anfänge der Bienenhaltung

Die erste sichere Nachricht einer geregelten Bienenhaltung stammt aus ägyptischen Königsgräbern und Tempeln, nach deren Abbildungen und Texten die Ägypter schon vor 6000 Jahren die Honiggewinnung zu rationalisieren suchten, indem sie liegend übereinandergestapelte Tonkrüge oder Röhren aus Nilschlamm als Bienenwohnungen verwendeten. Die Ägypter betrieben bereits eine umfangreiche Wanderimkerei, wobei sie ihre Bienen alljährlich auf dem Nil von Unter- nach Oberägypten transportierten, da hier die honigenden Pflanzen sechs Wochen früher blühten. Die hohe Wertschätzung der Bienen im alten Ägypten geht auch daraus hervor, daß in den Hieroglyphen die Biene als Zeichen für König verwendet wurde. Bei Friedensverträgen rangierten Honig und Wachs als Geschenke an erster Stelle, Sklaven kamen erst danach. – Im alten Griechenland schuf Solon schon 600 v. Chr. Gesetze, die auch auf die Bienen Bezug nahmen und sich mit Fragen der Wanderung, sowie der Aufstellung von Bienenständen befaßten. Das Wissen um das Insekt Honigbiene selbst wurde zwischen 344 und 342 v. Chr. erstmals von Aristoteles in seiner „Naturgeschichte" schriftlich niedergelegt. Der in Tonröhren oder Weidenkörben mit schon beweglichen Wabenleisten geimkerte Honig stand als Heilmittel hoch im Ansehen: An die 300 Rezepte kannten die Schüler des Hippokrates und das ebenfalls Honig anpreisende fünfbändige Pharmaziewerk des antiken Arztes Dioskurides (1. Jh. n. Chr.) war bis ins 18. Jahrhundert ein Standardbuch der europäischen Ärzte. Die weite Verbreitung der Bienenhaltung im römischen Reich bezeugen vor allem die dortigen Schriftsteller aus der Zeit kurz vor und nach Christi Geburt. Es wird bereits von bedeutenden Imkereien berichtet, die in einem Fall bis zu 50 Ztr. Honig erbrachten. Verwendung finden runde Bienenbehausungen aus Ton, Rinde, Kork, Schilfrohr, Weidengeflecht oder hohlen Baumstämmen und viereckige Beuten aus Backsteinen, Brettern und aufgespalteten Ferulstengeln, die eine schrittweise Erweiterung der Räume erlaubten. Zur Zeit des Plinius (23–79 n. Chr.) stehen Bienenzucht und Honighandel in voller Blüte. Zu jedem Landwirtschaftsbetrieb gehörte ein Bienenstand, der von einem eigenen Sklaven betreut wurde. Von römischen Schriftstellern besitzen wir auch Kunde über das hohe Ansehen der Bienen bei den germanischen Völkern. Sie stellten ihren Lebensbaum Yggdrasil oben von vielen Bienen umgeben dar. Offensichtlich wußten man schon um die elementare Bedeutung der Bienen für den Fortbestand der Pflanzenwelt und um die lebensspendende Kraft des Honigs, der auch als Opfergabe verwendet wurde. Bienen erschienen auf Münzen oder Schmuck und zierten in reinem Golde den purpurnen Mantel des Frankenkönigs Childerich I. Auch Napoleon ließ später seinen Königsmantel mit goldenen Bienen besticken. Den wohl bedeutendsten Einfluß übte jedoch Karl der Große in seiner Verordnung über die Pflege der Landgüter aus, wenn er seine Mustergüter zur Bienenhaltung und Metherstellung (Honigwein) verpflichtete.

Zeidler trugen im Mittelalter eine eigene Tracht mit gefälteltem Kragen und langer Haube, außerdem eine Armbrust mit Pfeilen.

Der „Lüneburger Stülper", ein aus Stroh gefertigter Bienenkorb, wird heute noch in der Lüneburger Heide verwendet.

Von der Waldbienenzucht zur Hausimkerei

In Mitteleuropa lassen sich zwei Entwicklungslinien der Bienenbewirtschaftung unterscheiden, die Waldbienenpflege oder Zeidlerei und die Korbimkerei (DRESCHER 1989). Die Waldimkerei nahm ihren Ausgang von der Nutzung zunächst herrenloser Bienenvölker in Baumhöhlen. Später vergaben die Waldbesitzer (Adel, Klöster, Reichsstädte) Lehen an die Bienennutzer. Der daraus hervorgehende Berufsstand der Zeidler (zeideln = Honigwaben ausschneiden) oder Beutner (Beute = Bienenstock im Baum) schaffte durch planvolles Aushöhlen (Lochen) von Bäumen weitere Unterkünfte für Bienenvölker. Wegen der hohen Wertschätzung des geernteten Honigs und Bienenwachses erlangten die Zeidler zwischen dem 10. und 17. Jahrhundert hohes Ansehen, besondere Rechte und ein eigenes Zunftwesen. Berühmt für die Zeidelwirtschaft war seit etwa 900 bis 1000 n. Chr. der Nürnberger Reichswald, des „Deutschen Reiches Bienengärtlein". Die zunehmend stärkere forstliche Nutzung des Waldes bis hin zum Raubbau verdrängte jedoch ab dem 16. Jahrhundert die Waldbienenhaltung immer mehr. Auch war diese Art zu imkern sehr beschwerlich, da sich die künstlich angelegten Baumhöhlen zum Schutz vor Plünderern in 2,5 bis 5 m Höhe am Stamm befanden. In der Folgezeit ging man deshalb dazu über, die aus den Stämmen gesägten hohlen Baumabschnitte als sogenannte Klotzbeuten einzeln oder in Reihen (Immenzäune) am Haus aufzustellen. Leichter und noch besser transportabel waren die Stroh- oder Rutenbeuten der Korbimkerei. Sie stellt die zweite hier kurz aufgezeigte Entwicklungslinie dar. Für den norddeutschen Raum lassen sich aus Zweigen geflochtene und mit Lehm abgedichtete „Rutenstülper" schon vor 1500 bis 2000 Jahren nachweisen. Diese Bienenbehausungen haben – im Unterschied zu der im waldreichen Osten beheimateten Klotzbeute – ihren Ursprung im bäuerlichen Bereich, wo mit der Zeit immer vollkommenere Stroh- und Rutenkörbe kunstvoll geflochten wurden. Ein Relikt dieser handwerklich hoch entwickelten Form der Korbimkerei stellt der aus Stroh gefertigte und zum Teil noch heute verwendete Lüneburger Stülper dar. Da bei den Klotz- und Korbbeuten grundsätzlich eine feste Verbindung zwischen Wabenbau und Bienenwohnung bestand, war es ein großer Fortschritt, als man um die Mitte des 19. Jahrhunderts die Bienen ihre Waben in bewegliche und damit herausnehmbare Holzrähmchen bauen ließ. Erst jetzt war es möglich, sich den Überschuß der Honigvorräte zu eigen zu machen, ohne das Volk allzusehr zu stören oder gar zu vernichten, wie es früher beim Stabilbau oft geschehen mußte. Heute sind diese Mobil- oder Magazinbeuten mit gesonderten Brut- und Honigräumen in verschiedenen Typen allgemein verbreitet.

Bienenstöcke unterschiedlicher Entwicklungsstufen zeigen, daß sich Neuerungen nur allmählich durchsetzen konnten.

Die Honigbiene – ein Haustier?

Das vorangegangene Kapitel konnte nur eine kleine Auswahl an Bienenheimen bringen, die sich der Mensch in immer wieder neuen Varianten ausgedacht hat, um seinen Bienen ein zusagendes Heim zu bereiten. Die Bienen selbst, ihre Lebensgewohnheiten und ihr Wabenbau haben sich indes nicht verändert. Als ausgesprochene Höhlenbewohner nehmen Bienen zwar die vom Menschen gebotenen Behausungen an, weil sie ihren Bedürfnissen entsprechen. Auch werden in die Beuten gehängte Mittelwände (dünne Wachsplatten mit vorgegebenen Zellgrundrissen) zu vollständigen Waben ausgebaut und vom Imker verabreichtes Zuckerwasser wird als leichtverdauliches Winterfutter eingelagert – auf mehr Entgegenkommen den Menschen gegenüber hat sich die Honigbiene aber niemals eingelassen. Noch so fürsorgliche Bienenväter werden von ihren Schützlingen ohne Ansehen der Person mit Stichen bedacht und trotz bester Pflege und schönstem Bienenkomfort machen sich zu gegebener Zeit immer wieder Schwärme mit gefüllten Honigmägen auf Wanderschaft. Geographische Verbreitung und züchterische Eingriffe führten zwar zur Ausbildung zahlreicher Unterarten und Rassen. Doch der Mensch suchte dabei lediglich solche Rassen auszuwählen, die sich für das Leben in künstlichen Bienenstöcken am besten eignen – „neue" Bienen

Rund ein Dutzend Ammenbienen, die ständig wechseln, begleiten als Hofstaat die Königin und versorgen sie mit Futtersaft. Gleichzeitig reichen sie einen Duftstoff, die „Königinsubstanz", weiter.

Die großen Facettenaugen der stachellosen männlichen Bienen, vom Imker Drohnen genannt, bestehen aus 8000 Einzelaugen. Die Fühler tragen an ihren Enden 30 000 Reizempfänger.

hat er nicht züchten können. Das Verhalten der Bienen beruht auf uralten festgewurzelten Instinkten, die dem Einfluß des Menschen entzogen sind. Bienen können somit nicht als Haustiere im üblichen Sinne betrachtet werden, wie etwa die verschiedenen Hunderassen, die unter der Hand des Züchters, in ihren körperlichen und psychischen Merkmalen abgeändert, zu willigen Gefährten und Gehilfen des Menschen wurden. Insekten stehen uns eben nach Herkunft und Organisation viel ferner als Wirbeltiere. Trotzdem hat gerade die Honigbiene schon seit altersher das Staunen und die Bewunderung der Menschen erregt, denn alles an diesem Insekt mit seinem knapp stecknadelkopfgroßen Gehirn ist außergewöhnlich: das Kastensystem, die Arbeitsteilung und die Art der Brutpflege ebenso, wie das hoch empfindliche Tast- und Orientierungsvermögen und die im gesamten Tierreich so einmalige Körpersprache.

Ein wohlgeordnetes Ganzes: Das Bienenvolk

Alle vom Menschen im Laufe seiner Kulturgeschichte in Pflege und Zucht genommenen Haustiere können – auch wenn ihre wilden Vorfahren in Herden oder Rudeln gelebt haben – jederzeit problemlos auch als Einzeltier gehalten werden. Nicht so das kleinste Haustier, die Honigbiene. Als staatenbildendes, also gesellig lebendes Insekt ist die Honigbiene nur in der Volksgemeinschaft existenzfähig. Isoliert in kleinen Käfigen gehaltenen Bienen war trotz optimaler Fütterung und Temperaturverhältnisse nur eine durchschnittliche Lebensdauer von acht Tagen beschieden. Um eine normale Lebensdauer zu erreichen, müssen – so haben wissenschaftliche Experimente ergeben – mindestens 30 Bienen beisammen sein. Doch selbst mit einigen Dutzend Bienen ist noch immer kein Staat zu machen: Jedes auf die Dauer lebensfähige Bienenvolk stellt eine hochdifferenzierte Ganzheit dar, die sich aus einer Königin, 10 000–80 000 Arbeitsbienen (je nach Jahreszeit) und einigen 100 bis 1000 Drohnen (während des Sommers) zusammensetzt. Die Aufgaben von Königin, Arbeiterinnen und Drohnen sind dabei rein instinktiv so fein aufeinander abgestimmt, daß schon beim Fehlen eines dieser drei Bienenwesen das Ganze nicht mehr weiterbestehen kann: Königin und Drohnen für sich allein wären verloren, denn sie könnten weder Wachszellen errichten, die Brut aufziehen, noch ihre tägliche Nahrung beschaffen; die Arbeiterinnen wiederum wären ohne Königin und Drohnen nach kurzer Zeit ebenfalls zum Absterben verurteilt, da mit dem Ausbleiben des Nachwuchses das Ende des Volkes besiegelt wäre. Diese untrennbare Einheit der so unterschiedlichen Bienenwesen, spiegelt sich auch in der für das Volksganze früher verwendeten Bezeichnung „der Bien" wider. Die organische Zusammengehörigkeit aller Einzelglieder mag auch an eine große, aus sich selbst herausgewachsene Familie erinnern: Um die Königin scharen sich ihre zahlreichen, verschieden gestalteten Kinder, die Arbeiterinnen als Töchter, die Drohnen als Söhne. Den Vater bekommt man dagegen nie zu Gesicht, da er schon bei der Hochzeit stirbt. So betrachtet sind die meist verwendeten Bezeichnungen Bienenvolk oder Bienenstaat eigentlich nicht ganz korrekt, da man unter Volk die Vereinigung mehrerer Familien versteht, und der Staat als dessen äußere Organisation ein reibungsloses Zusammenleben mit Hilfe von Gesetzen und Rechtsvorschriften zu erreichen sucht. Bienen wissen dagegen ohne jegliche Reglementierung, was sie zum Wohle des Ganzen jeweils zu tun haben.

Die Brutzellen (unten) einer Wabe werden oben und seitlich von Pollenzellen (Mitte) umsäumt. Darüber spannt sich in größerer oder geringerer Breite ein Kranz von Honigzellen.

Beim Wabenbau verketten sich die Bienen zu lebenden Gerüsten. Etwa 150 000 Bienen erzeugen im Laufe ihres Lebens 1 kg Wachs.

Die Mutter aller Bienen: Die Königin

Die Königin, auch Stockmutter oder Weisel genannt, ist das einzige vollentwickelte weibliche Bienenwesen. Allerdings hat sie im Gegensatz zu den Königinnen der Hummeln oder Wespen den Instinkt für eine selbständige Nestgründung völlig verloren. Ihre einzige Aufgabe ist es, von Februar bis Ende September Eier abzulegen sowie durch Abgabe von Pheromonen, der sogenannten Königinsubstanz, die Entwicklung der Ovarien bei den Arbeiterinnen zu unterdrücken und den Zusammenhalt des Volkes zu sichern. Nicht einmal zur Nahrungsaufnahme braucht die Königin ihre Legetätigkeit zu unterbrechen, denn ein ständig wechselnder Hofstaat von etwa 12 Bienen bietet ihr mit dem Rüssel stets hochwertiges Eiweiß aus den Futtersaftdrüsen. Entsprechend den verbesserten Trachtverhältnissen erreicht die Eiablage von Mitte Mai bis Mitte Juni mit bis zu 3000 Stück innerhalb von 24 Stunden ihr Maximum. Während der gesamten Legesaison eines Jahres produziert eine Königin 100 000 bis 150 000 Eier, die etwa 60mal soviel wiegen wie sie selbst. Im Laufe ihres vier- bis fünfjährigen Lebens erreicht sie die stattliche Summe von 400 000 bis 750 000 Eier. Durch die Ablage befruchteter und unbefruchteter Eier kann die Königin das Geschlecht ihrer Nachkommen willkürlich bestimmen: Vor dem „Bestiften“ einer Zelle tastet sie mit ihren Vorderbeinen Zellform und Zellgröße ab. In die größeren Drohnenzellen legt sie ein unbefruchtetes Ei, in die kleineren Arbeiterinnenzellen und in die konisch geformten Weiselzellen jeweils ein befruchtetes Ei. Die Befruchtung findet während der Eiablage statt, wobei aus einem Samenbläschen mit 5–7 Millionen Spermafäden einige freigesetzt werden, die in das Ei eindringen. Die Drohnen- und Arbeiterinnenlarven erhalten nur in den ersten Tagen Futterdrüsensaft, der im Vergleich zum Königinnenfuttersaft weniger Wirkstoffe enthält. Ab dem 4. Larventag werden sie nur noch mit Pollen und Honig versorgt. Dies unterbindet zusammen mit der Königinsubstanz die Entwicklung der Eierstöcke und führt zur Ausbildung der charakteristischen Körpermerkmale einer Arbeitsbiene. Damit nun aus dem befruchteten Ei eine Königin entsteht, werden Königinnenmaden während ihrer gesamten Entwicklung mit dem nähr- und wirkstoffreichen Sekret aus den Speicheldrüsen der Arbeitsbienen gefüttert. Dieses in der Weiselzelle enthaltene „Gelee Royal“ fördert das Wachstum der Geschlechtsorgane und verhindert das Auftreten der typischen Attribute einer Arbeitsbiene (z. B. Pollenkörbchen, Futter-, Wachs- und Duftdrüsen).

Im Innen- und Außendienst: Die Arbeiterinnen

Sie bilden im Sommer wie im Winter die große Masse des Bienenvolkes. Es sind Weibchen mit kümmerlich entwickelten Organen, die unter normalen Umständen keine Eier legen. Nur bei dauerndem Verlust einer fruchtbaren Königin kann eine Arbeiterin als „Drohnenmütterchen“ in beschränktem Maße Eier legen, aus denen aber nur Drohnen hervorgehen. Dennoch handelt es sich bei der Arbeiterinnenkaste der Bienen nicht um „Hilfsweibchen“ wie bei den Hummeln und Wespen, denn sie unterscheiden sich von der Königin nicht nur durch die Verkümmerung der Eierstöcke, sondern auch durch den Besitz und die Funktion von Organen, die – wie bereits angeführt – der Königin fehlen oder bei ihr weniger entwickelt sind. Dem Heer der Arbeiterinnen obliegen daher all jene Aufgaben in einem Bienenvolk, zu denen Königin und Drohnen nicht fähig, die aber zur Erhaltung der Gemeinschaft not-

Wächterbienen kontrollieren heimkehrende Flugbienen auf ihre Volkszugehörigkeit. Wer nicht den volkstypischen Geruch aufweist, wird vertrieben oder sogar abgestochen.

Honig wird unter Beigabe von Enzymen und antibakterieller Stoffe mehrmals umgelagert. Für eine über 2 kg schwere Honigwabe verwenden die Bienen nur etwa 40 g Wachs.

wendig sind. Hinter jeder Bienenkönigin – die als einziges eierlegendes Weibchen im Grunde nichts anderes ist als das Werkzeug ihrer Untertanen – steht so die tragende Kraft der Arbeiterinnen. Sie bilden nicht nur die vorherrschende, sondern auch die beherrschende, also tonangebende Gruppe eines Bienenvolkes. Sie geben durch den Bau von Weisel- und Drohnenzellen den Anstoß zur Erzeugung von Geschlechtstieren und entscheiden damit über das Schwärmen als den natürlichen Vermehrungs- und Teilungsprozeß eines Bienenvolkes. Sie pflegen Königin und Drohnen oder beseitigen sie, wenn sie ihnen aus irgendeinem Grunde nicht mehr passen. Nicht zu verschweigen die vielfältigen Aufgaben des gewöhnlichen Bienenalltags: Die vielen Larven in den Brutzellen erfordern eine sachgemäße Pflege und Fütterung, neues Wabenwerk muß von Zeit zu Zeit errichtet werden als Honigspeicher und Geburtsstätte künftiger Generationen, Pollen und Nektar müssen geerntet und eingelagert werden, im Stock muß für Sauberkeit und auf den Brutwaben für eine konstante Temperatur von genau 35°C gesorgt werden. Dieses umfangreiche Arbeitspensum läßt sich natürlich nur in einer nach Alter und Betätigungsweise durchgeführten Arbeitsteilung bewältigen, die später noch einer näheren Betrachtung unterzogen werden soll. Hier sei lediglich noch festgestellt, daß die Arbeiterinnenschar jeder Bienenfamilie in zwei große Gruppen zerfällt: Etwa zwei Drittel betätigen sich als Jung- oder Stockbienen in ihren ersten drei Lebenswochen vorwiegend innerhalb der Behausung, um danach in die Arbeitsgruppe der Flug- oder Sammelbienen einzutreten, von denen jedes Bienenvolk etwa ein Drittel besitzt.

Im Dienste der Arterhaltung: Die Drohnen

Die im Frühjahr und Sommer auftretenden männlichen Geschlechtstiere, die Drohnen, komplettieren die Bienenfamilie. Sie sind dicker und stämmiger als ihre Halbschwestern und besitzen weder einen Sammelapparat noch Wachsdrüsen. Insgesamt machen diese stachellosen Bienenmänner einen gutmütigen, ja geradezu phlegmatischen Eindruck. Nach dem Schlüpfen sitzen sie etwa ein Dutzend Tage scheinbar tatenlos auf den Waben herum, wenngleich sie in dieser Zeit vermutlich zur Regulierung des Wärmehaushaltes beitragen: Vor allem morgens, wenn es noch kühl ist und die Arbeiterinnen zum Nektar-, Pollen- und Wasserholen ausfliegen, versammeln sich die Drohnen auf den Brutwaben, um die nötige Temperatur von 35°C aufrechtzuerhalten. Daneben machen sie sich auch beim Weiterreichen des Futters im Honigraum nützlich und möglicherweise stimulieren sie sogar die Trachtbienen, da sie selbst weder Nektar noch Pollen sammeln. Die Hauptaufgabe der Drohnen ist jedoch, durch Begattung der Königinnen für den Fortbestand der Art zu sorgen. Da die Befruchtung im Fluge stattfindet, sind die riesigen Facettenaugen und die hochsensiblen Fühler zum Auffinden der Königin, sowie die langen Flügel und kräftigen Flugmuskeln zum Überholen rivalisierender Freier auf der Jagd nach ihr sehr wichtig. Trotz kleinerem Gehirn besitzen Drohnen einen erstaunlichen Orientierungssinn, der es ihnen ermöglicht, sich noch aus 10 km Entfernung zu einer bestimmten Zeit an den bevorzugten Begattungsplätzen einzufinden. Diese alljährlich an der gleichen Stelle aufgesuchten Drohnensammelplätze mit einem Durchmesser von 50–200 m locken bis zu tausend Drohnen an, die hier an einem sonnigen und windstillen Nachmittag auf das Eintreffen der Königin warten. Der eigentliche Paarungsakt erfolgt oft in einer Höhe von 10–30 m, wobei nur die besten Flieger zum Zuge kommen. Sie müssen ihr Schäferstündchen jedoch mit dem Leben

In der Hochsaison legt eine Bienenkönigin täglich bis zu 3000 Eier ab, die wie kleine Stifte aussehen. Der Imker bezeichnet diesen Vorgang daher als „bestiften".

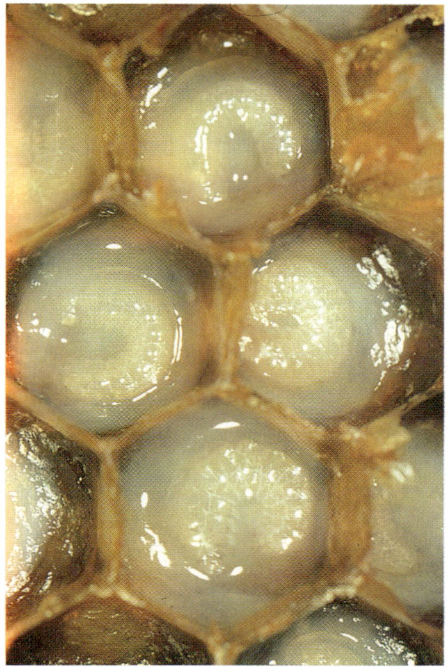

Mit Ammenbienen-Futtersaft optimal versorgt, explodieren die winzigen Maden förmlich. Durch ihr rasches Wachstum müssen sie ihre Haut mehrmals wechseln.

Nach Einstellung der Fütterung werden die Zellen mit einem feinen, luftdurchlässigen Wachsdeckel verschlossen. Der Imker bezeichnet diesen Vorgang als „verdeckeln".

bezahlen, denn ihr gesamter Geschlechtsapparat wird nach Entleerung von 11 Millionen Samenfäden aus dem Körper herausgelöst. Die übrigen Drohnen, die bisher auch bei anderen Völkern stets freien Zutritt hatten, werden noch einige Zeit geduldet, im Herbst aber als unerwünschte Mitesser aus dem Stock vertrieben oder bei Futtermangel in der „Drohnenschlacht" getötet.

Die Entwicklung vom Ei zur Biene

Die Entwicklung aller drei Bienenwesen vollzieht sich in Form einer vollständigen Verwandlung (Metamorphose), die vom Ei bis zum fertigen Insekt mehrere Stadien durchläuft und bei einer Königin einen Zeitraum von 16 Tagen, bei einer Arbeiterin 21 Tage und bei einem Drohn 24 Tage in Anspruch nimmt. Wie jedes mehrzellige Lebewesen beginnt auch die Biene ihr Dasein als winziges Ei – etwa von der Größe eines Kümmelkornes – das von der Königin als kleines, stehendes Stiftchen am Zellboden angeheftet wird. Am 2. Tag neigt sich das Ei um etwa 45° und am 3. Tag liegt es fast am Boden. Am 4. Tag schlüpft die nur 0,3 mg schwere, blinde und beinlose Made aus dem Ei. Eine Mundöffnung und winzige, aber sehr wirkungsvolle Verdauungsorgane sind schon vorhanden. Das wie eine kleine Sichel auf dem Zellgrund liegende Tierchen wird von den Ammenbienen so reichlich mit Futtersaft (Brutmilch) aus deren Schlunddrüsen versorgt, daß es anfänglich fast darin schwimmt. Pro Tag wird die Made etwa 25 mal gefüttert, in den ersten drei Tagen mit Futtersaft, später mit „Bienenbrot", einer Mischung aus Honig und Pollen. (Königinnen-Maden erhalten auch weiterhin reinen Futtersaft, der sich in Menge und Zusammensetzung von dem der Arbeiter- und Drohnenmaden unterscheidet). Das Wachstum der Made schreitet in so gewaltigen Schüben fort, daß schon in der Larvenzeit vier Häutungen vorgenommen werden müssen. Nach 6 Tagen mit rund 2000–3000 Pflegebesuchen (Fütterung, Zellreinigung, einfache Inspektionen) hat die Made mit 155 mg bereits mehr als das 500fache ihres Schlüpfgewichtes erreicht. (Ein 7 Pfund schwerer menschlicher Säugling würde bei gleicher Gewichtszunahme am 6. Tag 36 Zentner wiegen!). Nun stellen die Bienen die Fütterung ein und die sechseckige Einzimmerwohnung wird mit einem feinen, luftdurchlässigen Wachsdeckel verschlossen. Da der Platz am Zellboden zu eng wird, streckt sich die Made langsam mit dem Mund zur Zellöffnung hin. Sie häutet sich jetzt zum fünftenmal. Anschließend kleidet sie ihre Zelle mit einer Art Tapete aus, um sich in diesem Kokon (Puppenhemd) zu verpuppen. Innerhalb

Etwa 10 Tage nach der Eiablage sind alle Zellen verdeckelt. Die darin befindlichen Maden verpuppen sich und verwandeln sich in nochmals 10 Tagen zur fertigen Biene.

Pünktlich am 21. Tag nach der Eiablage schlüpft die vollständig entwickelte Biene (hier eine Arbeiterin) aus der Zelle, indem sie den Wachsdeckel durchnagt.

Die frisch geschlüpfte Biene wird sofort von Ammenbienen begrüßt und gefüttert. Danach wird sie in ihrer Tätigkeit als „Putzfrau" eingewiesen.

der geschlossenen Zelle vollzieht sich nun in den nächsten Tagen ein wahres Schöpfungswunder: Mit der Dreiteilung des Körpers erfolgt die Bildung der Augen, Mundwerkzeuge, Beine und Flügelanlagen, danach die vollständige Ausfärbung und Erhärtung des zunächst noch weißen und zarten Chitinpanzers. Nach einer letzten Häutung nagen die scharfen Kiefer am 21.Tag den Wachsdeckel durch und die fertige Biene – in unserem Fall eine Arbeiterin – erblickt das Licht der Welt, vielmehr zunächst das Dunkel des Stockes.

Von der Putzfrau zur Kundschafterin: Die Arbeitsteilung im Bienenvolk

Das Leben einer Arbeitsbiene wird von einem Rhythmus von 3 mal 21 Tagen geprägt: 21 Tage dauert die Entwicklung vom Ei zur erwachsenen Biene, 21 Tage ihr Leben als Stockbiene und nochmals etwa 21 Tage ihr Dasein als Flugbiene. Die klassische Laufbahn jeder frisch geschlüpften Arbeiterin beginnt mit der Hausarbeit. Schon im zarten Alter von 1–2 Tagen sorgt sie als **Putzbiene** für die sanitäre Wartung freigewordener Brutzellen. In den Putzpausen wärmen die Jungbienen die Brut, indem sie sich auf den Brutzellen zusammendrücken. Vom 3.–5. Tag ist die junge Biene zur Brutpflege eingeteilt. Als **Pflegebiene** füttert sie zunächst die älteren Larven mit einem Gemisch aus Pollen und Honig. Während dieser Zeit wachsen die Futtersaftdrüsen im Kopf der jungen Arbeiterin mächtig heran, so daß sie sich vom 6.–12. Tag als **Ammenbiene** dem Füttern der jüngsten Larven widmen kann. Etwa vom 8.Tag an nehmen die Brutpflegerinnen den von den Sammelbienen eingetragenen Nektar entgegen und lagern ihn in Zellen ab, auch die nur lose in die Zellen abgestreiften Pollenhöschen stampfen sie mit ihrem Kopf fest. Die peinliche Sauberhaltung des Stokkes obliegt ebenfalls dieser Altersgruppe. Vom 12.–18. Tag betätigt sich die Arbeiterin als **Baubiene**. Mit winzigen, von den inzwischen funktionsfähig gewordenen Wachsdrüsen ausgeschiedenen Wachsplättchen werden beschädigte Zellen repariert, Honig- und Larvenzellen verdeckelt oder neue Waben erstellt. Für eine Bienenzelle werden 50, für eine Drohnenzelle 120 Wachsplättchen benötigt. Zu dieser Zeit unternimmt die Biene auch erste Orientierungsflüge, um die Umgebung ihrer Wohnung kennenzulernen. Vom 17.–20. Lebenstag ist die nun schon fast volljährige Biene als **Wächterin** zur Fluglochkontrolle eingeteilt. Sie ist jetzt besonders wehrhaft, da die Giftblase des Stechapparates nunmehr ihre maximale Menge beinhaltet. Die letzte Phase im Leben einer Arbeiterin beginnt etwa mit dem 21. Tag. Als

Sammlerin trägt sie nun bis an ihr Lebensende unermüdlich und in großen Mengen Nektar, Honigtau und Pollen für die Ernährung des Volkes und als Wintervorrat ein. In einem 40 000 Arbeitsbienen umfassenden Volk befinden sich 15 000–20 000 Flugbienen. Diese sammeln bei guter Tracht pro Tag etwa 3 kg Nektar und 0,5 bis 0,8 kg Pollen. Ein Teil der Flugbienen sammelt Wasser oder Kittharz und erfahrene Trachtbienen bewähren sich als **Kundschafterinnen**, die für ihre Schwestern in einem Umkreis von etwa 3 km neue, ergiebige Nahrungsquellen aufspüren. Abschließend sei jedoch bemerkt, daß der hier kurz skizzierte „Arbeitskalender" einer Biene keineswegs in so starren und streng vorprogrammierten Bahnen verläuft. So können sich beim Fehlen von Bau- oder Ammenbienen die Wachs- und Futtersaftdrüsen der Flugbienen regenerieren. Auch kann sich bei plötzlich einsetzender reicher Tracht der Innendienst einer Arbeitsbiene erheblich verkürzen.

Getanzte Nachrichten: Die Sprache der Bienen

Bienen sind nach menschlichen Begriffen taub und stumm. Und doch besitzen sie eine perfekte Nachrichtenübermittlung, die zu den höchsten und abstraktesten Sprachleistungen im gesamten Tierreich zählt. Die Rede ist von der Tanzsprache der Bienen, deren Choreographie der Nobelpreisträger Professor KARL VON FRISCH in ebenso zahlreichen wie scharfsinnigen Versuchen entschlüsselt hat: Durch die Übertragung topografischer Daten in eine kleine abstrakte Tanzfigur können heimkehrende Sammel- oder Kundschafterbienen ihren Schwestern im dunklen Stock Entfernung und Richtung einer entdeckten Futterquelle mitteilen. Liegt die Trachtquelle in Stocknähe, bewegt sich die Informantin nach Hervorwürgen des gesammelten Nektars vor dem Bienenpublikum in einem **Rundtanz**, indem sie einige Minuten lang unter häufigerem Wechsel der Drehrichtung kreisförmige Figuren beschreibt. Die Intensität der Tänze signalisiert dabei die Ergiebigkeit des Fundes, am Haarkleid, Pollen oder Nektar haftende Duftproben geben über die jeweilige Blütenart Auskunft. Der Rundtanz vermittelt noch keinerlei Zielrichtung, zeigt aber an, daß die Tracht in nächster Nähe liegt. Bei einer Entfernung von 80–100 m geht der einfache Rundtanz in den **Schwänzeltanz** über. Die Tänzerin beschreibt jetzt die Figur einer gestauchten 8, wobei sie im Mittelstück heftige, von schnarrenden Flügellauten beglei-

Im Brutnest (oben), dem „Heiligtum der Bienen", halten die Stockbienen eine Temperatur von 35°C aufrecht. Heimkehrende Sammelbienen (Mitte) tanzen die neuesten Trachtnachrichten. In größeren „Weiselzellen" (unten) wachsen die künftigen Königinnen heran.

tete Schwänzelbewegungen ausführt. Die nachtanzenden Bienen lesen dabei am Tanzrhythmus die Entfernung der Futterquelle ab: Beträgt diese 100 m, wird die Schwänzelstrecke in einer Viertelminute 9–10 mal durchlaufen, bei 500 m etwa 6 mal, bei 1000 m 4–5 mal und bei 5000 m 2 mal. Dies gilt jedoch nur bei Windstille, denn bei Gegenwind fallen die Tanzbewegungen langsamer, bei Rückenwind schneller aus. Die Bienen teilen also nicht die gemessenen Meter, sondern den für den Hinflug benötigten Energieaufwand mit. Für die Richtungsweisung dient die Sonne als Bezugspunkt: Liegt der Futterplatz in Richtung Sonne, schwänzelt die Biene auf der senkrechten Wabe nach oben, liegt er entgegengesetzt zur Sonne, verläuft die Schwänzelstrecke nach unten. Auch der Winkel zwischen Flugbahn und jeweiligem Sonnenstand wird winkelgetreu in das Schwerefeld der Wabe übertragen. Erstaunlich ist dabei, daß die Bienen bei ihren Tänzen die im Laufe des Tages sich ändernde Position des Standes zur Sonne durch eine innere Uhr mit verrechnen. Die durch Tänze vermittelten Informationen sind für ein Bienenvolk geradezu lebenswichtig: Würde jede Trachtbiene aufs Geradewohl mit vollem Honigmagen ausfliegen, brächte sie weniger nach Hause als sie mitgenommen hat.

Mit den Augen der Biene gesehen

Das Zurechtfinden in der Umwelt und das Wiedererkennen des heimatlichen Stockes wird auch bei Bienen in erster Linie durch das Auge ermöglicht. Doch schon der abweichende Bau ihrer Augen läßt vermuten, daß Bienen die Welt anders sehen als wir: Neben drei kleinen Punktaugen auf der Mitte der Stirn, die auf Helligkeitsunterschiede reagieren, bilden die auffallend großen Komplexaugen das eigentliche Sehorgan. Als Facettenaugen bestehen sie bei einer Bienenkönigin aus 4000, bei einer Arbeiterin aus 5000 und bei einem Drohn aus 8000 Einzelaugen. Diese sind keilförmig aneinandergefügt, wie ein Bündel feinster Fernrohre, von denen jedes auf einen anderen Punkt der Außenwelt gerichtet ist. Damit wird dem Bienenauge eine Orientierung nach allen Seiten ermöglicht, ohne daß der Kopf bewegt werden muß. Allerdings ergibt dieses „Vielauge“ nur ein grob gerastertes Bild, das an ein unter der Lupe betrachtetes Zeitungsfoto erinnert. In dieser Beziehung ist das Menschenauge etwa 100 mal leistungsfähiger als das Bienenauge. Dieses wiederum kann dafür 10 mal mehr zeitlich aufeinanderfolgende Reize aufnehmen als unser Auge. Ferner vermögen die Facettenaugen die Schwingungsrichtung des polarisierten Lichtes aufzunehmen. Noch schwerer vorstellbar für uns ist die Farbwahrnehmung der Bienen. Aufgrund wissenschaftlicher Experimente weiß man heute, daß Bienen eigentlich nur die Farben gelb, blau und weiß bestimmt auseinanderzuhalten vermögen: Rot und schwarz, ferner purpurrot, violett und blau, sowie gelb, grün oder orangerot sind für das Bienenauge sehr ähnlich oder gleich. Die Farbe rot, eine unserer drei Komplementärfarben, können Bienen also nicht sehen, sofern es sich um ein unvermischtes Scharlachrot handelt. Blüten dieser Art – wie etwa die Karthäusernelke – werden daher nicht von Bienen, sondern von Schmetterlingen besucht, die für rot sehr empfänglich sind. Warum aber werden Rotklee oder auch roter Mohn von Bienen beflogen? Rotklee hat als Grundfarbe nicht nur rot, sondern auch blau in seinen Blütenblättern, so daß er den Bienen blau erscheint. Der rote Klatschmohn wiederum reflektiert – für unser Auge unsichtbar – aus dem Sonnenlicht auch Ultraviolett. Das gerade für UV-Licht empfindliche Bienenauge sieht den Mohn daher ultraviolett und nicht rot. Absorption und Reflexion von UV-Strahlen entscheiden auch darüber, wie Bienen die Farbe weiß sehen: Zinkweiß z. B. verschluckt UV und erscheint darum den Bienen als eigene Farbe, nämlich blaugrün. Bleiweiß dagegen reflektiert alle Bienenfarben und wird daher auch von Bienen als weiß gesehen. Eine bunte Blumenwiese einmal durch die Brille der Biene zu betrachten, wäre für uns Menschen zweifellos höchst interessant und voller Überraschungen – aber ebenso sicher auch ein wenig ernüchternd, wenn nicht sogar enttäuschend (E. POHL, 1978 u. a.).

Die Honigbiene als Bestäubungsinsekt

Nicht abzuschätzen: der Bestäubungswert der Honigbiene

Gegenwärtig betreuen in allen 16 Bundesländern 110 000 im Deutschen Imkerbund organisierte Imker 1,1 Millionen Bienenvölker. Diese erzeugen jährlich 15 000–18 000 t Honig im Wert von rund 160 Millionen DM und stehen damit statistisch auf dem 5. Platz der Produktionsskala – gleich hinter Rindern und Schweinen, Geflügel und Schafen. Nur schätzen läßt sich dagegen der volkswirtschaftliche Wert der Bestäubungsarbeit der Honigbiene bei gärtnerischen und landwirtschaftlichen Nutzpflanzen: Er übertrifft den Gesamtwert der Honig- und Wachserzeugung um etwa das Fünfzehnfache. Nimmt man schließlich noch die an der gesamten Wildflora geleisteten Bestäubungsdienste mit in die Betrachtung herein, sind entsprechende Zahlenangaben überhaupt nicht mehr möglich. Dies mag schon aus den folgenden Überlegungen deutlich werden: Die Bestäubung von Blütenpflanzen, also die Übertragung des Pollens von den Staubblättern auf die Narben der Blüten als Voraussetzung der Frucht- und Samenbildung, kann durch Wind, Wasser oder Tiere erfolgen. In unseren Breiten geschieht die Pollenübertragung durch Tiere ausschließlich durch Insekten und hier vor allem, nämlich zu sieben Achtel, durch Bienen. Unter diesen wiederum wird heute die Honigbiene als ein wichtiges Bestäubungsinsekt betrachtet, dem viele unserer 2000 bis 3000 heimischen Blütenpflanzen ihren Fortbestand verdanken. Andererseits ist gerade die Honigbiene besonders eng, ja geradezu lebensnotwendig mit der Pflanzenwelt verbunden, da sich sowohl das erwachsene Insekt wie die Brut ausschließlich von Pflanzenprodukten (Pollen, Nektar, Honigtau) ernähren. So haben wir es hier mit einer ebenso perfekten wie innigen Partnerschaft zwischen Biene und Pflanze zu tun, die sich in einer mehr als 100 Millionen Jahre währenden gemeinsamen Entwicklung gebildet hat und auch für den Menschen von grund-

Eine Pollensammlerin unternimmt täglich 8 bis 20 Ausflüge. In ihren zwei Körbchen kann sie bis 4 Millionen Pollenkörner verstauen. Ein Höschenpaar wiegt etwa 0,01 g, rund 20 Paare füllen eine Zelle.

Etwa 100 bis 500 Blütenbesuche sind erforderlich, um die 50 mg fassende Honigblase der Biene mit Nektar zu füllen. Je nach Tracht unternimmt eine Flugbiene täglich 5 bis 10 Ausflüge.

legender Bedeutung ist, da ein Großteil seiner Nutz- und Zierpflanzen auf Bienenbestäubung angewiesen ist. Eine Feststellung, die für unsere Zeit mehr denn je Aktualität und Gültigkeit besitzt, „denn wilde bestäubende Insekten verschwinden rapide und die Landschaft wird in dieser Hinsicht immer mehr von den Honigbienen abhängig" (American Bee Journal, zit. n. POHL 1978). Diese Zusammenhänge und die hervorragenden Bestäubungseigenschaften der Honigbiene wurden bereits vor über 100 Jahren von dem berühmten Berliner Schulmann CHRISTIAN CONRAD SPRENGEL – dem eigentlichen Begründer der Blütenbiologie – erkannt, als er seinen Zeitgenossen zu bedenken gab: „Wenn die Imker unsere Bienen nicht hielten, so müßte der Staat ein stehendes Heer von Bienen halten". Aber man schätzte auch damals noch – wie in den Jahrhunderten des alten Zeidelwesens davor – die Honigbiene hauptsächlich wegen ihrer einst so unersetzlichen Erträgnisse an Honig und Wachs. Erst in der Folgezeit gelangte man mehr und mehr zu der Erkenntnis, daß diese Bienenprodukte notfalls auch als Importware bezogen werden können, die Bestäubungsarbeit der Bienen aber durch nichts zu ersetzen ist. Eine Tatsache, die man auch heute Obstbauern und Landwirten, Gartenbesitzern und Naturfreunden eigentlich nie oft und eindringlich genug in Wort und Bild vor Augen führen kann. Ein paar grundsätzliche Bemerkungen zum Bestäubungsvorgang selbst dürften daher angebracht sein.

Fremdbestäubung ist Plan und Absicht der Natur

Innerhalb des Entwicklungsgeschehens von der Blütenknopse zur Frucht werden nicht selten Blühen und Fruchten als ein- und dasselbe Geschehen betrachtet. In Wirklichkeit sind es jedoch zwei Vorgänge, die erst durch die Bestäubung und die damit eingeleitete Befruchtung zu einem sinnvollen Ganzen verbunden werden. Zwar sind in den meisten Blüten sowohl Staubgefäße wie Fruchtknoten vorhanden, so daß eine Selbstbestäubung eintreten könnte. Doch die Natur versucht die Selbstbestäubung nach Möglichkeit zu verhindern, da die entstehenden Samen oft keimunfähig bleiben. Sie erstrebt vielmehr Fremdbestäubung, worunter die Übertragung von Pollen aus den Blüten anderer Pflanzen der gleichen Art verstanden wird, denn die aus solchen Kreuzungen hervorgehenden Samen und Früchte besitzen nicht nur höheres Gewicht, sondern auch eine größere Fruchtbarkeit und bessere Keimkraft, wodurch die Überlebenschancen der betreffenden Pflanze wesentlich erhöht werden. Wiederum war es CHRISTIAN CONRAD SPRENGEL, der diese biologischen Vorgänge richtig erkannte und in dem bedeutungsvollen Satz zusammenfaßte: „Fremdbestäubung ist Plan und Absicht der Natur". Auch der englische Forscher CHARLES DARWIN bestätigte 50 Jahre später in seinem Buch „Die Wirkung der Kreuz- und Selbstbefruchtung im Pflanzenreich", daß die Selbstbestäubung in der gesamten Natur die Ausnahme, Fremdbestäubung aber den Regelfall darstelle. Die Bevorzugung der Fremdbestäubung bringt jedoch für die mit ihrem Standort fest verbundene Pflanze die unabdingbare Notwendigkeit mit sich, für den Pollentransport entsprechende Vermittler einzuschalten. Diese rekrutieren sich – von den windblütigen Pflanzen abgesehen – zu über 80% aus der Gruppe der Insekten. Für deren Anlockung hat sich neben Farbe und Duft vor allem das Nektarangebot der Blüten als ein gutes Mittel erwiesen, wobei sich im Laufe der Evolution die Nektarabsonderung der Blüten so eingestellt hat, daß in einer Blüte immer nur ein Bruchteil der für einen Sammelflug benötigten Nektarmenge angeboten wird. Das zwingt die Besucher, nacheinander viele Blüten zu besuchen (BERTSCH 1975). Würde nämlich das nektarsaugende Insekt gleich bei einem Blütenbesuch eine volle Mahlzeit erhalten, könnte es sofort zum Nest zurückfliegen und die meisten Blüten würden vergeblich auf den bestäubungsnotwendigen Insektenbesuch warten. Welche Blütenbesucher nun in der Hauptsache angelockt werden, zeigt eine von HOOPER bereits im Jahre 1913 an Obstblüten durchgeführten Auszählung, bei der folgende Blütengäste ermittelt wurden: 493 Honigbienen, 49 Hummeln, 16 Wildbienen, 3 Wespen, 24 Fliegen, 22 Käfer, 23 Ameisen, 13 andere Insekten, wie Schmetterlinge u. a. Diese Zahlen stimmen im wesentlichen mit einer Beobachtung von ZANDER überein, wonach Obstblüten zu 88% von Honigbienen, zu 5,5% von Wildbienen und Hummeln und zu 6,5% von Wespen, Fliegen, Käfern und anderen Insekten beflogen wurden. Damit dürfte – wenn auch nur im unmittelbaren Einzugsbereich von Bienenständen – der weitaus größte Teil der Pollenübertragung in erster Linie von den Bienen bewerkstelligt werden. Gibt es dafür eine Erklärung?

Warum die Honigbiene zu den häufigsten und wichtigsten Blütengästen zählt

Wer sich durch unmittelbare Beobachtung oder Lektüre etwas näher mit der Biologie der Honigbiene beschäftigt, kann selbst als Nichtimker die Mehrzahl der Gründe herausfinden, warum der Bestäubungstätigkeit der Bienen innerhalb der gesamten Insektenwelt eine so dominierende Rolle zukommt.

– Während die meisten Insekten (auch die Hummeln) als Einzeltiere den Winter überdauern und im Frühjahr erst eine neue Kolonie gründen müssen, überwintern Honigbienen als ganzes Volk und können mit 10 000–15 000 überwinterten Mitgliedern schon im Frühjahr ein ansehnliches Heer von Bestäubern stellen.

– Die Zahl der blütenbesuchenden Bienen nimmt in der Folgezeit rasch zu, da Bienenköniginnen schon Ende Januar/Anfang Februar mit der Eiablage (allmähliche Steigerung bis zu 3000 Stück pro Tag) beginnen, so daß ein starkes Volk Mitte Mai bereits 30 000 und Anfang Juni schon nahezu 50 000 Trachtbienen besitzt.

– Mit der Überwinterungsform der Bienen hängt auch ihr angeborener Trieb zur Vorratswirtschaft zusammen, der sie über den Tagesbedarf hinaus zum Pollen- und Nektarsammeln veranlaßt: Ein Bienenvolk produziert im Jahr etwa 50–60 kg Honig und die jährlich eingetragene Pollenmenge wird auf 20–50 kg geschätzt. Welche intensive Bestäubungsarbeit damit einhergeht, mag daraus ersichtlich werden, daß allein für die Gewinnung von 1 kg Honig von den Bienen rund 20 Millionen Rotkleeblüten, 7,5 Millionen Rapsblüten oder 2 Millionen Akazienblüten beflogen werden müssen. Der von den Sammlerinnen dabei zurückgelegte Weg soll dem sechsfachen Erdumfang entsprechen.

– Aufgrund ihres hochentwickelten Kommunikationssystems können Tausende von Flugbienen in kürzester Zeit eine neu entdeckte Trachtquelle aufsuchen - ein Vorteil, der vor allem bei der Duftlenkung der Bienen, aber auch in der Wanderimkerei genutzt wird. Die Bienen arbeiten darüber hinaus noch sehr wirtschaftlich, denn die Kundschafterinnen mit dem besten Sammelerfolg gewinnen die größten Sammlergruppen für ihr Trachtgebiet.

– Bienen verfügen ferner über ein erstaunliches Zeitgedächtnis: Verschiedene Blütenarten produzieren nur zu einer bestimmten Tageszeit reichlich Nektar und Pollen. Das scheinen die Bienen zu wissen. Ihr Gedächtnis für Futterzeiten erspart ihnen so ein unnötiges Umhersuchen und kraftraubende Blütenbesuche, die nichts einbringen.

– Über ihre hinlänglich bekannten Sammelorgane (Honigmagen, Körbchen) hinaus, besitzen Bienen noch einen dichten Haarpelz, der nicht wie bei vielen anderen Insekten aus einfachen Borsten, sondern aus dichten Fiederhaaren besteht und dadurch hervorragend zum Abstreifen und Festhalten von Pollenkörnern geeignet ist. Bis zu 5 Millionen Pollenkörner wurden für eine einzige Biene errechnet.

– Während eine Reihe anderer Insekten auf nur eine oder wenige Pflanzenarten spezialisiert ist und von dem Nektar und Pollen nur dieser Art lebt, besitzt die Honigbiene eine große Anpassungsfähigkeit an die verschiedensten Blütenformen und kann deshalb zur Bestäubung mannigfacher Pflanzenarten eingesetzt werden.

– Bei der Suche nach Nektar und Pollen vagabundieren die Bienen jedoch nicht wie die meisten anderen Insekten willkürlich von Blüte zu Blüte, sondern verhalten sich in höchstem Maße blütenstet, d. h. sie besuchen solange die Blüten einer Pflanzenart, wie sich deren Ausbeute lohnt. Eine Tatsache, die im nächsten Kapitel etwas genauer betrachtet werden soll.

Einzigartig in der Natur: Die Blütenstetigkeit der Honigbiene

Neben den Honigbienen gehören sicher die Hummeln mit zu den wichtigsten Bestäubungsinsekten der Wildflora, aber auch einiger Kulturpflanzen. Ja in einigen Eigenschaften scheinen diese stattlichen und robusteren Insekten den Bienen sogar überlegen zu sein: Hummeln sammeln auch bei naßkaltem Wetter, ja selbst Temperaturen knapp über dem Gefrierpunkt machen ihnen nichts aus. Sie haben längere Tagesflugzeiten und arbeiten noch dazu effizienter als Honigbienen: 50 000 Hummeln, das sind so viel wie ein starkes Bienenvolk Arbeiterinnen zählt, würden an einem Tag etwa 15 Liter Honig eintragen! Wenn sie in ihrer Bestäubungswirksamkeit aber trotzdem hinter dem an Individuen reicheren Heer der Bienen zurückbleiben, so dürfte dies nicht nur in der rein zahlenmäßigen Unterlegenheit, sondern auch in der geringeren Blütenstetigkeit der Hummlen seinen Grund haben: Wie aus nebenstehender Abbildung ersichtlich wird, enthalten bei den mehr farbensteten Hummeln 40% aller eingetragenen Pollenhöschen mehr als eine Pollenart, während bei der vorwiegend artensteten Honigbiene der Anteil der Mischhöschen nur 1–3% beträgt. Diese Mischhöschensammlerinnen rekrutieren sich vermutlich aus der jedem Bienenvolk eigenen Gruppe von Suchbienen, die etwa 5% der zum Außendienst bestimmten Bienen ausmachen. Hierbei handelt es sich einerseits um junge Tiere, die gerade das Alter der Flugbienen erreicht haben, andererseits um ältere, die eine Tracht beendet haben und sich als Pioniere auf die Suche nach einer neuen begeben. Die große Mehrheit bilden jedoch jene Sammlerinnen, die auf eine gewisse Trachtquelle fixiert sind und ihr bis zur Erschöpfung der Nektar- und Pollenvorräte treu bleiben. Diese ausgeprägte und in der Natur wohl einmalige Blütenstetigkeit der Honigbienen findet ihre Erklärung in der hohen Lernfähigkeit dieses Insektes: Die stets beschränkte Nektarmenge der Blüten zwingt die Biene mehrere Trachtpflanzen nacheinander zu besuchen, wobei die Farbsignale von Blüte zu Blüte immer mehr verstärkt werden. Bereits nach drei Lernausflügen wird die Blütenfarbe – dies konnte experimentell nachgewiesen werden – bis zu 12 Tage lang zuverlässig im Gedächtnis der Biene gespeichert. Für die zur Nahorientierung wichtigen Düfte wurden noch kürzere Zeiten ermittelt. Sie dürften für die Blütenstetigkeit der Bienen eine besonders wichtige Rolle spielen, denn es gibt mehr verschiedene Blumenarten als Blütenfarben. Aber jede Blumenart hat ihren eigenen, für sie charakteristischen Geruch. Die nahezu 100%ige Blütenstetigkeit der Honigbiene läßt sich auch in der Natur selbst unschwer beobachten: Man wählt eine Stelle im Garten, auf der Wiese oder im Frühlingswald, wo verschiedene Blumenarten – wie etwa Buschwindröschen und Leberblümchen – in größerer Anzahl nebeneinander blühen. Werden die sie besuchenden Bienen mit unterschiedlichen Farbtupfern kenntlich gemacht, so wird man die so gezeichneten Bienen tagelang (bis zu 10 Tage) immer wieder an den gleichen Blütenarten beobachten können. Auch eine Betrachtung der Pollenhöschen selbst führt zum gleichen Ergebnis: Bienen tragen fast immer einfarbige Höschen, z. B. goldgelbe von der Hasel, schwefelgelbe von Apfelblüten, orangegelbe vom Löwenzahn oder rote von der Taubnessel. Die Pollenhöschen der Hummeln sind dagegen häufig mischfarbig.

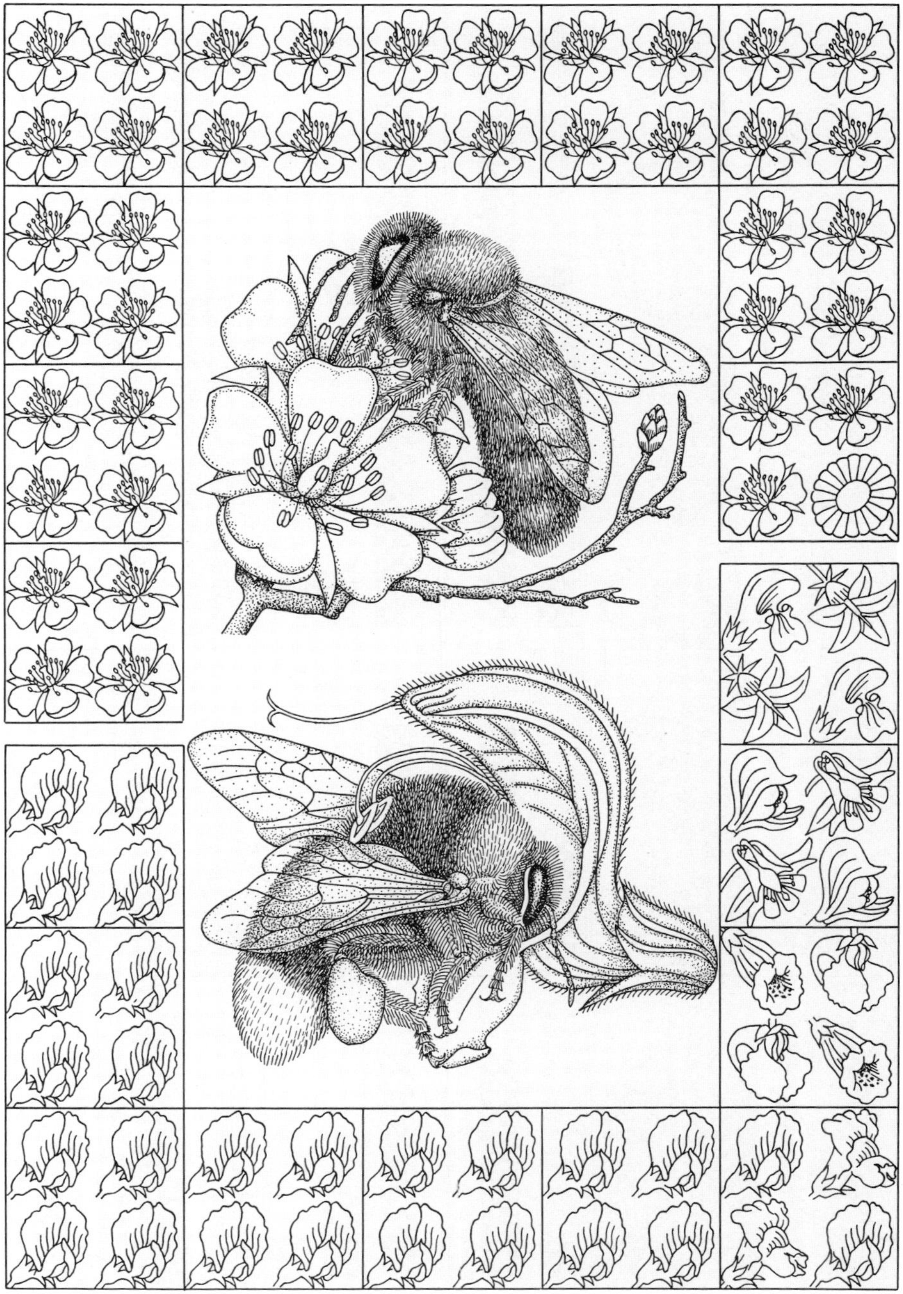

Blütenstetigkeit bei Honigbiene und Hummel.

Mehrerträge durch Bienenbestäubung.

Die Bestäubungsleistung der Honigbiene im Obstbau

Die zuletzt dargestellte Blütenstetigkeit ist sowohl für die Honigbiene selbst wie für die Blüten von Vorteil. Für die Biene bedeutet sie eine wesentliche Zeitersparnis, weil sie überall die gleichen für sie vertrauten Verhältnisse antrifft: Ein einziges Bienenvolk mit rund 20000 Flugbienen kann auf diese Weise pro Tag bis zu 3 Millionen Obstblüten bestäuben. Für die Blüten wiederum wird dadurch sichergestellt, daß sie nur mit dem für sie brauchbaren arteigenen Pollen bestäubt werden. Hinzu kommt, daß Honigbienen zwar arten- aber nicht sortenstet sind, so daß sie die für einen guten Fruchtansatz günstige Sortenkreuzung vollziehen, eine Tatsache, die ebenfalls sehr zum Nutzen der Obstbauern gereicht: Es gibt zwar Obstarten, die mit blüten-, baum- oder sorteneigenem Blütenstaub zu fruchten vermögen (z. B. alle Beerenarten, die Pfirsiche, Aprikosen, ein Drittel der Sauerkirschen, ein Drittel der Pflaumen einschließlich Zwetschgen, Reneklauden und Mirabellen, sowie die Quitten), weitaus mehr Obstarten und Obstsorten sind jedoch selbststeril, also selbstunfruchtbar. Hierzu gehören praktisch alle Apfel- und Birnensorten, zwei Drittel der Pflaumen, zwei Drittel der Sauerkirschen und sämtliche Süßkirschen. Die Selbststerilität dieser Gruppe wird vorrangig dadurch verursacht, daß die Pollenschläuche im sorteneigenen Griffelgewebe nicht wachstumsfähig sind. Dies ist jedoch nicht so zu verstehen, als ob die selbstfruchtbaren Sorten zugleich auch Selbstbestäuber oder Selbstbefruchter wären. Wohl vermag hier der blüteneigene Pollen die blüteneigenen Samenanlagen zu befruchten, doch sind auch diese Arten ausnahmslos auf Insektenbesuch angewiesen, wenn es zu nennenswerten Erträgen kommen soll.

Mehr und bessere Früchte

Durch Aufstellen von Bienenvölkern ließ sich der Ertrag bei Erdbeeren bis zu 50%, bei Gartenjohannisbeeren bis zu 70% und bei Schwarzen Johannisbeeren bis zu 61% steigern, obwohl diese Pflanzen lange Zeit als wenig auf Bienenbeflug angewiesen betrachtet wurden. Die von den Bienen vollzogene Rundumbefruchtung führte bei Erdbeeren darüber hinaus zu gleichmäßig ausgebildeten und gleichmäßig abreifenden Früchten, deren Gewicht nach 21 bis 25maligem Blütenbesuch von 5,2 g auf 8,1 g anstieg. Entsprechend nahm bei Johannisbeeren die Beerengröße mit der steigenden Kernzahl, also mit der besseren Qualität der Befruchtung zu: Normale Ernährung vorausgesetzt, sind vierkernige Früchte durchschnittlich dreimal so schwer wie einkernige. Weitere Beispiele für die hohe Wirksamkeit der Bienenbestäubung sowohl bei selbstunfruchtbaren wie selbstfruchtbaren Arten veranschaulichen die Grafiken nebenstehender Abbildung: Durch Bienenbeflug betrug die Ertragssteigerung bei Äpfeln (Sorte McIntosh) 86%, bei Birnen (Köstliche von Charneu) 71%, bei Sauerkirschen 78%, bei Pflaumen 75%, bei Himbeeren 50%, bei Stachelbeeren 86%, bei Preiselbeeren 85%, bei Heidelbeeren 67%. Wie sehr die Fruchtbehänge vom Einflugbereich der Bienen abhängen, vermag auch das folgende Beispiel sehr anschaulich zu demonstrieren: Bäume einer Goldparmänen-Allee trugen unmittelbar am Bienenstand 1200 Früchte, im Abstand von 300 m noch 800 Früchte, bei 600 m 600 Früchte, bei 750 m 250 und bei 900 m nur noch 20 Früchte. Auch hier brachte die Bestäubungstätigkeit der Bienen zugleich eine qualitative Ertragssteigerung mit sich: Bei 201 untersuchten Goldparmänen reichten die Gewichtswerte von 57,6 g je Frucht mit einem Kern bis 92,5 g bei Früchten mit fünf Kernen. Bienenbeflogene Blüten ergeben somit durch allseitige Bestäubung Früchte mit mehr Samen, die den kernarmen Früchten an Größe, Wohlgeformtheit, Gewicht und Zuckergehalt durchweg überlegen sind, weil der den vermehrten Kernen zugeleitete Saftstrom nicht nur ihnen, sondern auch dem Fruchtfleisch zugute kommt. Da der Saftstrom weitere Leitungswege verlangt, wird auch der von ihm durchflutete Fruchtstiel kräftiger. Die Frucht hängt infolgedessen länger am Baum (KOBEL 1942). Es dürfte somit kaum übertrieben sein, wenn behauptet wird, daß wir alljährlich rund 2 Millionen t Äpfel, 360 000 t Birnen

Intensive Bienenbestäubung bewirkt beim Kernobst eine allseitige Entwicklung der Samenanlagen und damit harmonisch gestaltete Früchte mit höherem Eigengewicht und Zuckergehalt.

und 250 000 t Kirschen allein der Fremdbestäubung durch Bienen verdanken. Für eine gründliche Bestäubung rechnet man bei Kernobst mit 2–3 Bienenvölkern, bei Steinobst dagegen mit 5 Völkern je Hektar, da letzteres einen verhältnismäßig reicheren Blütenflor entwickelt und auch jedes Jahr blüht, während das Kernobst (vor allem Äpfel) nach einem Tragjahr oft keine oder nur weniger Blüten ansetzt.

Die Bestäubungsleistung der Honigbiene bei landwirtschaftlichen Kulturen

Zahlreiche ältere und neuere Untersuchungen haben den Nachweis erbracht, daß der Frucht- und Samenansatz bei fast allen insektenblütigen Nutzpflanzen durch eine bewußte Intensivierung des Bienenbefluges ganz wesentlich, in nicht wenigen Fällen sogar um das Doppelte bis Mehrfache gesteigert werden kann. Das gilt auch für Pflanzenarten, deren Blütenbau nicht speziell auf Bienenbesuch abgestimmt ist, wie bei Rotklee und Luzerne. Obwohl die Blütenröhren der meisten Rotkleesorten für den Bienenrüssel eigentlich zu lang sind, stimmen alle Beobachter darin überein, daß der Samenertrag des Rotklees bei gutem Bienenbeflug (vor allem mit der rotkleetüchtigen Carnica-Rasse) höher ausfällt als wenn er fehlt. Ähnlich liegen die Verhältnisse bei Blauluzerne, deren Bestäubungsmechanismus im Grunde ebenfalls nicht auf die Honigbiene zugeschnitten ist: Luzernefelder lieferten ohne Bestäubung durch Bienen einen Samenertrag von nur 0,57 kg/ha, mit Bienen 200 kg und mit allen Insekten 322 kg. Auch Acker- oder Pferdebohnen erbrachten – obwohl ihre Hauptbefruchter Hummeln sind – in der Nähe eines Bienenstandes einen um 20–70% höheren Ertrag. Mit Hummeln und Wildbienen durchgeführte Vergleichsuntersuchungen zeigten ferner, daß Honigbienen zu 87% an der Fremdbestäubung von Winterwicken

In klimatisch günstigen Gebieten verhelfen Bienen auch zu einer reichen Pfirsichernte.

Für Hauszwetschgen wird der ertragssteigernde Effekt durch Bienenbeflug mit 75% beziffert.

Gartenjohannisbeeren erbrachten mit Bienenbeflug einen Fruchtertrag von 120 dt/ha, ohne Bienen nur 36 dt/ha.

Als durchschnittliche Ertragssteigerung durch Bienenbeflug werden bei Schattenmorellen Werte von 100 bis 200% angegeben.

Bei Renekloden ließ sich durch Bienenbeflug eine Ertragssteigerung von bis zu 95% nachweisen.

beteiligt sind: Käfigversuche mit weitmaschiger Gaze ergaben unter den Käfigen mit Honigbienenbeflug gegenüber Käfigparzellen ohne Honigbienen 2,7 – 30fache Erträge. Die Ertragssteigerung betrug im Durchschnitt 591 kg/ha. Mehrerträge von über 50% wurden durch die Mithilfe der Bienen auch in Rapsschlägen erreicht. Dabei waren die Schoten nicht nur um 20% länger, sondern zugleich körnerreicher; Samengewicht und Keimfähigkeit wurden ebenfalls erhöht. Vorteilhaft hat sich auch die schnellere Abblüte bei Bienenbestäubung erwiesen, weil die Blüten dadurch von Schädlingen (z. B. Rapsglanzkäfer) weniger beeinträchtigt werden. Welch entscheidende Rolle die Entfernung aufgestellter Bienenvölker oder ganzer Bienenstände spielt, mag aus folgenden Beispielen deutlich werden: Freilandbeobachtungen an Rotklee ergaben unmittelbar am Bienenstand eine Samenernte von 319 kg/ha, bei 400 m Entfernung 271 kg/ha, bei 800 m 92 kg/ha und bei einer Entfernung von 1500 m fast keine Samen. Bei Sonnenblumen – sie können sich nur zu 45% selbst bestäuben – ließ sich sogar eine eindeutige Relation zur Fruchtbarkeit der Samen herstellen: 400 m vom Bienenstand entfernt, waren nur 7,3% der gedroschenen Samen taub, bei 600 m Entfernung waren es schon 14,4%, bei 1070 m 27% und bei 1600 m sogar 31%; darüber hinaus wurde eine merklich bessere Entwicklung der Blütenkörbe, ein größeres Kerngewicht, sowie ein um 7% höherer Fettgehalt der Kerne bei intensivem Bienenbeflug festgestellt. Der Einfluß der Völkerzahl sei ebenfalls an einem Beispiel aufgezeigt: Schwedenkleeschläge lieferten bei 30 Bienenvölkern pro Hektar 55,20 kg, bei 60 Völkern 60,72 kg und bei 100 Völkern 248,40 kg Samen. Auch alle übrigen Kleearten, einschließlich Gelbluzerne, Serradella und Esparsette profitieren im Samenbau von der Bienenbefruchtung, während sie im Futteranbau mehr der Biene dienlich sind (s. Kap. Bienenweide).

Sie fliegen im Auftrag: Duftgelenkte Bienen (nach G. PRITSCH, 1961)

Eine weitere Erhöhung der Samenerträge läßt sich durch die in der früheren Sowjetunion und in Amerika bereits in großem Stil angewandte Methode der Duftlenkung von Bienen herbeiführen. Es handelt sich dabei um eine Fütterungsmethode, die sich die bereits erwähnte Sprache der Bienen zunutze macht: Je nach Entfernung des zu belenkenden Feldes bietet man den Bienen innerhalb oder außerhalb des Stockes ein Futter, dessen Duft dem Blütenduft des zu bestäubenden Feldes gleicht, z. B. mit lauwarmem Wasser übergossene Kleeblüten (pro Volk etwa 10–15 Blüten in einer Lösung von 100 g Zucker in 100 cm^3 Wasser). Befindet sich das für die Bestäubung vorgesehene Feld in unmittelbarer Nähe, wird Innenfütterung angewandt. Für die Belenkung eines weiter entfernten Feldes ist dagegen Außenfütterung erforderlich: Durch eine Duftinnenfütterung oder Fütterung am Flugloch eingeleitet, wird ein Futtertrog oder -teller auf einem Ständer in einigen Meter Entfernung vor den Bienenstöcken aufgestellt. Sobald das Futtergefäß mit Bienen dicht besetzt ist, wird es durch wiederholtes Weiterrücken allmählich zum gewünschten Feld hin verlegt. Damit sich die Bienen nicht nur auf den Futterplatz konzentrieren, sondern auf das gesamte Feld einfliegen, ist der Standort des Futters – eventuell verbunden mit einer Neuauffüllung des Gefäßes – einmal bis mehrmals täglich zu wechseln. Die zuerst fündigen Bienen locken dann durch die Ausführung von Rund- und Schwänzeltänzen ihre Stockgenossinnen in kürzester Zeit zur neu entdeckten Trachtquelle, deren ausgiebige Bestäubung durch die Blütenstetigkeit nunmehr sichergestellt ist. Russische Untersuchungen haben gezeigt, daß ein durch aromatische Auffütterung dressiertes Bienenvolk in seiner Bestäubungsarbeit 10 Bienenvölker ersetzen kann. Durch dieses Verfahren ließ sich bei Weißklee, Steinklee und Luzerne ein bis zu 66% höherer Bienenbeflug erreichen. Die damit verbundene Samenertragssteigerung betrug bei Schwedenklee 25–48%, bei Ackerbohnen 8%, bei Raps 20%, bei Buchweizen 30%, bei Rübsen und Rotklee je 40%.

Zu beiderseitigem Nutzen

Bereits in der Antike gaben die Bienenzüchter den Bienen aus alter Erfahrung nachts oder am frühen Morgen Lindenhonig, wenn sie die Sammlerinnen auf eine blühende Linde lenken wollten und Buchweizenhonig, wenn der Buchweizen blühte. Ob die im vorangegangenen Kapitel kurz vorgestellte Methode der Duftlenkung neben der Steigerung des Frucht- und Samenansatzes stets auch eine Erhöhung der Honigernte mit sich bringt, darüber ist man geteilter Meinung. Immerhin trugen duftgelenkte Bienen in Versuchen 30–150% mehr Honig ein, als nicht dressierte Kontrollvölker; teilweise war aber der Honigertrag bei beiden Gruppen gleich hoch oder sogar bei den Kontrollvölkern höher. Unbestritten ist dagegen der beiderseitige Nutzen von Imkern, Obst- und Samenbauern in der Wanderimkerei. So findet in vielen Ländern bereits eine organisierte Wanderung mit Bienenvölkern in blühende Obst- und Beerenpflanzungen oder Raps-, Luzerne-, Rotklee- und Buchweizenfelder statt, sowohl zur Sicherung einer genügenden Bestäubung als auch zur Ausnutzung der Nektartracht. Die Leistung der Honigbiene als Bestäuberin, wird dabei so hoch eingeschätzt, daß z. B. in den Vereinigten Staaten Normen für die zur Bestäubung von Kulturpflanzen herangebrachten Völker festgesetzt worden sind, wobei je nach Pflanzenart pro Volk ein Betrag von 1–15 Dollar gewährt wird. In ausgedehnten Luzerne-Anbaugebieten sind die eingewanderten Imker nicht selten sogar am Mehrertrag der Samenerträge beteiligt. In Dänemark haben sich Obst- oder Samenzüchter auf Vertragsbasis mit den Imkern arrangiert, wodurch auch die zur Bestäubung nötige Völkerzahl bei gleichzeitigem Schutz gegen Schädlingsbekämpfungsmaßnahmen geregelt wird (BÜDEL-HEROLD). In den großen geschlossenen Obstbaugebieten im Alten Land bei Hamburg wurde schon im Jahr 1949 die Bestäubungsarbeit jedes Bienenvolkes mit 5 DM vergütet. Heute liegt die Prämie bei nahezu 40 DM, wenn die Bienen von Blütenbeginn an zur Kirschen- und Apfelbefruchtung zur Verfügung stehen. Auch die Vermietung von Bienenvölkern zur Pollenübertragung bei Züchtungs- und Kreuzungsversuchen oder zur Erzielung eines besseren Fruchtansatzes in Gewächshäusern (z. B. bei Gurken und Tomaten) wird verschiedentlich praktiziert

Wilder Wein wird von Bienen als Pollenquelle genutzt. Die blaubereiften, kleinen Früchte werden von Vögeln verzehrt.

Die roten Früchte der Kornelkirsche werden gerne von Kernbeißer, Dompfaff, Haselmaus und Siebenschläfer verzehrt.

Roßkastanien bieten große Mengen hochkonzentrierten Nektars. Die Früchte werden von Rot- und Dammwild geschätzt.

und von den Gärtnern reichlich entschädigt. Vor allem im Ausland werden Bienen für diese Zwecke in großem Rahmen genutzt: In Japan stehen 71 000 Völker zur Erdbeerbestäubung und weitere 14 000 für Melonenkulturen zur Verfügung, während in Rußland Honigbienen sogar als etatmäßige Bestäuber in Gewächshäusern die Bevölkerung auch im Winter mit Frischgemüse versorgen.

Die Honigbiene als unentbehrliches Bindeglied im Naturhaushalt

Weite Bereiche der landwirtschaftlich genutzten Flächen benötigen heute nur noch temporär zur Blütezeit der Kulturpflanzen Bienenvölker. Anschließend sind sie in ihrem Blütenangebot so kümmerlich, daß Bienenvölker dort kein Auskommen mehr haben. Dann müssen Waldbereiche oder landwirtschaftlich nicht genutzte Flächen wie Trocken- oder Halbtrockenrasen, Sumpfwiesen und Flußauen, Heide- und Brachland, ja selbst mit Unkraut gesäumte Heckenränder, Bahn- und Straßendämme oder naturbelassene Weg- und Grabenränder als Ersatzrefugien für die Völker dienen. Gerade diese Bereiche sind aber nicht nur notwendige Landschaftselemente einer menschenfreundlichen Umwelt, sondern stellen zugleich wichtige Restbiotope und Regenerationsflächen für zahlreiche Insektenarten dar, die jedoch vielfach nicht mehr durch die eigene Bestäubungstätigkeit der in ihrem Bestand immer stärker zurückgehenden Schmetterlinge, Wildbienen, Käfer und Fliegen, sondern zu einem wesentlichen Teil durch das Heer der Bienen in ihrer pflanzlichen Vielgestalt erhalten werden können. Doch Insekten sind nicht die einzigen Nutznießer bienenbestäubter Wildpflanzen: Kleinvögel besuchen im Winter die auf Unkrautfluren verbliebenen Samenstände (Karde, Goldrute, Steinklee u. a.) oder picken Insekten aus ihren Verstecken in hohlen Stengeln. Selbst für Hänfling, Wachtel oder Rebhuhn ist auf den nicht unter landwirtschaftlichem Produktionszwang stehenden Restflächen der Tisch in der kalten Jahreszeit reichlich gedeckt. Im Sommer können sich hier noch wahre Distelparadiese entfalten, von deren Pollen- und Nektarangebot allein über 100 Insektenarten leben, die wiederum zum Speisezettel vieler Vogelarten gehören. Selbst auf den rund 40 Unkrautarten ungespritzter Straßenränder konnten noch 67 Insektenarten nachgewiesen werden.

Vögel säen und ernten, was Bienen bestäuben

Geradezu ein Schulbeispiel bilden sodann die beeren- und früchteliefernden Wald- und

Gehölzpflanzen, deren Ertrag ohne die Mithilfe der Bienen ebenfalls gering ausfallen würde: Vogelkirschen, Schlehen, Ebereschen, Mehlbeeren, Brombeeren, Himbeeren, Hagebutten u. a. stellen eine dominierende oder ergänzende Futterquelle für über fünf Dutzend Vogelarten dar. Für die Vogelwelt ist ein reiches Angebot an Beeren und Früchten nicht zuletzt deshalb so bedeutsam, weil sie auch den Weichfressern im Winter Nahrung bieten, also Drosseln, Rotkehlchen, Seidenschwanz, Zaunkönig und manchen anderen, die mit harten Samen allein nicht zurechtkommen. Ganz oben auf der mit Tabelle 1 (S. 28) wiedergegebenen „Hitliste" stehen Vogelbeere und Schwarzer Holunder. Wissenschaftler haben die Erträge dieser alljährlich reich fruchtenden Sträucher exakt berechnet. Danach liefert ein Bestand von 250–300 Ebereschen pro Jahr bis zu 2,5 Tonnen Vogelbeeren, während ein 100 Meter langer Heckenzug aus Schwarzem Holunder rund 100 Kilogramm Beeren ergibt. Entsprechend groß ist die Zahl der gefiederten Gäste, von denen die häufigsten und bekanntesten Arten im Winter auch auf Weißdorn, Heckenrose und Schlehe vertreten sind. Diese fünf Waldrand- und Feldgehölze verdienen deshalb besondere Erwähnung, weil ihre Verbreitung in erster Linie durch Vögel erfolgt, die für den Transport der nahr- und schmackhaft verpackten Samen nahezu die gleiche Bedeutung haben, wie die Bienen für die Bestäubung. Wesentlich beteiligt an diesem seit Jahrtausenden eingespielten Drei-Partner-System (Strauch-Bestäubungsinsekten-Vögel) sind verschiedene Drosselarten, Mönchsgrasmücke, Rotkehlchen, Star, Elster, Fasan, Eichelhäher, Saatkrähe und Ringeltaube. Sie sorgen in gleicher Weise für die Ausbreitung von Hartriegel, Gemeinem Schneeball, Kreuzdorn, Traubenkirsche, Pfaffenhütchen und Liguster. (Rotkehlchen und Pfaffenhütchen besitzen bemerkenswerterweise das gleiche Verbreitungsgebiet). Von dieser „gärtnerischen" Aktivität profitieren letztlich nicht nur die Vögel selbst (Sicherung künftiger Nahrungsquellen und Nistplätze), sondern darüber hinaus noch rund drei Dutzend Säugetierarten (s. Tabelle 3, S. 28) und ein ganzes Heer auf Pflanzennahrung angewiesener Insekten, darunter zahl-

Bienen bestäuben viele Vogelnährgehölze.

Tabelle 1

Fruchtfressende Vogelarten an einheimischen und fremdländischen Gehölzen:

Einheimische Gehölze

Eberesche, Krametsbeerbaum, Vogel- oder Drosselbeere 63, Schwarzer Holunder, Holler oder Holder 62, Vogel-, Süß-, Wild- oder Waldkirsche 48, Traubenholunder, Bergholunder, Roter oder Wilder Holunder 47, Waldhimbeere 39, Faulbaum oder Pulverholz 36, Wilde Rote Johannisbeere 34, Eingriffeliger Weißdorn, Heck- oder Mehldorn 32, Zweigriffeliger Weißdorn oder Hagedorn 32, Wildbrombeere 32, Birke 32, Hunds- oder Heckenrose, Hain- oder Hagebutte 27, Gemeiner Hartriegel, Hundsbeere oder Roter Hornstrauch 24, Pfaffenhütchen, Hundskirsche, Spindel- oder Spillbaum 24, Gemeine Traubenkirsche, Faulbeerbaum oder Ahlkirsche 24, Gemeine Eibe 24, Gemeiner oder Echter Schneeball, Wasserschneeball oder Wasserholler 22, Gemeiner Liguster, Rainweide, Zaunriegel oder Tintenbeere 21, Schlehe, Schliere oder Schwarzdorn 20, Berg-, Weiß- oder Traubenahorn 20, Gemeine Berberitze, Sauerdorn, Essig- oder Spitzbeere 19, Kreuzdorn, Hirsch-, Purgier- oder Wegdorn 19, Sand-, Strand-, See- oder Haffdorn 16, Kornelkirsche, Herlitze oder Gelber Hartriegel 15, Wolliger Schneeball oder Schlinge 15, Wilde Stachelbeere 14, Haselnuß 10, Gemeine oder Rote Heckenkirsche oder Beinholz 8, Wilde Schwarze Johannisbeere 3, Weiden 3.

Fremdländische Gehölze

Weißer Hartriegel 8, Mahonie 7, Bastard-Mehlbeere 4, Eschenahorn 4, Kirschlorbeer 3, Lavalls-Weißdorn 3, Gelbholziger Hartriegel 2, Essigbaum 2, Weigelie 1, Forsythia 1 (n. KOWARIK 1986, WITT 1991, ergänzt).

Tabelle 2

Blattfressende, holznagende oder blütenbesuchende Insekten:

Auf bestimmte Gehölzarten angewiesene Insekten (Bockkäfer, Rüsselkäfer, Wanzen, Blattwespen, Blattläuse, Kleinschmetterlinge)

Sal-, Sol- oder Palmweide 213, Weißdorn 163, Schlehe 137, Haselnuß 112, Rosen 103, Brombeere und Himbeere 85, Feldahorn oder Maßholder 73, Eberesche 72, Faulbaum und Kreuzdorn 45, Heckenkirsche 40, Gemeiner oder Roter Hartriegel 32, Stachel- und Johannisbeere 30, Gemeiner Liguster 21, Pfaffenhütchen 21, Gemeiner Schneeball 17, Wolliger Schneeball 17, Schwarzer Holunder 15 (n. ZWÖLFER u. a. 1981, verändert).

Tabelle 3

Säugetierarten, die Früchte, Blätter, Triebe und andere Teile der aufgeführten Gehölze verzehren

Wildapfel 35, Haselnuß 33, Eberesche 31, Wildbirne 29, Heckenrose 28, Preiselbeere 26, Heidelbeere 25, Waldhimbeere 20, Schlehe 18, Kornelkirsche 17, Zweigriffeliger Weißdorn 17, Traubenkirsche 16, Weiden 16, Kratzbeere 14, Pfaffenhütchen 14, Moorbeere 12, Rote Heckenkirsche 12, Gemeiner Schneeball 11, Faulbaum 11, Liguster 10, Schwarzer Holunder 8, Kreuzdorn 8, Roter Hartriegel 8, Eibe 8, Moosbeere 7, Brombeere 7, Berberitze 7, Wolliger Schneeball 6, Mispel 6, Felsenkirsche 6, Felsenjohannisbeere 6, Traubenholunder 5, Wilde Stachelbeere 5, Eingriffeliger Weißdorn 5, Filzige Zwergmispel 4, Seidelbast 4, Schwarze Krähenbeere 4, Sanddorn 4, Wilde Schwarze Johannisbeere 3, Wilde Rote Johannisbeere 2, Schwarze Heckenkirsche 2, Blaue Heckenkirsche 2, Alpenjohannisbeere 2, Stechpalme 2, Felsenbirne 2, Echte Bärentraube 2, Buchsbaum 1 (n. WITT 1991).

reiche für Bestäubungszwecke unentbehrliche Hummel- und Wildbienenarten wie auch die Honigbiene.

Weitreichende Wirkungen

Die im vorangegangenen Kapitel am Beispiel der Vogelwelt aufgezeigten ökologischen Zusammenhänge kommen auf indirektem Wege auch dem Menschen zugute: Die durch Bienenbestäubung reicher ausfallenden Fruchtbehänge vermögen nicht zuletzt die von manchen Vögeln in Obstkulturen verursachten Schäden, wenn auch nicht völlig, so doch bis zu einem gewissen Grade zu verhindern: Gimpel, Meisen, Sperlinge und Finken haben es im Spätwinter erst dann vermehrt auf die vitamin- und eiweißreichen Blütenknospen unserer Obstbäume abgesehen, wenn das herbstliche Angebot an Samen und Früchten zurückgeht oder aufgrund zu weniger Bäume nicht ausreicht. Während der Brutzeit sind sie dagegen auf eine Unmenge von Insekten angewiesen und leisten so als biologische Schädlingsvertilger dem Menschen große Dienste. In Parkanlagen, Obst- und Gartenkulturen reicht diese regulierende Tätigkeit der Vögel für eine wirksame Schädlingsabwehr völlig aus und erübrigt den Einsatz von Giften, die gerade bei Bienenvölkern zu großen Einbußen führen. Bienen betreiben übrigens selbst Baumhygiene: Durch Einsammeln des von Pflanzensaugern ausgeschiedenen Honigtaues wird vermieden, daß sich die schwarzen Rußtaupilze auf den Blättern oder Nadeln ausbreiten. Die segensreiche Wirkung der Bienen reicht aber noch weiter: Wie allgemein bekannt, entsteht beim Zerfall windblütiger Pflanzen unfruchtbarer Rohhumus. Man denke etwa an die sterilen Nadelpolster reiner Fichtenmonokulturen. Insektenblütige Pflanzen liefern dagegen wegen ihres Protein- und Pektingehaltes hochwertigen Nährhumus. Darum ist auch eine gewisse Menge, etwa 10–15% insektenblütiges Unkraut im Getreide, ein Nutzen für den Acker. Darüber hinaus vermögen verschiedene Blütenpflanzen (Leguminosen) Luftstickstoff zu binden und pflanzenverfügbar im Boden anzureichern. All diese Humusbildner und Stickstoffsammler werden aber als Insekten-

Die bisweilen schon im Januar blühende Hasel liefert mit bis zu 2 Millionen Pollenkörnern pro Blütenkätzchen den Bienen den ersten frischen Blütenstaub.

Die männlichen Blütenkätzchen der Frühlingsweiden liefern hochwertigen Pollen, die weiblichen Blütenstände reichlich Nektar. Das optimale Angebot: Pro Bienenvolk ein Weidenstrauch.

blütler in erster Linie erhalten durch die Befruchtungstätigkeit unserer Bienen. So kann man ohne Übertreibung sagen: „Ohne Bienen keine Insektenblütler, ohne Insektenblütler kein Nährhumus, ohne Nährhumus kein fruchtbarer Boden“(HEROLD 1965).

Die Verbesserung der Bienenweide als wichtigste Schutzmaßnahme für Bienen

Die allgemeine Intensivierung und Rationalisierung der Landwirtschaft und die damit einhergehende Ausräumung der Landschaft hat in vielen Ländern zu einer drastischen Verarmung der Bienenflora geführt. Zahlreiche Ackerblumen und Heckensträucher sind bereits aus der Feldflur verschwunden und selbst die für Bienen ebenfalls wichtigen Weidekulturen werden heute schon bei aufgehenden Kleeblüten geschnitten, da die Blüten der Pflanze sonst zu viele Nährstoffe entziehen. Ferner findet die Heuernte nicht mehr Mitte Juni, sondern in der Regel bereits Mitte Mai statt, so daß ein erheblicher Teil der früheren Trachtpflanzen überhaupt nicht mehr zum Blühen kommt. Die gezielte Anpflanzung guter Nektar- und Pollenspender wird damit zu einer vordringlichen Notwendigkeit, die nicht nur Imkern, sondern eigentlich jedem Naturfreund am Herzen liegen sollte. Lassen sich doch ergiebige Bienenweiden nahezu an jedem Ort anlegen. An erster Stelle seien hier die Gärten genannt, da sie für die Entwicklung und Erstarkung der Völker die so wichtige Frühjahrs- und Herbstpollentracht liefern:

Ziergärten: Winterling, Schneeglöckchen, Märzenbecher, Krokus, Blaustern, Traubenhyazinthe, Zierlauch, Steinkraut, Goldlack, Schleifenblume, Goldmohn, Vergißmeinnicht, Beinwell, Reseda, Himmelsleiter, Glockenblumen, Fetthennenarten, Mauerpfeffer, Malven, Stockrose, Skabiosen, Geißraute, alle Lippenblütler und ungefüllten Korbblütler.

Nutzgärten: Alle Obstbaumarten, Erdbeere, Himbeere, Brombeere, Stachelbeere, Johannisbeere, Gurke, Kürbis, Spargel, Dicke Bohnen, Feuerbohnen, Thymian, Salbei, Ysop, Minzenarten, Lavendel, Zitronenmelisse, Majoran, Kümmel, Liebstöckel, Koriander, Anis, Fenchel, Boretsch, Beinwell, Eibisch, Arnika, Benediktenkraut, Echter Alant, Baldrian.

Parks und Anlagen: Kübler-, Reif- und Trauerweide, Berg-, Spitz- und Silberahorn, Ulme, Kornelkirsche, Mahonie, Sanddorn, Zierjohannisbeere, Falscher Jasmin, Kirschpflaume, Traubenkirsche, Felsenbirne, Mispel, Eberesche, Mehlbeere, Rotdorn, Feuerdorn, Schneebeere, Kastanie, Linde, Robinie, Schnurbaum, Götterbaum, Liguster, Clematis, Wilder Wein.

Dämme, Böschungen, Straßen, Flußniederungen: Hasel, Erle, Weidenarten, Ahornarten, Faulbaum, Linde, Eberesche, Mehlbeere, Himbeere, Brombeere, Besenginster, Wundklee, Schwedenklee, Weißklee, Steinklee, Riesenhonigklee, Phacelia, Schneebeere, Wasserdost, Goldrute.

Hecken und Feldgehölze: Hasel, Salweide, Kornelkirsche, Hartriegel, Schlehe, Traubenkirsche, Wildkirsche, Wildbirne, Gemeine Zwergmispel, Mispel, Weißdorn, Elsbeere, Heckenrose, Blutberberitze, Kreuzdorn, Pfaffenhütchen, Liguster, Bocksdorn, Wolliger Schneeball.

Ödländereien: Spitzahorn, Robinie, Steinklee, Riesenhonigklee, Esparsette, Phacelia, Boretsch, Natternkopf, Honigdistel, Drachenkopf, Bocksdorn.

Kahlschläge und Wildäcker: Lupine, Zottelwicke, Hornklee, Steinklee, Riesenhonig-

Der Krokus ist ein wichtiger Frühpollenspender. Der eiweißreiche Pollen wird in dottergelben bis orangefarbenen Höschen eingetragen.

Alle Fetthennenarten werden überaus stark von Bienen beflogen. Neben Hummeln, Schwebfliegen und Raupenfliegen stellen sich auch Falter als Blütengäste ein.

Ungefüllte Astern sind ergiebige Pollenspender des Hoch- und Spätsommers. Wenn die Herbstastern erblühen, stellen sich die Bienen bereits auf den Winter ein.

klee, Luzerne, Buchweizen, Weidenröschen, Sonnenblume, Topinambur.

Felder: Einbringen von Untersaaten wie Luzerne, Schwedenklee, Inkarnatklee, Weißklee, Gelbklee, Esparsette und Nachsaat von Zwischenfrüchten bei früh abgeernteten Feldern wie Raps, Senf, Ölrettich, Ackerbohne, Wicken, Seradella, Alexandrinerklee, Perserklee, Phacelia.

Stillgelegte landwirtschaftliche Nutzflächen: Mehrjährige und einjährige Kleearten, Heil- und Gewürzpflanzen, Zwischenfrüchte wie Phacelia, Buchweizen, Rübsen, Kulturmalven, Körnerfenchel, Kornblume, Boretsch.

Für die Feldflur wird darüber hinaus noch die Erhaltung eines aus Hecken, Rainen und anderen Nebenflächen bestehenden und von Pflanzenschutzmitteln verschonten ökologischen Grundgerüstes gefordert, das ebenfalls wesentlich zur Überbrückung von Trachtlücken beitragen kann. Neben Löwenzahn, Weißklee oder Storchenschnabel kann hier auch manche feldmäßig angebaute, aber meist vorzeitig abgemähte Trachtpflanze ihr Blütenstadium erreichen. Die hier mitgeteilten Bienenpflanzen können aus Raumgründen nur eine kleine Auswahl darstellen. Wer sich weiter informieren will, sei auf das einschlägige Schrifttum (s. Literaturverzeichnis) verwiesen.

Die Förderung der Bienenhaltung als weitere Schutzmaßnahme

Neben der Schaffung einer ganzjährigen Bienenweide stellt die Förderung der Bienenhaltung selbst eine weitere vordringliche Schutzmaßnahme dar, denn die gepflegten Wälder von heute, frei von hohlen Bäumen, bieten den Bienen keine ausreichende Unterkunft. Ackerland und Kulturwiesen mit ihrer verarmten Flora geben keine Gewähr für genügend Wintervorräte. Die Honigbiene ist daher mehr denn je auf die Pflege und Obhut des Menschen angewiesen. Während früher Bienenstöcke fast zu jedem bäuerlichen Anwesen gehörten, sind heute immer weniger Landwirte unter den Imkern zu finden. Dafür gibt es mehr Nichtlandwirte, die die Bienenhaltung als Ausgleich zu ihrem Hauptberuf betreiben. Vor allem für Jugendliche kann die Betreuung einiger Bienenvölker eine ebenso interessante wie einträgliche Freizeitbeschäftigung darstellen. Daß selbst schon Schüler für die Bienenhaltung zu begeistern sind, zeigt das beispielhafte Vorgehen einer Hauptschule aus dem Main-Tauberkreis: In zwei Wochenstunden über drei Jahre hin, lernen dort die Mädchen und Jungen an einigen Bienenvölkern, die im Schulgarten stehen, alles was mit der Imkerei zusammenhängt. Wer die Schule verläßt und drei Jahre an der Imker-Arbeitsgemeinschaft teilgenommen hat, erhält ein Bienenvolk mit Kasten mit auf den Lebensweg.

Womit beginnen?

Grundsätzlich sollte man mit sanften Bienenvölkern aus ordentlicher Zucht (z. B. Carnica-Rasse) beginnen, da ein zwar meist kostenlos erhältlicher, aber nicht selten aus stechlustigen Bastardbienen bestehender Schwarm dem Anfänger die Lust zum weiteren Umgang mit Bienen gründlich verderben kann. Auch wäre es falsch, nur mit einem einzigen Volk zu beginnen, da dies über den Winter eingehen kann. Ratsam sind zwei oder drei Völker, denn die dadurch gebotene Vergleichsmöglichkeit hilft dem Anfänger über manche Unsicherheit hinweg. Von den auf nebenstehender Abbildung dargestellten Imkergeräten sind lediglich die Bienenwohnung (Beute) und die Honigschleuder mit höheren Anschaffungskosten verbunden. Wer jedoch etwas handwerkliches Geschick hat, kann sich seine Bienenkästen aus gelieferten Einzelteilen selbst zusammenbauen und damit Kosten sparen. Die Schleuder kann gerne gebraucht sein oder auch gemeinsam benutzt werden. Die für die übrigen Geräte nötigen Investitionen können die Völker bereits in zwei Jahren wieder einbringen. Um die Kosten im Rahmen des Erschwinglichen zu halten, braucht es für den Anfang auch kein teures Bienenhaus zu sein. Einzeln aufgestellte Magazinbeuten oder ein kleiner Freiständer für 3–5 Völker genügen fürs erste. Sie haben gegenüber einem festen Bienenhaus den Vorteil, daß sie sich leicht verstellen und an die Tracht heranbringen lassen. Unerläßlich für jeden Anfänger ist es jedoch, möglichst bald Kontakt mit einem Imkerverein aufzunehmen.

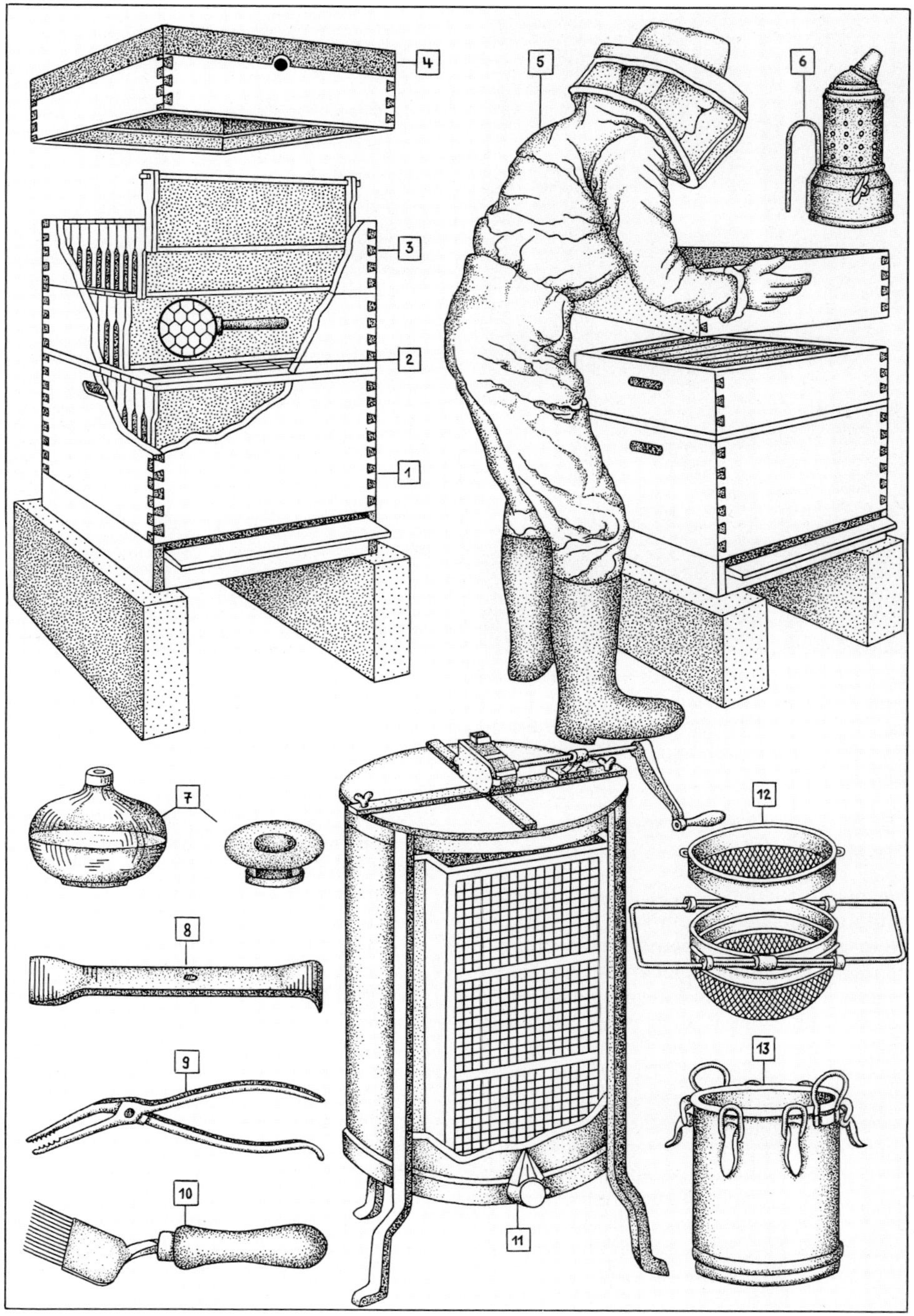

Grundausrüstung für den Anfänger: 1 Brutraum der Beute, 2 Königin-Absperrgitter, 3 Honigräume mit Waben, 4 Dach, 5 Imkeranzug, 6 Rauchgerät, 7 Futtergefäß mit Futterteller, 8 Stockmeisel, 9 Wabenzange, 10 Entdeckelungsgabel, 11 Honigschleuder, 12 Honigsieb, 13 Honigeimer (z. T. nach SEYMOUR; 1976).

Bei ergiebiger Tracht ist der Honigraum bald gefüllt. Zellen mit reifem Honig werden von den Bienen mit Wachs verdeckelt. Etwa 10 bis 20 kg Honig können pro Volk geerntet werden.

Nach der Entnahme aus dem warmen Stock werden die Waben so rasch wie möglich geschleudert – eine Aufgabe, die bereits Jungimker fachgerecht ausführen können.

Honig ist ein reines, unverfälschtes Naturprodukt. Um ein Pfund Honig zu erhalten, müssen die Bienen die dreifache Menge an Nektar sammeln.

Für Anfänger bestens geeignet: Die Magazinbeute

Die modernste und fast von allen Fachleuten heute am meisten empfohlene Bienenwohnung ist die Magazinbeute. Diese Oberbehandlungsbeute mit gleichen Zargen (Magazinen) ist die am weitesten verbreitete Beute der Welt und nimmt auch im deutschsprachigen Raum den ersten Platz ein. Da Bodenbrett, Magazine und Deckel Einzelteile sind, kann der Innenraum der Beute nach oben hin beliebig erweitert und so der jeweiligen Volksstärke und der zu erwartenden Honigernte optimal angepaßt werden. Auch bei größeren Imkerbetrieben hat sich diese Beutenart inzwischen immer mehr durchgesetzt, da sie eine Völkerbehandlung mit geringstem Zeitaufwand erlaubt. Eine bekannte Ausgabe dieses Beutentyps ist die Erlanger Magazinbeute. Sie ist aus 27 mm starkem Massivholz (Fichte) gefertigt und besteht aus drei bis vier Magazinen. Bei aller Einfachheit ist sie bestens für alle Erfordernisse einer modernen Bienenführung eingerichtet. Eine Futterwanderzarge in Verbindung mit einem Lüftungsgitter ermöglicht ein rasches und bequemes Wandern mit den Bienen. Eine höchst einfache und zweckmäßige Haltevorrichtung zwischen den einzelnen Elementen sorgt für deren festen Verschluß beim Transport. Ein besonderer Vorzug der Erlanger Beute besteht ferner darin, daß sie vorne mit einer neuen Wandervorrichtung ausgestattet ist, welche sich auch zum Kippen eignet. Hinten besitzt sie eine Spezialverriegelung in der Art eines Exzenterverschlusses. Ein Magazin faßt neun Zanderwaben (220 mm x 420 mm); dieses Wabenmaß hat sich in der Praxis der Magazinimker am besten bewährt und ist mittlerweile ebenfalls im deutschsprachigen Raum am meisten verbreitet. Das oberste Magazin wird mit einem Deckel verschlossen und durch eine wasserdichte Abdeckung vor Regen geschützt. Als idealer Standort für die Aufstellung der Beuten eignet sich ein windgeschützter Platz, fernab von Straßen und Gehwegen, am besten in der Nähe verschiedener Wild- und Kulturpflanzen, die nacheinander vom zeitigen Frühjahr bis in den Herbst hinein blühen. Besteht die Möglichkeit, die Völker im eigenen Garten zu halten, muß ein Sicherheitsabstand von 5 m zum Nachbargrundstück eingehalten werden. Auch sollten die Ausflugöffnungen nach Süden oder Südosten in den eigenen Garten weisen. Zusätzlich kann man durch Pflanzen einer 2,5 m hohen dichten Hecke den Flug der Bienen nach oben lenken.

Hummeln

Hummeln und Lippenblütler sind im Bauplan aufeinander abgestimmt. Sie ergänzen sich hervorragend.

Die Nordländer unter den Bienen

Neben den Honigbienen stellen die Hummeln die wohl bekanntesten und volkstümlichsten „Bienen" dar. Bereits der Laie kann mühelos Honigbiene und Hummeln unterscheiden, ein Beweis, daß beide, zumindest auf den ersten Blick, wenig Ähnlichkeit miteinander haben. Schon eher könnten die etwas plump wirkenden, stark pelzig behaarten Hummeln mit den – im nächsten Kapitel kurz vorgestellten – solitär lebenden Pelzbienen der Gattung *Anthophora* oder den Holzbienen der Gattung *Xylocopa* verwechselt werden. Aus pelzbienenähnlichen Vorfahren mögen sich die Hummeln auch ehemals entwickelt und damit den Übergang von der solitären zur geselligen Lebensweise vollzogen haben. Allerdings muß eingeräumt werden, daß wir bis jetzt solche Ahnen nicht kennen, denn auch bei den erstmals in der Braunkohlezeit auftretenden Formen handelt es sich bereits um echte Hummeln. Vor allem der baltische Bernstein hat uns prächtige Hummelformen beschert, die von den jetzt lebenden kaum zu unterscheiden sind. Doch nicht im feuchtwarmen Klima Samlands jener Zeit dürfte die Wiege der Hummeln gestanden haben, denn diese pelzreichen Tiere sind unzweifelhaft eine Schöpfung der gemäßigten und der kälteren Erdstriche, wobei wir mit großer Wahrscheinlichkeit die Hochebene Innerasiens als Entstehungsherd unserer Hummelwelt betrachten dürfen. Heute sind die Hummeln mit etwa 400–500 Arten über die ganze Erde verbreitet, wirklich bezeichnend sind sie aber nur für die gemäßigten Zonen und zwar gleicherweise auf der Nord- wie auf der Südhalbkugel. In den tropischen Gebieten sind die Hummeln fast durchweg Bewohner der kühleren Regionen der Hochgebirge. Auch in Asien, Europa und Nordamerika bevorzugen sie winterkalte Gebiete. Einige Arten stoßen sogar bis über den Polarkreis vor, in Alaska, Grönland und Sibirien. Als einzige Bienenverwandte haben es diese Nordländer geschafft, bis an die Grenzen des Insektenlebens vorzudringen: Die nördlichste Hummelart lebt in Kanada nur 880 km vom Nordpol entfernt, während die Verbreitungsgrenze der Honigbiene polwärts vom 64. Breitengrad in Schweden bis zum 51. Breitengrad in Sibirien verläuft. Man sieht, Hummeln kommen selbst in sehr kaltem Klima zurecht und viele ihrer Eigenschaften und Verhaltensweisen scheinen speziell darauf abgestellt zu sein. Neben der Nestanlage im oder am Boden, der robusten Konstitution, dem dichtbehaarten Pelzgewand, ist hier vor allem die Fähigkeit der Hummeln zu nennen, den Wärmehaushalt ihres Körpers in gewissem Maße zu regulieren – eine Besonderheit, die im folgenden Kapitel noch etwas näher betrachtet werden soll.

Insekten mit „Wärmepumpe" und „Kühlrippe"

Obgleich wie alle Insekten außentemperaturabhängige „Kaltblütler", besitzen Hummeln bemerkenswerte Anpassungen an große Höhen und hohe geografische Breiten. Als vorteilhaft für ein Vordringen in alpine und arktische Regionen erweist sich bereits der gedrungene, massige Körper, denn geringe Körperoberfläche in Relation zum Gewicht bedeutet weniger Wärmeverlust. Doch das eigentliche Geheimnis ihrer Wärmefestigkeit tragen diese Großinsekten in ihrer Brust verborgen: Die den Brustraum nahezu vollständig ausfüllende Brustmuskulatur vermag den Hummelkörper nicht nur durch die Luft zu tragen, sondern produziert auch ein beträchtliches Maß an Abwärme. Schon vor dem Start setzen die Hummeln ihre von den Flügeln abgekoppelte Flugmuskulatur gleichsam als Leerlaufheizung in Betrieb. In nur siebzehn Minuten vermö-

Eine Königin der als leicht erregbar geltenden Baumhummel auf der Hand des Hummelforschers Eberhard von Hagen, Fruchtzuckerlösung trinkend.

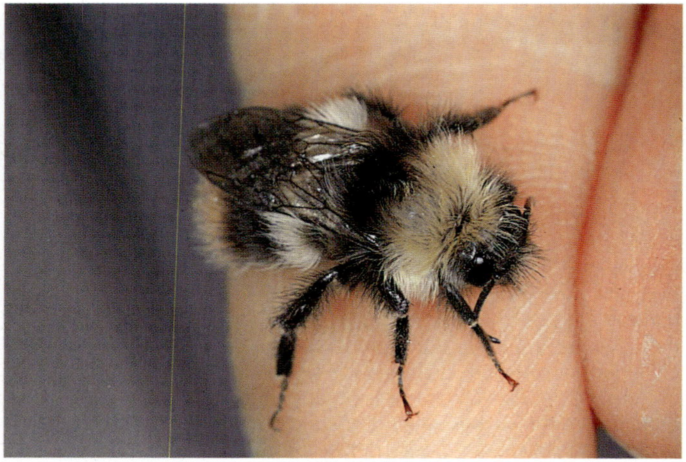

Frisch geschlüpftes Männchen der Wiesenhummel, dessen späteres Schmuckkleid noch nicht voll ausgefärbt ist.

gen Hummeln ihren Flugmotor von 6 auf 37°C aufzuheizen. Die enge Verbindung zwischen Brust und Hinterleib, sowie isolierende Luftsäcke im vorderen Teil des Hinterleibs tragen dazu bei, daß beim Aufheizen der Brustmuskulatur nicht zu viel Wärme an den Hinterleib verloren geht. Darüber hinaus verfügen Hummeln über ein verblüffendes Wärmerückgewinnungsverfahren: Kühles Blut wird durch den Herzmuskelschlauch aus dem Hinterleib nach vorne gepumpt, wobei es in der Hummeltaille in engen Kontakt mit dem gegenläufigen offenen Blutstrom aus dem Brustraum kommt und dessen Wärme aufnimmt. Der Wärmefluß in der Taille heizt so das kopfwärts fließende Blut vor. Tritt bei starker Sonnenbestrahlung während des Fluges die Gefahr der Überhitzung auf oder soll die Brut mit dem Hinterleib beheizt werden, wird die soeben kurz erläuterte Wärmepumpe ausgeschaltet. Die beiden entgegengesetzten Blutströme fließen jetzt nicht mehr gleichzeitig: Durch Dehnung des Hinterleibs und Heben des Zwerchfells kann nun warmes Blut ungehindert von der Brust zum Hinterleib strömen, während der Blutstrom durch den Herzmuskelschlauch nach vorne unterbunden wird. Die in den Hinterleib eingeflossene Wärme wird dann über ein „Wärmefenster“ an der wenig behaarten Hinterleibsunterseite wie von einer Kühlrippe als Abwärme weggestrahlt oder aber als preiswerte Heizenergie für Brut und Nest wiedergenutzt. Bei der anschließenden Kontraktion des Hinterleibs senkt sich das Zwerchfell, so daß abgekühltes Blut wieder durch den Herzmuskelschlauch in den wärmespendenden Brustraum fließen kann.

Friedliche Brummer

Die deutschen Namen Hummel, Bummel (Steiermark) oder Hummler (Sudeten) werden als lautmalende Umschreibung des brummenden Flugtons dieser stattlichen Insekten gedeutet. Hummeln sind – obwohl sie zu den Stechimmen zählen – zwar ein viel gemütlicheres Volk als Bienen, Wespen oder gar Hornissen, können aber dennoch (sofern es sich um Königinnen oder Arbeiterinnen handelt) bei Notwehr recht schmerzhaft stechen – entgegen der weitverbreiteten Volksmeinung sie könnten es nicht. Allerdings vermögen sie nicht wie die Bienen und Papierwespen im Anflug zu stechen, sondern nur in Rückenlage, da sie zum Einführen des kräftigen Stachels ein Widerlager benötigen. Dagegen können Hummeln im Gegensatz zur Honigbiene ihren im Hinterleib fest verankerten Stachel wieder zurückziehen, obwohl auch er mit vier kleinen Widerhaken (bei der Honigbiene sind es zehn) am Ende versehen ist. Hummeln können also mehrfach hintereinander stechen, während der Stachel der Honigbiene auf Abreißen programmiert ist. Hummeln machen jedoch von ihrem Stachel nur sehr selten Gebrauch. Nur Hummelköniginnen sind untereinander stets aggressiv. Selbst in das Nest dringende fremde Hummel- oder Bienenarten, die Nektar rauben wollen, werden oft nur hinausgejagt, wobei die Nestbewohner ihre starken Kauwerkzeuge einsetzen. Auch stechen Hummeln nicht ohne unmißverständliche Vorwarnung: Bei geringster Störung oder Beschädigung des Nestes ertönt zunächst ein zorniges Summen als deutliches Alarmsignal. Hält die Beunruhigung an, so umkreisen die ausschwärmenden Nestinsassen den Störenfried mit jenem eigenartigen Zornlaut, der so ganz anders klingt als das gemütliche Gesumm einer friedlichen Hummel. Bei fortgesetzter, massiver Belästigung, vor allem wenn die Nester an stark begangenen Wegen liegen, können schließlich die sonst eher etwas phlegmatisch anmutenden Hummeln derart gereizt sein, daß sie schon bei geringstem Anlaß zum Angriff übergehen. Doch scheinen Aggressivität und Verteidigungsbereitschaft bei den kurzrüsseligen Hummeln ausgeprägter zu sein als bei den langrüsseligen Arten. So gebärdet sich die Baumhummel – unsere aggressivste Hummelart – bei mehrfacher Störung in Nestnähe sehr wütend. Auch Erdhummeln können, z. B. bei wiederholten Nistkastenkontrollen, hin und wieder stechen. Weniger verärgert reagieren Steinhummeln und ausgesprochen ruhig bleiben Acker- und Wiesenhummeln. Zu Stichen außerhalb des Nestbereiches kommt es bei Menschen eigentlich nur, wenn die Tiere an ihren Gliedmaßen oder Flügeln festgehalten oder in der geschlossenen Hand gedrückt werden. Im übrigen sind Hummelstiche für Nichtallergiker genauso ungefährlich wie der Stich einer Honigbiene, Wespe oder Hornisse.

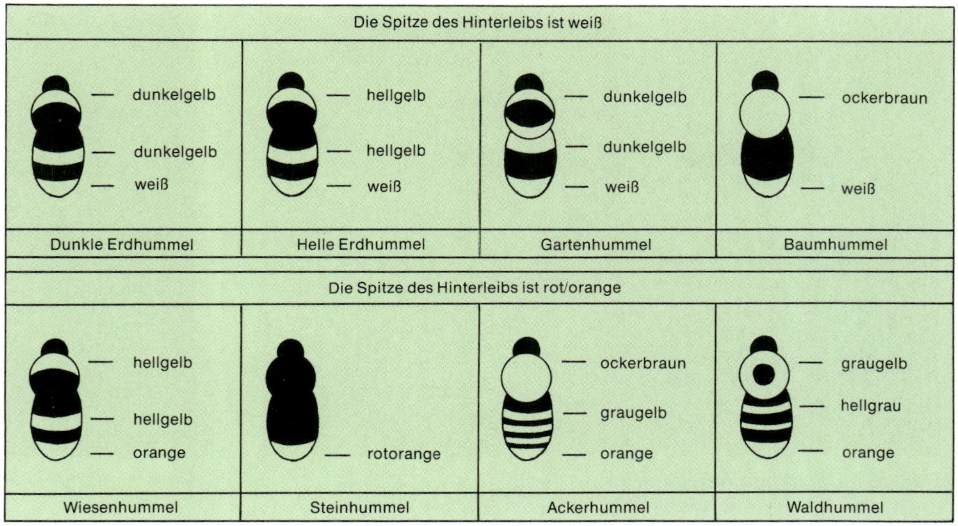

Schematische Habitusbilder bekannter Hummelarten als Zuordnungshilfe für erste Bestimmungsübungen (nach G. R. WITTE und J. SEGER, abgeändert).

Prachtbienen im bunten Pelzrock

Hummeln sind aber nicht nur relativ harmlose und freundliche Tiere, sondern auch überaus hübsche Geschöpfe. Der bekannte Entomologe und Hummelspezialist SCHMIEDEKNECHT hat sie einmal sehr treffend als die Prachtbienen des Nordens bezeichnet. Selbst die älteren Naturforscher waren von der mannigfaltigen, fröhlichen Farbenpracht eines Hummelpelzes so fasziniert, daß sich ihre Beschreibungen fast ausschließlich auf die Färbung und Zeichnung der Tiere gründeten. Dies führte letztlich zu einem kaum mehr zu überblickenden Wust von Beschreibungen und Synonymen, bis sich schließlich die Entdeckung der außerordentlichen Veränderlichkeit der Hummeln Bahn brach und man erkannte, daß engverwandte Hummeln ein sehr verschiedenes und völlig verschiedene Arten ein sehr ähnliches Haarkleid tragen können, das innerhalb der Art selbst mannigfach abändern kann. Eine große Veränderlichkeit der Farbmerkmale kann beispielsweise bei Garten-, Acker- und Wiesenhummeln beobachtet werden. Heute weiß man, daß alle diese Farbnuancen, in einem auch bei Hummeln ausgeprägten Dimorphismus begründet sind. Danach hat – wie dies z. B. auch bei manchen Schmetterlingen der Fall ist – fast jede Art die Neigung, in einer hellen (Flavismus) oder einer dunklen Färbung (Melanismus) aufzutreten. Alle frisch geschlüpften Hummeln tragen dagegen zunächst ein gräulichweißes Jugendkleid, dem noch jegliche Spur der künftigen Zeichnung fehlt. Die Färbung zum späteren Schmuckkleid erfolgt erst nach einiger Zeit in streng gesetzmäßiger Abfolge.

Welche Hummel ist das?

Hummeln haben, von der Honigbiene einmal abgesehen, mehr Freunde als alle anderen Hautflügler. Auch kann man sie von den ersten warmen Frühlingstagen bis in den Herbst hinein beobachten. Ihre Bestimmung ist im allgemeinen aber schwieriger als oft vermutet, da die Färbung – wie bereits dargelegt – innerhalb einer Art erheblich variieren kann, oft Farbunterschiede zwischen Männchen und Weibchen bestehen und auch die Größe je nach Jahreszeit zumindest bei den Arbeiterinnen schwankt. Von den ursprünglich 30 Hummelarten Deutschlands fliegen heute – mit erheblichen regionalen Unterschieden – nur noch 25 bis 29, wovon aus gebotener Beschränkung hier nur die sieben häufigsten, auch in Städten vorkommenden Arten kurz vorgestellt werden können. Obwohl ein sicheres Bestimmen von Hummeln nach rein feldentomologischen Merkmalen nur ausnahmsweise möglich ist, kann bei den kulturfolgenden Arten – trotz mehrerer Doppelgänger, wie etwa bei Erd- und Steinhummel – dennoch mit einer annähernd richtigen Zuordnung gerechnet werden. Zusätzliche Gewißheit bringen Artkriterien, die über eine bloß morphologische Betrachtung hinausgehen, wie etwa Erscheinungszeitpunkt, Neststandort, Volksgröße, charakteristische Verhaltensweisen usw. Für eine vertiefte und erweiterte Artenkenntnis ist die Benutzung eines guten Bestimmungswerkes unerläßlich. An erster Stelle sei hier das bereits in der 4. Auflage erschienene, mit hervorragenden Farbfotos und -zeichnungen ausgestattete Buch von EBERHARD VON HAGEN genannt, das auch den anschließend wiedergegebenen Steckbriefen der bis in den Siedlungsraum vordringenden Hummelarten zugrundegelegt wurde.

Dunkle Erdhummel, Arbeiterin.

Helle Erdhummel, Königin.

Dunkle Erdhummel, *Bombus terrestris L.*

Aussehen: Brust vorne mit deutlich abgesetzter dunkelgelber Binde, sonst schwarz. Ein weiterer sattgelber Streifen im ersten Drittel des Hinterleibes. Das Körperende ist weiß. Auch fast schwarze Tiere. Männchen mit weißen Haaren im schwarzen Brustabschnitt und gelben Haaren im Kopfbereich.

Körpermaße (mm): Körperlänge: Königin (♀) 20–23, Arbeiterin (♀) 11–17, Männchen (♂) 14–16. Flügelspannweite: ♀ 38–43, ♀ 22–34, ♂ 30–33. Rüssellänge: ♀ 9–10, ♀ 8–9, ♂ ca 8.

Flugzeiten: ♀ Mitte März–Mitte Mai, ♀ Mitte April–Mitte Oktober, Jungköniginnen und Drohnen Ende Juli bis Ende September, ausnahmsweise auch bis in den Oktober.

Lebensraum: Bevorzugt offenes Gelände, meidet das Innere von Wäldern, sonst als Ubiquist nicht wählerisch: Auf Waldlichtungen, Wiesen, Weiden, Brachland, an Waldrändern, Dämmen, Straßen- und Wegrändern, in Gärten und städtischen Anlagen.

Nistweise: Nestbezieher. Nest überwiegend unterirdisch, bis zu 1,5 m tief in der Erde liegend, vorwiegend in verlassenen Mäusekesseln und Maulwurfsnestern (besonders in frischen). Gelegentlich auch in erdnahen Hohlräumen von Gebäuden, in Heu- und Strohlagern, unter den Dielen von Schuppen, Gartenhäusern u.ä. **Brutpflegetyp:** Pollenstorer (Erklärung folgt). **Volksstärke:** 100–600 Individuen.

Blütenbesuch: Königin im Frühjahr an Weidenkätzchen, Männchen ab Ende Juli auf Thymian, Knautie und Disteln. Haupttrachtpflanzen: Lerchensporn, Obstbäume, Himbeere, Heidelbeere, Preiselbeere, Goldregen, Wicke, Kleearten, Gemeiner Ziest, Schwarznessel, Fingerhut, Flockenblume (z. T. nach E. v. HAGEN (1990).

Helle Erdhummel, *Bombus lucorum L.*

Aussehen: Bei schwarzer Körpergrundfarbe zwei hellgelbe bis schwefelfarbene Binden am kopfnahen Rücken und im vorderen Drittel des Hinterleibes. Das Körperende ist schmutzigweiß bis weiß. Männchen mit gelben Haaren im Kopfbereich und deutlich breiterer Vorderbrustbinde; in den schwarzen Körperregionen eingestreute gelbe und weiße Haare.

Körpermaße (mm): Körperlänge: ♀ 18–21, ♀ 9–16, ♂ 14–16. Flügelspannweite: ♀ 36–39, ♀ 20–33, ♂ 29–33. Rüssellänge: ♀ 9–10, ♀ 8–9, ♂ 7–8.

Flugzeiten: ♀ Mitte März–Mitte Mai, ♀ Anfang April–Ende August, Jungköniginnen und Drohnen Mitte Juli–Ende August.

Lebensraum: Häufig in Wäldern, an Waldrändern, in Hecken und Gebüschen, ferner im offenen Gelände in Hecken und Gebüschen, auf Wiesen, Weiden, und Brachen, an Feldrainen, Böschungen, Dämmen, auch im Siedlungsbereich in Gärten und Parks.

Nistweise: Nestbezieher. Nest stets unter der Erde, vor allem in verlassenen Nestern von Mäusen und anderen Kleinsäugern, da das vorgefundene Nistmaterial (Gras, Laub, Moos) zum Bau des eigenen Nestes benötigt wird. **Brutpflegetyp:** Pollenstorer. **Volksstärke:** 100–400 Individuen.

Blütenbesuch: Königin im Frühjahr an Weidenkätzchen, Männchen ab Mitte Juli auf Disteln und anderen Korbblütlern. Haupttrachtpflanzen: Taubnessel, Zierjohannisbeere, Obstbäume, Geißbart, Apfelrose, Weißklee, Lupine (z. T. nach E. v. HAGEN (1990).

Baumhummel, Arbeiterin.

Wiesenhummel, Königin.

Baumhummel, *Pyrobombus hypnorum L.*

Aussehen: Insgesamt bienenfarben, Brust oben oft auffallend rotbraun, gelegentlich bis fast schwarz, Körperende grauweiß. Bei den Männchen meist auch die beiden ersten Hinterleibsegmente rotgelb behaart und das Rotbraun der Brust nach Altgold aufgehellt.

Körpermaße (mm): Körperlänge: ♀ 17–20, ♀ 8–18, ♂ 14–16. Flügelspannweite: ♀ 35–38, ♀ 19–32, ♂ 28–32. Rüssellänge: ♀ 11–12, ♀ 8–10, ♂ 7–9.

Flugzeiten: ♀ Ende März–Ende April, ♀ Mitte April–Mitte August, Jungköniginnen und Drohnen Anfang Juli–Ende August.

Lebensraum: Als Ubiquist in lichten Wäldern, an Waldrändern, in der offenen Kulturlandschaft, regelmäßig auch in Dörfern und städtischen Anlagen (Nistkastenangebot!) in Haus- und Schrebergärten.

Nistweise: Nestbezieher und -bauer. Nest ausschließlich oberirdisch, vorwiegend in natürlichen Baumhöhlen, Fels- und Mauerspalten, auch in Vogelnistkästen, in Waldhütten, Scheunen und Ställen, auf Dachböden. **Brutpflegetyp:** Pollenstorer. **Volksstärke:** 80–400 Individuen.

Blütenbesuch: Königin im Frühjahr an Weidenkätzchen und Stachelbeeren, später auch auf Rosengewächsen. Männchen ab Juli auf Blauer Kugelblume, Spierstaude, Schmalblättrigem Weidenröschen, Schneebeere. Haupttrachtpflanzen: Taubnessel, Cotoneaster, Himbeere, Johannisbeere, Heckenkirsche, Weißklee, Wicke, Linde (z. T. nach E. v. HAGEN (1990).

Wiesenhummel, *Pyrobombus pratorum L.*

Aussehen: Schwarz behaart, Vorderbrust und zweites Hinterleibsegment mit mehr oder weniger gelben Haaren besetzt, oft bindenförmig oder ganz fehlend. Hinterleibsende blaßrot bis orange. Bei Männchen verdrängt die gelbe Behaarung die schwarze mehr oder weniger.

Körpermaße (mm): Körperlänge: ♀ 15–17, ♀ 9–14, ♂ 11–13. Flügelspannweite: ♀ 28–32, ♀ 18–26, ♂ 23–26. Rüssellänge: ♀ 12–14, ♀ 8–12, ♂ 8–10.

Flugzeiten: ♀ Mitte März–Mitte Mai, ♀ Anfang April–Ende Juli. Jungköniginnen und Drohnen von Ende Juni–Ende Juli.

Lebensraum: In lichten Wäldern, an Waldrändern, häufig auch im offenen Gelände, auf Feldern, Wiesen, Viehweiden, Böschungen, unter Gebüsch und Hecken, gelegentlich auch in Gärten und Parkanlagen.

Nistweise: Nestbezieher und -bauer. Nest vorwiegend oberirdisch unter Reisig, Moos und Grasbüscheln, in hohlen Bäumen, Nistkästen, Vogel- und Eichhörnchennestern, in Gebäuden (in Schubladen von Verandatischen, zwichen den Falten einer ungenutzten Decke), selten unterirdisch in Mäusekesseln. **Brutpflegetyp:** Pollenstorer. **Volksstärke:** 50–120 Individuen.

Blütenbesuch: Königin im Frühjahr an Weidenkätzchen, Primel, Lerchensporn, Lungenkraut, Nieswurz, Stachelbeere, Zahnwurz. Männchen ab Ende Juni auf Himbeere und Schmalblättrigem Weidenröschen. Haupttrachtpflanzen: Obstbäume und andere Rosengewächse, Stachelbeere, Kastanie, Schöllkraut, Sumpfporst, Sumpfheidelbeere, Preiselbeere, Gemeiner Ziest, Lupine, Korbblütler, Boretsch (z. T. nach E. v. HAGEN (1990).

Ackerhummel, Königin.

Gartenhummel, Arbeiterin.

Ackerhummel, *Megabombus pascuorum Scop.*

Aussehen: Kopf und Brust rot- bis braungelb, Seiten graubraun bis weiß. Hinterleib struppig graugelb behaart, am Ende rostrot, davor oft eine schwärzliche Binde. Sehr variable Art. Männchen meist heller gefärbt.

Körpermaße (mm): Körperlänge: ♀ 15–28, ♀ 9–15, ♂ 12–14. Flügelspannweite: ♀ 28–32, ♀ 20–28, ♂ 24–27. Rüssellänge: ♀ 13–15, ♀ 12–13, ♂ 10–11.

Flugzeiten: ♀ Anfang April–Mitte Mai. ♀ Anfang Mai bis Mitte Oktober. Jungköniginnen und Drohnen Mitte August–Ende Oktober.

Lebensraum: Als Ubiquist und Kulturfolger an allen möglichen trokkenen und feuchten Stellen. In Wäldern, an Waldrändern, Gräben, Böschungen, auf Feldern, Wiesen, Weiden, Brachland, regelmäßig auch in Gärten und Parkanlagen.

Nistweise: Nestbauer und Nestbezieher. Nest unter- wie oberirdisch, in Mäusekesseln, unter Moospolstern und Grasbüscheln, in Vogel- und Siebenschläfernestern, in Hohlräumen von Gebäuden, Strohballen, Putzwolle, Lumpen, abgelegten Kleidern und Federbetten. **Brutpflegetyp:** Pocketmaker (Erklärung folgt). **Volksstärke:** 60–100 Individuen.

Blütenbesuch: Königin an Weidenkätzchen, Lungenkraut, Gundelrebe, Günsel, Taubnessel, Anemone, Brombeere. Männchen ab Mitte August auf Flockenblume, Distel, besonders gerne auf Acker-Gänsedistel. Haupttrachtpflanzen: Lerchensporn, Schöllkraut, Taubnessel, Wiesensalbei, Thymian, Zierjohannisbeere, Obstbäume, Weißklee, Rotklee, Wicke, Eisenhut, Akelei, Fingerhut, Distel (z. T. nach E. v. HAGEN 1990).

Gartenhummel, *Megabombus hortorum L.*

Aussehen: Brust vorne und hinten mit goldgelber Binde, zwischen den Flügeln schwarz. Der Hinterleib beginnt mit einer breiten gelben Binde, das Hinterleibsende ist weiß. Der Kopf der Männchen ist struppig behaart mit hellen Haaren auf der Stirn. Die Art variiert sehr.

Körpermaße (mm): Körperlänge: ♀ 17–22, ♀ 11–16, ♂ 13–15. Flügelspannweite: ♀ 35–40, ♀ 28–32, ♂ 28–32. Rüssellänge: ♀ 19–21, ♀ 14–16, ♂ ca 15.

Flugzeiten: ♀ Mitte April–Mitte Mai, ♀ Anfang Mai–Ende Juli. Jungköniginnen und Drohnen Ende Juni–Ende Juli.

Lebensraum: Als Ubiquist und Kulturfolger an Waldrändern und Gebüsch, auf Brachland, Streuobstwiesen und Weiden, an Feldrainen, Gräben, Böschungen, Straßen- und Wegrändern, in Parkanlagen und Gärten.

Nistweise: Nestbauer und -bezieher. Nest ober- wie unterirdisch in verlassenen Mäuse- und Vogelnestern, Nistkästen, manchmal auch in Gebäuden (Ställen, Scheunen, Schuppen, Dachböden, unter Fußböden, in alten Lumpen). **Brutpflegetyp:** Pocketmaker. **Volksstärke:** 50–120, gelegentlich auch 300–400 Individuen.

Blütenbesuch: Königin im Frühjahr an Gefleckter Taubnessel und Wiesensalbei. Männchen ab Ende Juni auf Blauem Eisenhut, Ziest- und Kleearten. Haupttrachtpflanzen: Lerchenspron, Taubnessel, Gemeiner Ziest, Katzenminze, Obstbäume, Goldregen, Ackerbohne, Rotklee, Rittersporn, Blauer Eisenhut, Wachtelweizen, Disteln, Springkraut (z. T. nach E. v. HAGEN 1990).

Steinhummel, Arbeiterin.

Steinhummel, Männchen.

Steinhummel, *Pyrobombus lapidarius L.*

Aussehen: Die vorherrschende Körperfarbe ist samtschwarz. Nur an den letzten Hinterleibsegmenten sitzen tiefrote Haare, bei älteren Tieren ausbleichend nach Rot- oder Gelborange. Männchen mit gelblicher Binde auf der Vorderbrust und hellen Haaren auf dem Kopf.

Körpermaße (mm): Körperlänge: ♀ 20–22, ♀ 12–16, ♂ 14–16. Flügelspannweite: ♀ 37–40, ♀ 24–30, ♂ 27–30. Rüssellänge: ♀ 12–14, ♀ 10–12, ♂ 8–10.

Flugzeiten: ♀ Anfang April–Ende Mai, ♀ Ende April–Ende September, Jungköniginnen und Drohnen Ende Juli–Anfang Oktober.

Lebensraum: Vom Waldrand bis ins offene, wiesen- und weidendurchsetzte Gelände, an Feldgehölzen, Gebüschen, Hecken, Böschungen, Weg- und Straßenrändern, auf Weinbergsbrachen und Magerrasen, in Gärten und Parks.

Nistweise: Nestbezieher und -bauer. Nest ober- und unterirdisch, mit Vorliebe unter Steinhaufen, Holzstößen und Brettern, in Mauer- und Felsspalten, zwischen Strohballen, in Scheunen, Ställen und Schuppen, in Mäuse- und Vogelnestern. **Brutpflegetyp:** Pollenstorer. **Volksstärke:** 100–300 Individuen.

Blütenbesuch: Königin im Frühjahr an Weidenkätzchen, Taubnessel, Gundelrebe, Günsel. Männchen ab Ende Juli auf Glockenblumenarten, Flockenblume und weiteren Korbblütlern. Haupttrachtpflanzen: Lerchensporn, Primel, Lungenkraut, Obstbäume, Kastanie, Taubnessel, Wiesensalbei, Thymian, Goldregen, Rotklee, Ackerbohne, Distel, Goldrute, Fingerhut, Phacelia (z. T. nach E. v. HAGEN (1990).

Hummeln leben in Sommerstaaten

Hummeln nehmen gleichsam eine Mittelstellung zwischen den später noch vorzustellenden Einsiedlerbienen und den Honigbienen ein. Sie leben sozial, bleiben aber in der staatlichen Organisation ihrer wesentlich kleineren Volkseinheiten weit hinter der Honigbiene zurück. In sehr hohen Breiten kommt es sogar zu einem Ausfall der Arbeiterinnenkaste und damit zu einem Rückfall in die solitäre Lebensweise: Aus der ersten von der Königin allein versorgten Brut entstehen bereits die neuen Vollweibchen und Drohnen. Verglichen mit den so exakt und sinnvoll gebauten Bienenzellen, wirkt die Wabe eines Hummelnestes fast plump und primitiv. Sie bietet nicht Raum für Wintervorräte und ihre Hülle keinerlei Schutz vor strenger Kälte und Frost. Infolgedessen geht in unseren Breiten jeder Hummelstaat im Spätherbst zugrunde, nur die im Sommer noch begatteten Jungköniginnen überwintern im Zustand der Starre an einem geschützten Ort. Im Frühjahr sind sie zunächst ganz auf sich selbst gestellt und beginnen ihr Leben wie eine Einsiedlerbiene.

Erwachen der Königinnen und Nistplatzwahl

Sehr früh, manchmal schon Mitte März erscheinen die Königinnen der widerstandsfähigeren und weniger kälteempfindlichen kurzrüsseligen Arten (z. B. Dunkle und Helle Erdhummel, Baumhummel), deren Winterquartiere meist nur wenige Zentimeter unter der Erdoberfläche liegen. Die in tieferen Erdschichten überwinternden Königinnen der wärmeliebenden langrüsseligen Arten (z. B. Ackerhummel, Gartenhummel, Waldhummel) zeigen sich dagegen meist erst zwi-

Ein Hummelnest, hier das der Dunklen Erdhummel, sieht mit seinen bauchigen Honigtöpfen und seinen unförmigen Puppenwiegen so gemütlich aus wie die rundlichen Hummeln selbst.

schen Mitte April und Mitte Mai, sofern genügend hohe Temperaturen auftreten. Zu neuem Leben erwacht, werden von den Königinnen zunächst bereits blühende Nektar- und Pollenspender aufgesucht: Weidenkätzchen, Purpurrote Taubnessel, Johannisbeere, Stachelbeere, Frühlingsplatterbse, später auch Obstbäume. Während der Nektar die nötige Flugenergie liefert, bewirkt der vitamin- und eiweißreiche Pollen eine rasche Entwicklung der Ovarien (Eierstöcke), die nach der Überwinterung noch klein sind. Bei der anschließenden Nistplatzsuche, die unter Umständen bis zu zwei Wochen in Anspruch nehmen kann, fliegt die Königin an Böschungen, Feldrainen, Gräben, Weg- und Heckenrändern, sowie auf nicht zu tief gelegenen Wiesen dicht über dem Boden umher. Immer wieder inspiziert die künftige Nestmutter dunkle Stellen im Erdreich, krabbelt in Ritzen und Löcher aller Art, bis sie eine geeignete Stelle zur Nestanlage gefunden hat. Die meist artspezifischen Neststandorte finden sich teils unterirdisch, z. B. in verlassenen Maulwurfs- und Mäusekesseln, teils an der Bodenoberfläche, unter Moos, in der trockenen vorjährigen Grasnarbe, in der Kräuterschicht oder darüber in Baumstubben, hohlen Bäumen, Vogel- und Eichhörnchennestern, Nistkästen und Gebäuden. Nicht wenige Arten, darunter die Stein-, Wiesen- und Ackerhummel, legen ihre Nester sowohl unterirdisch als auch oberirdisch an. Wichtig ist allein, daß es sich um eine geschützte, trockene Unterkunft handelt. Hat die Königin Dutzende von Hohlräumen sorgfältig geprüft und eine endgültige Wahl getroffen, zerbeißt sie vorgefundenes oder herbeigeschafftes Baumaterial (dürre Halme, Moos, Wurzeln, selbst Tierhaare und Federn) und flicht daraus eine feste, dichte Kugel. Einige, vor allem unterirdisch nistende Arten dichten ihren Bau gegen Feuchtigkeit anschließend noch mit Wachs sowie Honig ab. Auch der vorher geglättete Boden wird gelegentlich mit Wachs bestrichen, das aus Hautdrüsen zwischen den Bauch- und Rükkensegmenten ausgeschieden wird.

Ein neuer Hummelstaat entsteht

Zur Möblierung des Nestes baut die Königin unweit des Eingangs zunächst ein urnenförmiges Wachsgefäß (Honigtopf), in das sie

Schon zu Beginn der Nestgründung wird von der überwinterten Hummelkönigin unweit des Nesteingangs ein erstes Honigtöpfchen aus Wachs errichtet.

Die Larven befinden sich zunächst in einer gemeinsamen Wiege. Später sondern sie sich ab und 8 Tage nach dem Ausschlüpfen beginnen sie sich zu verpuppen.

Das Puppenstadium dauert je nach Art 7–10 Tage. Nach vollzogener Häutung ist der Chitinpanzer anfangs noch weich. Allmählich erscheint die dunkle Pigmentierung.

einen Honigvorrat als Nahrungsreserve für Schlechtwetterperioden sammelt. Danach – bei einigen Arten aber auch zuvor oder gleichzeitig – formt sie in der Mitte des Nistmaterials aus Pollen und Nektar eine haltbare Mischung, das „Bienenbrot" und legt darauf etwa 8–16 Eier ab. Das Ganze, „Eiwiege" genannt, wird zum Schluß mit einer luftdurchlässigen Wachshaube überdeckt. Beim Bebrüten des Geleges setzt sich die Königin sodann wie eine Gluckhenne auf die Wachskammer, wobei sie ihren wärmenden Hinterleib auf die Umhüllung preßt. Die nach 3–5 Tagen schlüpfenden Larven wachsen so in einer Gemeinschaftszelle heran und ernähren sich vom gemeinsamen Pollenvorrat. Von Zeit zu Zeit verproviantiert das Weibchen mit Bienenbrot oder Nektar bei vorübergehend geöffnetem Wachsnäpfchen nach. Die Königin selbst ernährt sich in dieser Zeit aus dem mit Nektar gefüllten Honigtopf. Er versorgt die wärmeliefernde Brustmuskulatur der kleinen Brutmaschine mit dem nötigen Treibstoff, wobei die Königin in kalten Brutnächten einen ganzen Honigtopf leertrinken kann. Am Ende der Freßphase, ab einem Alter von 8 Tagen, beginnen sich die Larven abzusondern, um sich in selbstgesponnenen, haselnußförmigen, bräunlichen Seidenkokons zu verpuppen, die schließlich die Wachshülle der Brutzelle sprengen. Schon während der Puppenzeit wird das Wachs von den Zellwänden abgenagt, wenn es an anderer Stelle des Nestes benötigt wird. Rund drei Wochen nach der Nestgründung schlüpfen die ersten Arbeiterinnen aus ihren Kokons. Diese sind bei Stein- und Erdhummeln alle etwa gleich groß und deutlich kleiner als die Königin, während sich bei Wiesen- und Ackerhummeln mit besserer Ernährung und gleichmäßiger Nesttemperatur größenmäßig fließende Übergänge zu den Königinnen ergeben. Zwar selbst unfruchtbar, sorgen die Arbeiterinnen dennoch dafür, daß es mit dem Wachstum des allmählich entstehenden Hummelstaates vorwärts geht: Sie erweitern das Nest, übernehmen die Brutfürsorge und Nahrungsbeschaffung und entlasten so das nun zur Königin gewordene Weibchen immer mehr; schließlich beschränkt sich deren Tätigkeit nur noch aufs Eierlegen. Auf der Oberfläche der gelben Kokons – deren Insassen die künftige Brut mitwärmen – werden immer neue Wachszellen gebaut und mit Eiern gefüllt, so daß im Lauf des Jahres ein ungeordneter Haufenbau entsteht. Schon nach dem Schlüpfen der zweiten und dritten Brut dichten die Arbeiterinnen die Nestinnenwände mit Honig und Wachs ab, zur Aufrechterhaltung einer konstanten Nesttemperatur von 30–32°C und einer relativen Luftfeuchtigkeit von 70%. Auch kann

Die etwas später im Jahr blühenden Gartenhybriden der Schnee- oder Christrosen werden von Honigbienen und früh im Jahr fliegenden Hummelköniginnen aufgesucht.

Flockenblumen sind gute Nektarspender. Die nektarlosen randständigen Röhrenblüten sind größer als die inneren und dienen als Schauapparat.

bei den besser ernährten und daher größeren Individuen eine zunehmende Arbeitsteilung (Innen-, Außen-, Wächterdienst) festgestellt werden. Auf dem Höhepunkt der Nestentwicklung (je nach Art 50 bis 600 Tiere) erbrüten die Hummeln auch Geschlechtstiere, wobei die aus unbefruchteten Eiern entstehenden Männchen (Drohnen) aufgrund ihrer kürzeren Entwicklungsdauer vor den Jungköniginnen erscheinen.

Paarung und Überwinterung

Sobald die Männchen für immer das Nest verlassen haben, überfliegen sie in dessen weiterer Umgebung auf artspezifisch verschieden gestalteten, geschlossenen Flugbahnen einen Geländebereich von etwa 90 x 40 m. Die für bestimmte Arten charakteristische Flugregionen können im Baumkronenbereich (z. B. Steinhummel), in Strauchhöhe (z. B. Acker-, Wiesen- und Waldhummel), in der Kräuterebene von Wiesen (z. B. Dunkle Erdhummel, Obsthummel) oder in unmittelbarer Bodennähe (z. B. Gartenhummel, Baumhummel) liegen. Auf immer wieder angeflogenen Rastplätzen werden von den Männchen mit einem Sekret aus den Mandibeldrüsen arteigene Duftmarken gesetzt. An diesen von den Freiern tage- bis wochenlang immer im gleichen Richtungssinn durchflogenen Geruchsbahnen treffen sich die Männchen mit den paarungsbereiten Weibchen. Die Vereinigung der Geschlechter findet jedoch nicht wie beim Hochzeitsflug der Honigbiene in der Luft, sondern auf dem Boden oder einer Pflanze statt. Die begatteten Königinnen suchen, nach ausgiebiger Nahrungsaufnahme (Anlegen eines Fettkörpers, Füllen der Honigblase) bereits im späten Sommer – kurzlebende Arten wie die Wiesenhummel oft schon im Juli – einen geeigneten Ort zur Überwinterung. Hierbei sind Hummeln sehr wählerisch, doch scheinen ihnen Waldhänge, Böschungen, Erdwälle, Komposthaufen und Höhlen zwischen Baumwurzeln in SW-, NW- und Ost-Ausrichtung und in nicht allzu weiter Entfernung vom Mutternest besonders zu entsprechen, während Senken, aber auch schon völlig flaches Gelände gemieden werden. Für Garten- und Steinhummel stellen moosige Böschungen mit Nordwestlage typische Überwinterungsorte dar, während Wiesenhummel, Dunkle und Helle Erdhummel baumbewachsenen Abhängen in gleicher Ausrichtung den Vorzug geben (ALFORD 1975). Ein Überwintern in absonniger Lage verhindert, daß kurze warme Wetterlagen zu einem vorzeitigen, d. h. schon vor der Weidenblüte erfolgenden Abbruch der Überwinterung führen. Die Tiefe der Quartiere kann bei weichem Boden bis zu 20 cm, unter dichten Moosschichten aber auch nur 5–10 cm betragen. Selbst hier ist die Königin durch eine vermehrte Glycerolproduktion (Frostschutzmittel für –14 bis –19°C) vor der Kälte des Winters geschützt. Von ihren Reservestoffen zehrend, die sie in Form von Fett und tierischer Stärke gespeichert hat, schläft sie dem kommenden Frühjahr entgegen. Den Inhalt ihrer gefüllten Honigblase benötigt sie dagegen für erste Aktivitäten nach der Überwinterung. Damit schließt sich der Jahreszyklus.

Unerwünschte Nestbesetzer

Das hier in sehr geraffter Form wiedergegebene Entwicklungsgeschehen von der Nestgründung bis zum Ausfliegen der Geschlechtstiere ist in freier Natur nicht selten mit erheblichen Störungen und Verlusten verbunden. Jungköniginnen, die im Frühjahr ihre Nester aus welchen Gründen auch immer verloren haben, versuchen sich oft in ein intaktes Nest ihrer Art einzuschleichen. Obwohl sich der Eindringling zunächst zwischen den Waben versteckt hält, um den Nestgeruch anzunehmen, kommt es den-

Der meist weiße, sehr grobkörnige Pollen ungefüllter Stockrosen bleibt häufig in den Fiederhaaren des Hummelpelzes hängen.

Die lilablauen Blüten der auf Wiesen und Böschungen, sowie an Wald- und Wegrändern verbreiteten Wiesenknautie werden von Hummeln hauptsächlich als Pollenquelle genutzt.

noch zu einem meist für eine der beiden Königinnen tödlich ausgehenden Kampf. Auch bei Nistplatzknappheit, wenn alle geeigneten Höhlen bereits von früh aktiv gewordenen Nestmüttern besetzt sind, ist mit dem Eindringen vagabundierender Königinnen eine stichhaltige Auseinandersetzung auf Leben und Tod bereits vorprogrammiert. Gelingt es einer später aus der Winterruhe erwachten Königin – der gleichen oder einer nahe verwandten Art – die Erstbesitzerin zu töten, werden deren Vorräte übernommen, bereits gelegte Eier weiter bebrütet und schon geschlüpfte Larven gefüttert. Völlig abhängig von anderen Hummelarten sind dagegen die erst im Mai/Juni erscheinenden Schmarotzerhummeln bei der Aufzucht ihrer Nachkommen. Die Schmarotzer- oder Kuckuckshummeln der Gattung *Psithyrus* sind in Deutschland mit 6 Arten vertreten. Sie gründen keine Staaten, weswegen bei ihnen auch nur Weibchen und Männchen, aber keine Arbeiterinnen vorkommen. Das Weibchen dringt nach Kuckucksart in den frühen Hummelstaat einer bestimmten Wirtsart ein und benutzt das vorhandene Wachsmaterial zum Bau eigener Brutzellen, die sie eilig bestiftet. Aus den Larven, die von den *Bombus*-Arbeiterinnen gefüttert und gepflegt werden, entwickeln sich nur Geschlechtstiere. Während bei Wiesen- und Ackerhummeln *Bombus*- und *Psythyrus*-Königin oft friedlich nebeneinanderleben, kommt es in Erd- und Steinhummelvölkern nach einigen Tagen regelmäßig zum Kampf, dem die Wirtsköniginnen meist unterliegen. Schmarotzerhummeln besitzen ein dickeres Chitinskelett und einen kräftigeren Stachel, aber weder Wachsdrüsen noch Sammelorgane für Pollen. Auch sind sie nicht fähig, Nektar im Sozialmagen einzutragen. Zur Selbstversorgung suchen sie jedoch regelmäßig Blüten auf. Die Männchen lassen sich als sehr träge Gesellen besonders auf Disteln nieder und übernachten häufig unterhalb der Blütenkörbe, während sich die Weibchen gerne auf Lippen-, Schmetterlings- und Korbblütlern verköstigen.

Hummeln als Blütengäste

Wie alle Bienen ernähren sich auch die Hummeln von Nektar und Pollen. Verglichen mit anderen Wildbienen ist bei ihnen jedoch noch mehr zwischen Nektar- und Pollenbesuchen zu unterscheiden, wofür im wesentlichen zwei Gründe anzuführen sind: Zum einen legen Hummeln wie die Honigbienen getrennte Nektar- und Pollenvorräte an, zum anderen ist innerhalb der Völker eine mehr oder weniger starke Arbeitsteilung in Nektar- und Pollensammlerinnen zu beobachten. Etwa ein Drittel aller in einem Volk lebenden Arbeiterinnen unternehmen Trachtflüge. Pro Sammelflug bringt eine Arbeiterin etwa 25 mg Nektar und 20 mg Pollen mit nach Hause. Bei täglich 8–10 Sammelflügen ergibt dies eine Ausbeute von 250 mg Nektar und 200 mg Pollen. Wer einmal Hummeln beim Sammelgeschäft beobachtet – jedes blumenbestandene Fleckchen bietet dazu reichlich Gelegenheit – wird feststellen, daß das Pollensammeln mehr Zeit in Anspruch nimmt als das Honigsaugen. Gestattet die Blumenkrone freien Eintritt, kriecht die Hummel ganz hinein. Bei anderen Blüten, wie etwa beim Wegerich – einem Windblütler ohne Nektarien – bringen diese kräftigen Blütengäste durch regelrechtes „Abbeuteln“ so viel Blütenstaub auf ihren Pelz, daß sie oft wie bepudert aussehen. Der mit dem 1. und 2. Beinpaar zusammengebürstete Pollen wird zum Mund befördert, dort mit Honig durchfeuchtet und zu einem kleinen Teigballen geknetet. Dieser wird durch die Mittelbeine auf die Körbchen der Hinterschienen gebracht und hier festgedrückt.

Fern- und Haustürsammler

Grundsätzlich sind alle Hummeln als Sammelbienen innerhalb eines breitgefächerten Blütenspektrums als Generalisten einzustufen. In einem engeren Sinne kann man diesen Begriff jedoch für solche Arten verwenden, die in der Ausbeute einer bunten Palette unterschiedlicher Blütenangebote besonders flexibel sind und bei Verschwinden einer bisher bevorzugten Blütenart (z. B. durch Mahd) sofort auf eine Ersatztracht überwechseln können. Da sie nur kurze Strecken zu ihren Trachtpflanzen zurücklegen müssen, werden sie auch als Haustürsammler oder Kurzstreckensammler bezeichnet. Zu diesem Sammeltyp gehören neben der kurzrüsseligen Baumhummel häufig langrüsselige Arten mit ausgeprägtem Größenpolymorphismus (z. B. Feld- und Waldhummel). Als Fernsammler können dagegen jene Hummelarten betrachtet werden, die bei Notwendigkeit 1–2 km zu ihren Trachtpflanzen zurücklegen. Es sind besonders blütenstete Arten, die ihren angelernten Blütentyp nur äußerst ungern verlassen. Solche Spezialisten finden sich eher in den Reihen der kurzrüsseligen Arten (z. B. Helle und Dunkle Erdhummel, Steinhummel). Doch zählt auch die Gartenhummel, die Art mit dem längsten Rüssel in der mitteleuropäischen Hummelfauna zu dieser Gruppe. Für deren Mitglieder lohnt sich das Erlernen einer speziellen Sammeltechnik erst, wenn eine große Blütendichte derselben Nektar- oder Pollenpflanze, also eine sog. Massentracht vorliegt (WITTE/SEGER/HÄFNER 1989).

Topf- und Taschenmacher

Hummeln können bis zu 60% ihres Körpergewichtes an Pollen transportieren, wenn auch die durchschnittliche Ladung etwa bei 20% liegt. Im Vergleich mit Honigbienen können Hummeln, insbesondere Königinnen, etwa die vierfache Pollentracht in ihren Körbchen verstauen. Im Nest angelangt, werden die Höschen durch ein paar Kunstgriffe der Mittelbeine abgenommen und in dafür bestimmte Behältnisse deponiert. Zwei Arten der Pollenaufbewahrung sind bekannt: Im ersten Fall wird der eingetragene Blütenstaub in ausgediente, zuvor gereinigte und mit einem Wachskranz zylindrisch verlängerte Puppentönnchen gefüllt, in deren unmittelbarer Nähe sich immer mehrere Brutzellen finden. Deren Larven werden von den Pflegerinnen bei vorübergehender Öffnung der Wachsdecke von oben gefüttert. Dieses Speicherverfahren, für das man in der Fachliteratur die englischen Bezeichnungen „pollen-storer" (Topfmacher) geprägt hat, wenden vorwiegend die kurzrüsseligen Hummelarten (z. B. Steinhummel, Dunkle und Helle Erdhummel, Wiesenhummel) an. Beim zweiten Aufbewahrungssystem wird der Pollen dagegen in separate, unmittelbar an der Basis der Brutwaben errichteten Wachsbehälter (Taschen) eingelagert. Solche zur Brutzelle hin offenen Taschen, aus denen die Larven ohne Ammenhilfe kontinuierlich fressen können, werden vorwiegend von den langrüsseligen Hummelarten gefertigt. Als „pocket-maker" (Taschenmacher) betätigen sich von den bekannteren Arten u. a. Acker-, Garten- und Waldhummel.

Reinstes Blütenprodukt: Hummelhonig

Während Blütenstaub (mit Honig) hauptsächlich zum Auffüttern der Larven dient, ist Nektar als Betriebsstoff der erwachsenen Tiere ebenso unentbehrlich. Schon zur Dekkung ihres eigenen Energiebedarfes mit etwa 150 mg Nektar pro Tag muß eine Hummel etwa 450 Blüten aufsuchen. Die tägliche Sammelleistung liegt also noch weit höher. Der gesammelte Blütensaft wird unmitttelbar nach der Ankunft im Nest unter gleichzeitigen Druckwehen des Hinterleibs erbrochen. Aufbewahrungsort sind sowohl leere Puppentönnchen, die mit einer Wachsauskleidung versehen werden, als auch rasch erbaute Honigtöpfe, die zur Haupttrachtzeit oft in großer Anzahl vorhanden sind. Im Unterschied zu den vollständig verdeckelten Honigzellen der Honigbiene werden die gefüllten Honigtöpfe der Hummeln zwar ebenfalls mit einem Wachsdeckelchen versehen, das jedoch noch immer einen kleinen Schlitz aufweist, durch den die Tiere bei Bedarf ihren Rüssel strecken können. Der Hummelhonig selbst wird so bereitet wie jener der Honigbiene, besitzt aber einen noch höheren Reinheitsgrad: Hummeln pflegen nämlich fast nie aus anderen Quellen (wie etwa Honigtau, Früchte, Säfte, Konfitüren, Zucker), sondern nur aus den Blütennektarien selbst zu schöpfen. Allerdings soll ihr Honig nicht nur süßer und würziger, sondern gelegentlich auch giftig sein. Letztere Feststellung mag freilich in erster Linie für jene Arten zutreffen, die sich – wie die hochalpine Gartenhummel vom Eisenhut – fast ausschließlich von Giftpflanzen ernähren (SCHOLZ 1913). Im übrigen erzeugen Hummeln keinen lagerfähigen Honig, sie tragen nur für wenige Tage Nektar und Pollen ein, leben also gleichsam von der Hand in den Mund.

Hummeln – unersetzlich für die Bestäubung vieler Wild- und Kulturpflanzen

Hummeln gehören zu den fleißigsten Blütenbesuchern, deren hervorragende Stellung nicht nur in der Bestäubung langkelchiger Wild- und Nutzpflanzen aus der Verwandtschaft der Schmetterlingsblütler, Lippenblütler, Rachenblütler oder Raublattgewächse, sondern auch in einer gegenüber der Honigbiene höheren ökologischen Potenz begründet liegt. So wie im Norden die Hummeln zu den Insekten gehören, die am weitesten vorstoßen, sind sie auch in den Gebirgen an den höchsten, noch von Insekten besiedelten Stellen zu finden. Hinzu kommt noch eine ganze Reihe weiterer bestäubungsrelevanter körperlicher und verhaltensbezogener Eigenschaften.

Von Vorteil: Eine robuste Konstitution

Noch bei 2°C (Königin) bis 6°C (Arbeiterinnen), wenn alle anderen Insekten vor Kälte starr sind, können brutpflegende Hummeln ausfliegen und Blüten besuchen. Der Grund: Die dichtbepelzten Hummeln sind im Gegensatz zu den übrigen Bienen nahezu gleichwarm und vermögen selbst noch bei niedrigen Temperaturen durch aktive Thermore-

Neben der Obstblüte bildet der Löwenzahn auch für Hummeln die erste große Pollen- und Nektar-Massentracht des Jahres.

Hummeln besitzen eine erstaunlich hohe, aber nicht 100%ige Blütenstetigkeit. Der rote Streifen im Pollenhöschen beweist es.

Hummeln zählen zu den wichtigsten Kleebestäubern. Ihr Rüssel scheint für die langen Kronröhren wie maßgeschneidert.

gulierung ihre Körpertemperatur über einen längeren Zeitraum auf 35°C zu halten. Die Aufrechterhaltung einer gegenüber der kälteren Umgebung bis zu 30°C erhöhten Körpertemperatur hat notwendigerweise einen höheren Nektarbedarf zur Folge, aus welchem wiederum eine größere Sammelleistung resultiert. Auch wurde beobachtet, daß Hummeln im Vergleich mit Honigbienen in derselben Zeit die drei- bis fünffache Anzahl von Blüten aufsuchen und somit eine größere Arbeitsgeschwindigkeit entwickeln. Im Mittel besucht eine Hummel 10 bis 20 Einzelblüten pro Minute. Dies geschieht jedoch keineswegs auf Kosten der Gründlichkeit, denn der Bestäubungswert eines Hummelbesuches entspricht dem von drei Bienenbesuchen. Da sich Hummeln mit ihren großen Augen auch noch in der Dämmerung zurechtfinden, sind sie bis spät in den Abend oder schon sehr früh am Morgen (im Sommer schon kurz nach 4 Uhr) unterwegs, wenn die Bienen ihr Tagewerk längst beendet oder noch nicht wieder aufgenommen haben. Vielfach verbringen die Arbeiterinnen die Nacht außerhalb des Nestes und kehren schon beim ersten Morgengrauen mit Nahrung zurück. In den hellen Sommernächten des Nordens sammeln einige Arten auch die ganze Nacht über. Selbst bei regnerischem oder stürmischem Wetter, ja sogar bei Hagel- und Schneeschauer, fliegen diese schweren, nicht so leicht verdriftbaren Insekten aus und verhindern so auch in Jahren mit ungünstiger Witterung einen völligen Ernteausfall, da dann 25–50% aller Blütenpflanzen allein durch sie bestäubt werden. Hier muß neben der Gartenhummel in erster Linie die Dunkle Erdhummel als ein bisher noch nicht genügend gewürdigter Bestäuber von Obstbäumen hervorgehoben werden.

Weitere erstaunliche Bestäubungsqualitäten

Wie den Bienen eignet auch den Hummeln eine beachtliche (etwa 60%ige) Blütenstetigkeit, aufgrund derer sie selbst im hohen Norden als Bestäuber gar nicht so unspezifisch arbeiten, wie durch das dürftige Blütenangebot zunächst vermutet werden könnte. Das größere Körpergewicht und die kräftigere Statur der Hummeln bringen ebenfalls eine Reihe von Bestäubungsvorteilen mit sich, wie etwa beim mühelosen Eindringen in „Verschlußblüten" (z. B. Lippenblüten) oder beim „Vibrationssammeln" (z. B. Gartenmohn, Tomaten), bei dem der Pollen von den besuchenden Insekten erst aus den Staubbeuteln durch selbsterzeugte Vibrationsstöße herausgeschüttelt werden muß. Erdhummeln schaffen dies ohne Flügel- und Beinbewegung allein mit der Brustmuskula-

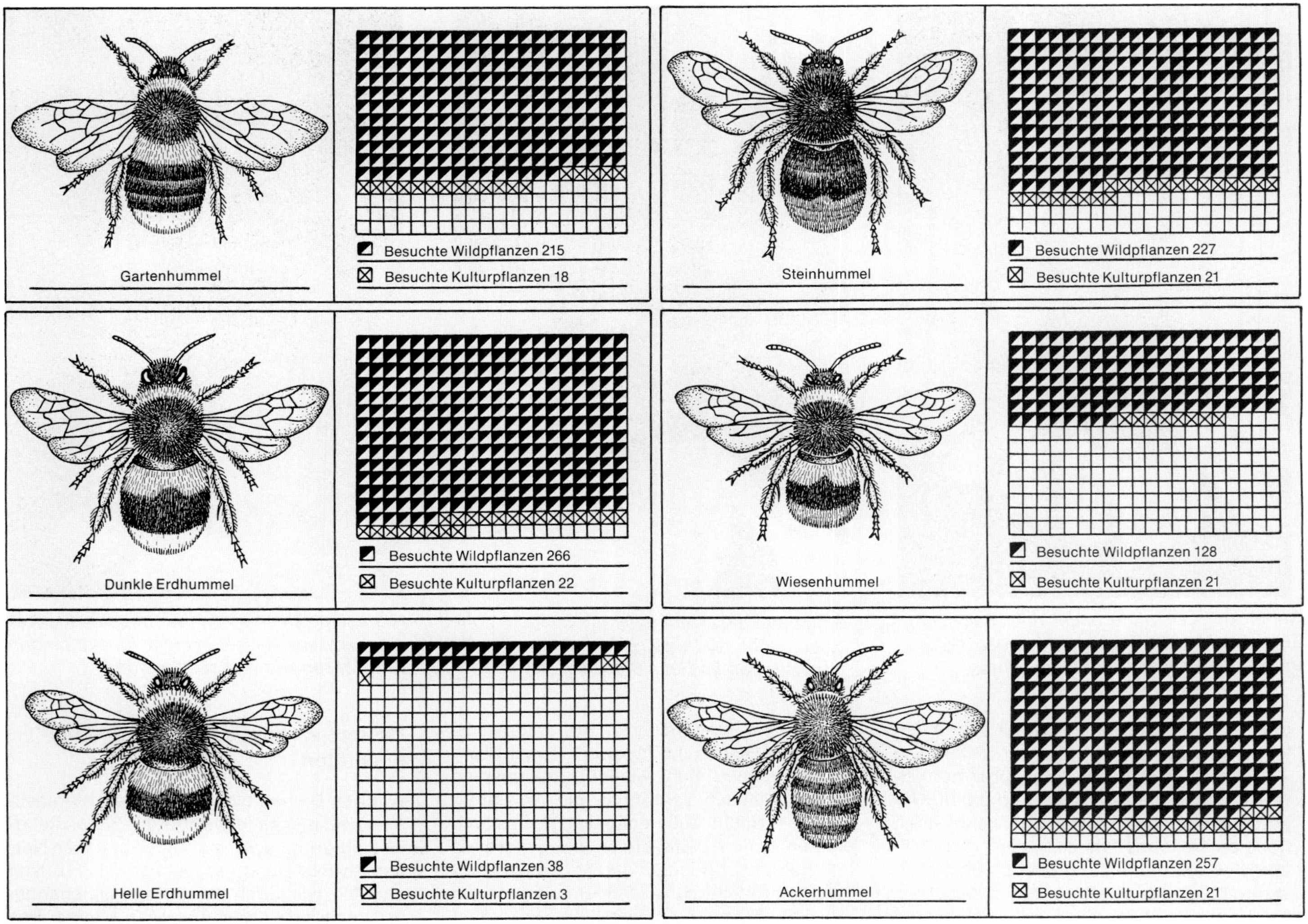

Blütenbesuch der Hummelarten. Erläuterungen im Text.

tur. Zusammen mit den Bienen und Schwebfliegen werden die Hummeln zu jenen lernfähigen und hochintelligenten Bestäubern gezählt, denen die Natur auch solche Blumen zumuten kann, die zur Sicherung eines hohen Grades an Fremdbestäubung einen komplizierten Blütenbau aufweisen. Besonders Pflanzen mit langen und tiefen Blütenkelchen sind auf eine Bestäubung durch Hummeln angewiesen, da diese einen bedeutend längeren Rüssel aufweisen als Honigbienen. Einige Rachen- oder Röhrenblumen können als typische Hummelblumen überhaupt nur durch diese Insektengattung bestäubt werden. Geradezu ein Schulbeispiel stellen der Blaue und Gelbe Eisenhut oder der Rittersporn dar, die sich ohne Bestäubung durch langrüsselige Hummeln nicht generativ fortpflanzen können. Gänzlich oder fast ausschließlich auf längstrüsselige Hummeln angewiesen sind ferner Weiße Taubnessel, Gelber und Roter Fingerhut und die verschiedenfarbigen Löwenmäulchen. Auch bestäuben Hummeln mit System: Sie starten ihren Besuch an den untersten Blüten eines Blütenstandes und fliegen allmählich immer höher, denn die Nektarmenge vieler Hummelpflanzen nimmt von unten nach oben ab, während die Menge des reifen Pollens nach oben hin zunimmt. Da sich andererseits die Blüten mit empfangsbereiten Narben stets unten befinden wird durch das Verhalten der Hummeln Fremdbestäubung sichergestellt. Bei kurzrüsseligen Arten ist allerdings häufig Nektarraub durch Anbeißen von Kronröhren und Blütenfortsätzen (z. B. Lerchensporn, Leinkraut, manche Orchideenarten) zu beobachten, wodurch dann auch andere Interessenten, wie Bienen, Zugang zu den begehrten Nektarquellen erhalten.

Unentbehrlich für die Landwirtschaft

Erdhummeln können schon auf einem einzigen Sammelflug bis zu 400 Blüten besuchen. Bei 10 Trachtflügen pro Tag summiert sich deren Anzahl also auf rund 4000 Blüten pro Hummel. Gewissermaßen als Nebeneffekt verbreiten die Hummeln dabei mit den Bienen und Schmetterlingen die für die Gesundheit der Wiederkäuer, wie auch der Bienen- und Hummelvölker selbst so wichtige Nektarhefe. Es handelt sich hierbei um einen vor allem in den Nektarien von Korb- und Lippenblütlern, aber auch auf Hahnenfußgewächsen vorkommenden Kreuzhefepilz, mit dessen Hilfe die Wiederkäuer ihre zellulosehaltige Nahrung besser aufschließen können. Durch die vermehrte Bildung von Eiweiß aus Stickstoffverbindungen wird die Verwertbarkeit der pflanzlichen Nahrung um etwa 20% gesteigert. Insgesamt, so haben Wissenschaftler festgestellt, profitieren mindestens 100 weitere Tierarten vom Vorhandensein der Hummeln – und natürlich auch der Mensch: Von seinen rund 70 auf Insektenbesuch angewiesenen Kulturpflanzen haben sich gut 35 Arten auf den Besuch von Hummeln eingestellt (E. von Hagen, 1990). Neben Ackerbohnen, Wicken, Erbsen, Bohnen, Ölrettich, Senf, Raps, Buchweizen, Zwiebelgewächsen, Beeren- und Obstgehölzen muß hier vor allem der Luzerne- und Rotkleeanbau genannt werden. In Schweden durchgeführte Versuche ergaben, daß Luzernefelder zu weniger als 1% von Bienen, aber zu 78% von Hummeln bestäubt werden. In Finnland wurde daher der Kleeanbau in Gebiete verlegt, in denen noch sehr viele Hummlen vorkommen. Beim Rotklee- und Luzerneanbau mußten sogar vier Hummelarten in Australien und Neuseeland eingeführt werden, um einen nennenswerten Samenertrag zu erzielen: Auf Empfehlung von Charles Darwin wurden im Jahr 1885 die langrüsselige Feldhummel, die Garten- und Erdbauhummel, sowie die Dunkle Erdhummel in jene Länder importiert. Schon Darwin wußte, daß 100 von Hummeln besuchte Köpfchen des Rotklees bis zu 2700 Samen produzieren, bei ausbleibender Hummelbestäubung aber nicht zu fruchten vermögen. Es verwundert nicht, daß bei mitteleuropäischen Rotkleekulturen die Bestäubungsleistung der Hummeln heute mit 70–100% beziffert wird.

Hummeln – viele auf der Roten Liste

Nicht nur für Vögel, Amphibien oder manchen Kleinsäuger, sondern auch für viele Insekten wird das Überleben in einer sich wandelnden Umwelt immer schwerer. Neben den Schmetterlingen hat besonders die Zahl der Wildbienen und Hummeln in den letzten Jahren alarmierend abgenommen: Von den im deutschsprachigen Raum heimischen Hummelarten sind bereits 3 Arten ausgestorben, 2 vom Aussterben bedroht und 23 gefährdet. Von den in Bayern vorkommenden Hummel- und Schmarotzerhummelarten sind 2 Arten ausgestorben, 2 vom Aussterben bedroht und 17 gefährdet. Zwar werden viele Hummeln durch Krankheiten, Verhungern und Erfrieren dahingerafft, so daß es von den 20 bis 100 Jungköniginnen eines Volkes oft nur einer einzigen gelingt, im nächsten Jahr wieder einen Staat zu gründen. Ferner haben auch Hummeln viele natürliche Gegenspieler wie Vögel (Neuntöter, Wespenbussard, Krähe, Elster), Feldmäuse, Ratten, Maulwürfe, Igel, Spitzmäuse, Marder, Fuchs und Dachs, dazu zahlreiche Parasiten wie Milben, Fliegenlarven, Schlupfwespen, Wachsmotten u. a. Der allein wirkliche gefährliche Feind dieser Millionen Jahre alten Insektengattung ist jedoch wie immer der Mensch.

Vermindertes Blüten- und Nistplatzangebot

Die bereits seit Jahrzehnten praktizierte moderne Acker- und Wiesenbewirtschaftung hat sowohl das Nahrungs- wie Nistplatzangebot der Hummeln drastisch reduziert: Hummeln benötigen während ihrer gesamten Flugzeit ein kontinuierliches Blütenangebot, das aus den intensiv genutzten riesigen Monokulturen und deren Umfeld längst verschwunden ist. Selbst der Klee- und Luzerneanbau, der bisher ohnehin nur einen Bruchteil der langen Aktivitätsperiode der Hummeln abdecken konnte, wird durch die Umstellung auf die effektivere Silomais-Produktion zunehmend zurückgedrängt. Kommt es auf dem Feldgelände dennoch zu einer Ansiedlung von Hummeln, werden deren Nester meist durch die mechanische Einwirkung schwerer Maschinen und Ackergeräte, aber auch durch die Unsitte des Überpflügens von Feldrainen und des Flämmens abgeernteter Getreidefelder zerstört. Zu hohe Düngergaben stellen für Hummeln ebenfalls eine folgenschwere Beeinträchtigung des von ihnen benötigten Blütenspektrums dar: Durch gesteigerten Düngemitteleinsatz wird die Bodenbeschaffenheit der Felder und ihrer Randflächen so stark verändert, daß hier über 100 Pflanzen allein Opfer des Stickstoffs werden. Ein ähnliches Bild bieten sodann die gegenwärtigen Hochleistungswiesen, deren einstiger Blütenreichtum durch das Ausbringen von Gülle und Mineraldünger sowie durch vorverlegte und mehrmalige Mahd einem für Hummlen und vielen anderen Insekten unattraktiven Einheitsgrün geopfert wurde. Hinzu kommt, daß durch eine zu tiefe Einstellung der Mähgeräte immer wieder Verletzungen der Grasnarbe auftreten, wobei ganze Grasbüschel herausgerissen und zerfetzt werden. Grasbüschel werden aber gleich von fünf Hummelarten für die Anlage ihrer Nester bevorzugt (E. von Hagen, 1990).

Wodurch Hummeln gefährdet sind: Blütenarme Monokulturen, Überpflügen von Feldrainen, Überdüngung von Grünland, Zerstörung von Restbiotopen, gesteigerter Biozideinsatz, zunehmender Straßenverkehr, Aufforstung und Verfichtung, Nichtbeachtung gesetzlicher Bestimmungen.

Biotopzerstörung und direkte Bedrohung

Selbst auf den nicht mehr unter Produktionszwang stehenden Restparzellen und Nebenflächen sind heute Hummlen durch das Beseitigen von Hecken und deren artenreiche Saumflora, sowie durch das im Grunde verbotene Abbrennen von Brachland, Böschungen, Altgrasflächen und Gräben gefährdet. Besonders schlimm wirkt sich natürlich der gedanken- und hemmungslose Einsatz von Pestiziden aus, wobei die Herbizide über die Hälfte der ausgebrachten Gesamtmenge bestreiten. Pflanzenschutzämter empfehlen sogar Weg- und Straßenränder chemisch mitzubehandeln, weil sich sonst von hier aus die Unkräuter wieder ausbreiten könnten. Daß damit viele wertvolle Hummeltrachtpflanzen vernichtet werden, wird so gut wie nicht bedacht. Eine unmittelbare Bedrohung für Hummeln stellen ferner die in Rapsschlägen zur Ermittlung der Befallsdichte des Rapsstengel-Rüßlers aufgestellten Gelbschalen dar, in denen zahlreiche Hummeln – bis zu 30 Exemplare wurden vom Verfasser allein in einem Gefäß gezählt – umkommen. Ebenfalls weithin unbekannt ist die Tatsache, daß selbst der Straßenverkehr eine ernstzunehmende Gefährdung für Hummeln darstellt: Vor allem wo Straßen durch Wälder führen oder auf Dämmen liegen, sind sie zu regelrechten Schlachtbänken unserer Hummeln geworden: Die mit Futter schwer beladen, dicht über der Fahrbahn fliegenden Hummeln werden vom Verkehr besonders leicht erfaßt und da im zeitigen Frühjahr nur die Stockmütter künftiger Hummelvölker unterwegs sind, bedeutet jede zu dieser Jahreszeit getötete Hummel zugleich den Verlust eines ganzen Hummelvolkes. Auch einige waldbauliche Gesichtspunkte sollen in dieser Negativbilanz nicht unerwähnt bleiben: Zum einen werden auch heute noch ehemals extensiv genutzte und damit sehr blütenreiche Wiesen und Weiden auf Grenzertragsböden aus der Nutzung genommen und mit Fichten aufgeforstet. Zum andern sind durch das Schlagen von Altholzbeständen auch im Wald geeignete Nistplätze für höhlenbewohnende Hummelarten rar geworden. Eine direkte Bedrohung erwächst den Hummeln schließlich noch aus der Nichtkenntnis oder Nichteinhaltung gesetzlicher Bestimmungen wie etwa der Bienenschutzverordnung, die in einigen Punkten allerdings selbst revisionsbedürftig ist, da sie die Anwendung bienengefährlicher Mittel nach Einstellung des Bienenfluges erlaubt, andererseits aber gerade Hummeln bekanntlich bis in den späten Abend fliegen. Zwar stehen seit der Novellierung des Bundesartenschutzgesetzes auch alle Bienen und Hummeln unter gesetzlichem Schutz, in der Praxis werden aber immer noch vor allem in Häusern nistende Hummeln aus Unkenntnis als vermeintliche Wespen und Hornissen bekämpft oder aus unbegründeter Angst vor Stichen verfolgt und getötet.

Bei der Bestäubung der Schwertlilie können sich nur die kräftigen Hummeln unter den Griffelästen hindurchzwängen.

Die nektarlosen Blüten der Lupinen werden nur von den gewichtigen Hummeln regelmäßig als Pollenquelle genutzt.

Der Rote Fingerhut wird von Hummeln bestäubt. Dunkelrote, weiß umrandete Flecken weisen den Weg zum verborgenen Nektar.

Hummeln – Insekten zu deren Schutz jeder beitragen kann

Innerhalb des gegenwärtig praktizierten Artenschutzes wird in der Regel zwischen beschränkenden, erhaltenden und gestaltenden Maßnahmen unterschieden. Der zuerst genannte restriktive Bereich ist die älteste Form des gesetzlich fixierten Artenschutzes und soll die Individuen der geschützten Arten vor direkter Verfolgung, Tötung oder Inbesitznahme (siehe Bundesartenschutzverordnung) bewahren. Wirksamer als dieser zweifellos notwendige, aber doch rein verbale Schutz auf dem Papier dürften auch hinsichtlich eines Hilfsprogramms für Hummeln all jene realen Maßnahmen sein, die auf eine Bewahrung und Verbesserung der Trachtpflanzenverhältnisse einerseits und auf eine Erhaltung oder Schaffung von Nistplätzen andererseits abzielen.

Die Erhaltung und Verbesserung des Trachtpflanzenangebotes

Hummeln benötigen vom Frühjahr bis zum Herbst ein ununterbrochenes Nahrungsangebot, denn schon drei bis fünf Tage Hunger können für einen Hummelstaat das Ende bedeuten. Die Bereitstellung guter Pollen- und Nektarspender wird damit zu einer vordringlichen Aufgabe, für deren Verwirklichung sich sowohl im Siedlungs- wie im Außenbereich immer wieder Ansatzpunkte und Gelegenheiten finden lassen.

Attraktive Gärten und Anlagen

An erster Stelle seien hier die Gärten genannt, deren Blütenangebot für Hummeln gleich in mehrfacher Hinsicht bedeutsam ist: Zum einen liefern sie die für die Gründung und Erstarkung der Hummelvölker so wichtige Frühpollentracht, zum andern lassen sich hier gezielt all jene Hummelblumen anpflanzen, die sich durch ihre Größe, ihren kräftigeren Bau, ihre tieferliegenden Nektardrüsen und ihre günstige Anflug- und Sitzmöglichkeiten von den eigentlichen Bienenblumen unterscheiden. Als lohnende Trachtpflanzen (siehe Übersicht) wären hier vor allem zu nennen: Dost, Herzgespann, Indianernessel, Schwarznessel, Katzenminze, Pfefferminze, Melisse, Thymian, Lerchensporn, Drüsiges Springkraut, Gartenbalsamine, Phlox, Phacelia, Boretsch, Garten-Beinwell, Rhododendron, Erica-Arten, Sommerflieder. Besonders wertvoll sind ferner Blumen, die in den meist etwas feuchteren Gärten auch während der Sommerdürre in größerer Anzahl blühen und so ab Juli eine willkommene Überbrückungstracht liefern. Diese kann weitfliegende Hummelarten aus einem Umkreis von bis zu 2 km heranlocken. Für Hummeln weniger geeignet sind allerdings Blumen des Schalen- oder Scheiben-

Die von Hummeln und Bienen gerne besuchte Marienglockenblume ist eine zweijährige Pflanze aus dem Mittelmeergebiet.

Der mit einem langen Honigsporn versehene Gartenrittersporn wird in erster Linie von der Gartenhummel bestäubt.

Einfachblühende Pfingstrosen sind nektarlose Pollenpflanzen. Sie werden von Hummeln und Bienen sehr gerne besucht.

typs, also Käfer- und Fliegenblumen. Auf den flachen Blüten sitzend, können die Hummeln ihre Rüssel nicht entfalten, da der Abstand zwischen Kopf und Nektarium zu gering ist. Da Hummeln dennoch ein sehr weitgespanntes Blütenspektrum nützen können, lassen sich durch entsprechende Maßnahmen auch an anderen Stellen des Siedlungsbereiches für diese Insekten ergiebige Nahrungsquellen erschließen: Statt der nivellierenden Gestaltung öffentlicher Freiflächen in Dörfern und Städten mit Koniferen, Cotoneastern und viel Beton, sollte wieder einer blütenreichen Ruderalvegetation zu ihrem Daseinsrecht verholfen werden. Herbizidgepflegte, ökologisch tote Rasenflächen könnten durch Verzicht auf Dünger, Unkrautvernichter und häufigen Schnitt schon in kurzer Zeit wieder zu Blumenwiesen renaturiert werden.

Blütenreiche Wiesen und Restbiotope

Auch außerhalb der Ortslagen, ja sogar in der mehr oder weniger intensiv genutzten freien Landschaft selbst, läßt sich aktiver Hummelschutz betreiben: Ein Hummelvolk benötigt – so haben Wissenschaftler festgestellt – etwa die Blütenmenge einer 20 ha großen Wiese. Da jedoch nicht die Größe der Fläche entscheidend ist, sondern die Zahl und die Dichte geeigneter Blüten, könnten neben Schmetterlingen und anderen Insekten auch Hummeln von einem „Wiesenblumenmanagement" profitieren, das gezielt auf einzelnen in das Intensivgrasland eingebetteten Wiesenparzellen durchgeführt wird, die nicht mehr gedüngt und nur ein- bis zweimal im Jahr gemäht werden. Für die sie umgebenden Hochleistungswiesen wird von anerkannten Experten statt überhöhter Stickstoffgaben eine wohldosierte Phosphatdüngung empfohlen, die zur Wiederbelebung der Wiesenbiotope mit vielfältigen Blütenpflanzen als Produzenten der Kreuz- und Nektarhefe beitragen könnte, wovon dann wiederum die Viehwirtschaft profitieren würde. Als überaus wertvoll für Hummeln haben sich aber in erster Linie all jene Rest-, Ersatz- oder Sekundärbiotope erwiesen, die noch nicht oder nicht mehr unter dem totalen Nutzungsanspruch des Menschen stehen: Trocken- und Magerrasen, Wald- und Heckenränder, Bahn- und Straßenböschungen, Brach- und Ödländer, stillgelegte Steinbrüche, aufgelassene Kies- und Sandgruben. Hier wachsen – wild oder eigens angesät – viele weitere auf Hummelbesuch eingestellte Arten: Purpurrote, Gefleckte und Goldgelbe Taubnessel, Günsel, Gamander, Thymian, Weiß-, Hornschoten-, Gelb-, Wund-, Hufeisen- und Alexandrinerklee, Esparsette, Beinwell, Ochsenzunge,

Malve, Skabiose, Flockenblume, verschiedene Distelarten, Weidenröschen, Königskerze, Heckenrose, Brombeere und Himbeere. Unter den hier anzutreffenden Sträuchern verdienen vor allem die Weidenarten besondere Erwähnung, da sie durch ihr sukzessives Aufblühen im Frühjahr den erwachenden Hummelköniginnen eine ausgezeichnete Trachtfolge bieten.

Möglichkeiten im Agrarbereich

Daß selbst die blütenleeren Monokulturen der Felder, wenn auch nur temporär, als Bienen- und Hummelweide dienen können, wurde bereits oben dargelegt, wobei das Einbringen von Untersaaten (Luzerne, Schwedenklee, Inkarnatklee, Gelbklee, Esparsette) und die Nachsaat von Zwischenfrüchten bei früh abgeernteten Feldern (Raps, Senf, Ölrettich, Ackerbohne, Wicke, Seradella, Alexandrinerklee und Perserklee) vorgeschlagen wurde. Verdienstvoll wäre es ferner, auf jedem Feld mit Rotklee, Wicken, Seradella, Luzerne, Futtererbsen und Sonnenblumen einen schmalen, bis 1 m breiten Streifen als Nahrungsquelle für Hummeln und Wildbienen stehen zu lassen. Wird das Mähen dieser Bereiche bis in die Monate September/Oktober hinausgeschoben, können die Hummeln das reiche Pollen- und Nektarangebot voll nützen und ausschöpfen. Rotkleekulturen können damit bei richtig gestaffelter Mahd den Hummeln ein Massen- und Dauertrachtangebot von Ende Mai bis in den Oktober hinein sichern. Geeignete Trachtpflanzen könnten natürlich auch auf eigens für den Hummelschutz gepachteten oder angekauften Wildäckern ausgesät werden. Als optimales Angebot werden von dem Hummelforscher EBERHARD VON HAGEN auf rund 2500 m^2 Zottige Winterwicken mit Kleegemisch (gemeiner Hornklee, Gelbklee u. a.) und ebensoviel Vielblättrige Lupinen und Rotklee empfohlen. Flächen dieser Art bilden geradezu ein Eldorado für Hummeln, denn wie die Bienen benötigen sie ihre Futterpflanzen in großer Zahl auf kleinem Raum, um rational sammeln zu können. Schon auf einem nur fünf Quadratmeter großen Phacelia-Beet konnten vom Verfasser über Wochen hinweg bei täglichen Stichproben bis zu 30 Hummeln gezählt werden, die sich hier gleichzeitig ein Stelldichein gaben. Mit anderen Worten: Nicht ein buntes Vielerlei blühender Pflanzenarten, sondern die Dominanz einzelner weniger, von Hummeln gut nutzbarer pollen- und nektarreicher Pflanzenarten entscheidet über das Vorkommen einer artenreichen Hummelgemeinschaft.

Die wichtigsten Hummeltrachtpflanzen im Überblick

Gartenpflanzen

Krokus, Schwertlilie, Winterling, Akelei, Gartenrittersporn, Blauer Eisenhut, Schlüsselblume, Gartenbeinwell, Gartenlöwenmaul, Fingerhut, Mohnarten, Großblütige Glokkenblume, Herzgespann, Echte Katzenminze, Melisse, Pfefferminze, Gartensalbei, Große Balsamine, Rhododendron, Erika, Bechermalve, Zierjohannisbeere, Edelwicke, Goldregen, Sommerflieder.

Kulturpflanzen

Ackerbohne, Erbse, Bohne, Futterwicke, Winterwicke, Luzerne, Futteresparsette, Rotklee, Senf, Raps, Phacelia, Boretsch, Sonnenblume, Rote und Schwarze Johannisbeere, Stachelbeere, Brombeere, Himbeere, Apfel, Birne, Kirsche, Zwetschge, Pflaume, Mirabelle.

Wildpflanzen

Wiesen: Kriechender Günsel, Gundelrebe, Wiesensalbei, Kleine und Große Braunelle, Heilziest, Gemeiner Löwenzahn, Flockenblume, Wiesenglockenblume, Wiesenplatterbse, Rotklee, Weißklee, Wundklee, Hornklee, Vogelwicke, Zaunwicke, Hahnenfußarten, Wiesenknopf, Wiesenknautie, Taubenskabiose, Herbstzeitlose.

Äcker, Kiesflächen, Ödland: Schöllkraut, Erdrauch, Klatschmohn, Ackersenf, Hederich, Fetthenne, Gemeine Ochsenzunge, Natternkopf, Odermennig, Leinkraut, Königskerze, Ackerwachtelweizen, Malvenarten, Distel- und Kratzdistelarten, Kornblume, Klettenarten, Thymian, Dost, Gemeiner Hohlzahn, Ackerziest, Karde, Echtes Johanniskraut.

Feuchtgebiete: Sumpfdotterblume, Trollblume, Kriechender Hahnenfuß, Gelbe Schwertlilie, Gemeiner Beinwell, Mädesüß, Sumpfkratzdistel, Wasserdost, Rauhhaariges Weidenröschen, Wasserknöterich, Flußampfer, Sumpfziest, Wasserminze, Roßminze, Blutweiderich, Bunter Hohlzahn, Drüsiges Springkraut.

Hecken, Waldränder, Lichtungen: Lungenkraut, Lerchensporn, Bärlauch, Akelei, Gelber Eisenhut, Gemeine Waldrebe, Schwarznessel, Taubnesselarten, Waldziest, Roter und Gelber Fingerhut, Schmalblättriges Weidenröschen, Springkräuter, Rote Hekkenkirsche, Schneebeere, Schneeball, Geißblatt, Frühlingsplatterbse, Robinie, Wildrosen, Himbeere, Brombeere, Schlehe, Traubenkirsche, Wildkirsche, Weißdorn, Holzapfel, Mehlbeere, Vogelbeere, Weiden- Pappel- und Ahornarten.

Erhaltung und Schaffung geeigneter Nistplätze

Wie bereits dargelegt, muß in unseren Breiten jeder Hummelstaat im Frühjahr erst von einer einzelnen im Vorjahr geborenen und begatteten Königin neu gegründet werden. Da bei überwinternden Hummelköniginnen oft große Verluste (80–90%) zu verzeichnen sind, und es darüber hinaus nur sehr wenigen Königinnen gelingt, ihre Kolonien bis zur Aufzucht neuer Geschlechtstiere durchzubringen, wird der Schutz bereits vorhandener Nester wie auch künftig in Frage kommender Nistareale zu einem weiteren wichtigen Anliegen eines umfassenden Hummelschutzes. Als Schutz- und Erhaltungsmaßnahmen seien genannt (z.T. nach E. VON HAGEN 1990): Strikte Beachtung des Flämmverbotes auf den bereits angeführten Rest-, Ersatz- und Sekundärbiotopen, Vermeiden des Überpflügens von Feldrainen, Böschungs-, Graben- oder Wegrändern, Freilegen zugemähter Nesteingänge im Wiesengelände, Verzicht auf ein Wegrechen von Laub in Gärten und Parkanlagen, sowie auf ein Umgraben von Humus- und Komposthaufen im

Hummelnistkästen lassen sich wie Bienenbeuten in Freiständen aufstellen. Ein 20–30 cm überstehendes Dach schützt vor Regen und zu starker Sonneneinstrahlung.

Auf einem Balkon, 3,5 m über dem Erdboden, brüteten vier Steinhummelköniginnen und eine Baumhummelkönigin in zu Hummelnistkästen umgerüsteten Honigbienen-Ablegerkästen.

Frühjahr, Reinigen von Hummeln besetzter Vogelnistkästen erst im Spätherbst oder bei der nächstjährigen Nistkastenkontrolle, nur teilweises Abtragen von Holzstößen und Bretterstapeln in oder unter denen sich ein Hummelnest befindet. Für die Bereitstellung und Schaffung zusätzlicher Nistplätze werden empfohlen: Aufhängen von Nisttaschen aus Stroh, Binsen oder Schilf, Vergrößerung des Vogelnistkasten-Angebotes, Aufsetzen von Steinhaufen mit größeren Zwischenräumen, sowie das Eingraben genügend großer und bis zu drei Vierteln mit Moos, Polster- oder Holzwolle gefüllter Tongefäße.

Nistkästen für Hummeln

Am besten haben sich die von den bekannten Hummelforschern EBERHARD und HANS-HEINRICH VON HAGEN entwickelten und erprobten Nistkästen aus Pappe, Holz oder Holzbeton bewährt. Bereits im Fachhandel erhältlich sind der „Schwegler Holzbetonhummelnistkasten Modell 86" und der „Mündener Holznistkasten". Letzterer kann bei etwas handwerklichem Geschick auch im Selbstbau erstellt werden. Dieses Nistgerät besteht aus einem äußeren, mit Lüftungslöchern versehenen Gehäuse (40 x 40 x 40 cm bzw. 42,5 cm) aus Fichten-, Föhren- oder Lärchenholz und einem im Inneren befindlichen Pappkarton (38 x 38 x 38 cm), der den eigentlichen Nistkasten darstellt. Er enthält in einer Nistkuhle von Kleintierstreu ein lockeres Häufchen kurzfaseriger und gegen Mottenfraß unbehandelter Polsterwolle, über das beim Original-Mündener Holznistkasten noch ein kleinerer Deckkasten aus Pappe (23 x 23 x 23 cm) gestülpt wird. Ein leicht ansteigender Laufgang von zwei bis drei Zentimeter Breite verbindet das Schlupfloch des Deckkartons mit dem Nistkastenausgang, vor dem ein kleiner Vorraum (12 x 8 x 10 cm) mit einer Landeplattform (8 x 8 cm) angebracht ist. Eine sinnvolle und dazu noch vereinfachte Variante stellt das Nistkasten-Modell „Kreuzburg" dar, dessen Vorbau auch die Durchführung von Experimenten zum Farben- und Formensehen der Hummeln, sogenannter Stockeingangsdressuren (HALLMEN 1990), erlaubt. Wesentlich einfacher und billiger ist die Herstellung eines Pappkarton-Nistkastens bei dem – bei sonst gleichen Maßen – das äußere Holzgehäuse durch einen möglichst stabilen Karton ersetzt wird. In beiden Fällen sollte die Vorderseite der Nistkästen zur leichteren Orientierung der Hummeln mit einer ungiftigen, geruchlosen Kunststoff-Farbe gestrichen werden. Die Aufstellung der Beuten erfolgt in S- oder SO-Richtung auf 40 bis 50 cm hohen Ständern zwischen Sträuchern oder unter Bäumen, wo sie nicht der direkten Sonnenbestrahlung ausgesetzt sind. Eine bienenähnliche Haltung in Hummelständen oder in Räumen ist ebenfalls möglich. Sämtliche Vorbereitungen müssen spätestens bis Ende März beendet sein, da sich Mitte April – bisweilen auch schon früher – die ersten aus der Winterstarre erwachenden Hummelköniginnen zeigen.

Erstbesiedlung

Die Besiedlung der Kästen kann man – vor allem in späteren Jahren – ohne weiteres den Hummeln selbst überlassen. Verschiedene Autoren schlagen jedoch zur Erstbesiedlung eine kleine Nachhilfe vor, mit der Hummelknöniginnen leicht zur freiwilligen Annahme von Nistkästen zu bewegen sind: Nestsuchende, also im zeitigen Frühjahr langsam am und nahe über den Boden fliegende Königinnen werden mit der hohlen Hand gefangen und in einer etwa 10 cm langen Papphröhre (Durchmesser 2 cm) bei geöffneter Vorbauklappe direkt an das Kastenschlupfloch gebracht. Durch Zuhalten der Papphröhre und behutsames Vorwärtsschieben eines darin befindlichen Rundholzkolbens wird die Hummelkönigin zum Aufsuchen des Nistkasteninneren veranlaßt. Vorübergehendes Verschließen (1–3 Minuten) des Schlupfloches mit Moos zwingt zu gründlicher Inspektion des angebotenen Nistplatzes. Wer die Hummelkönigin lieber nicht mit bloßen Händen fangen will, kann sie mit der vorsichtig darüber gebrachten Papprröhre und durch Unterschieben eines Kartonstückchens auch unmittelbar vom Boden aufnehmen. EBERHARD VON HAGEN – dessen langjährige Erfahrung sich jeder Hummelfreund durch Kauf seines Buches zu eigen machen sollte, empfiehlt die gefangene Königin vor dem Einsetzen mit einer beispielsweise in einem Legobaustein gereichten Fruchtzuckerlösung zu füttern, da nach seiner Erfahrung gesättigte Hummelköniginnen leichter den vorgesehenen Nistkasten annehmen. Letzte Gewißheit geben allerdings erst die anschließend durchgeführten Orientierungsflüge und die wiederholte Rückkehr der Königin, die aus möglichst großer Entfernung beobachtet werden sollte. Mitunter kann eine Wiederholung des Besiedlungsversuches notwendig werden. Dabei sollte unbedingt darauf geachtet werden, stets die gleiche Art zu verwenden, da jede Hummelart ihren eigenen Geruch hat. Auch sei ausdrücklich hervorgehoben, daß bereits Pollenhöschen tragende Weibchen sich zur Ansiedlung nicht mehr eignen, da sie schon anderenorts mit der Nestgründung begonnen haben.

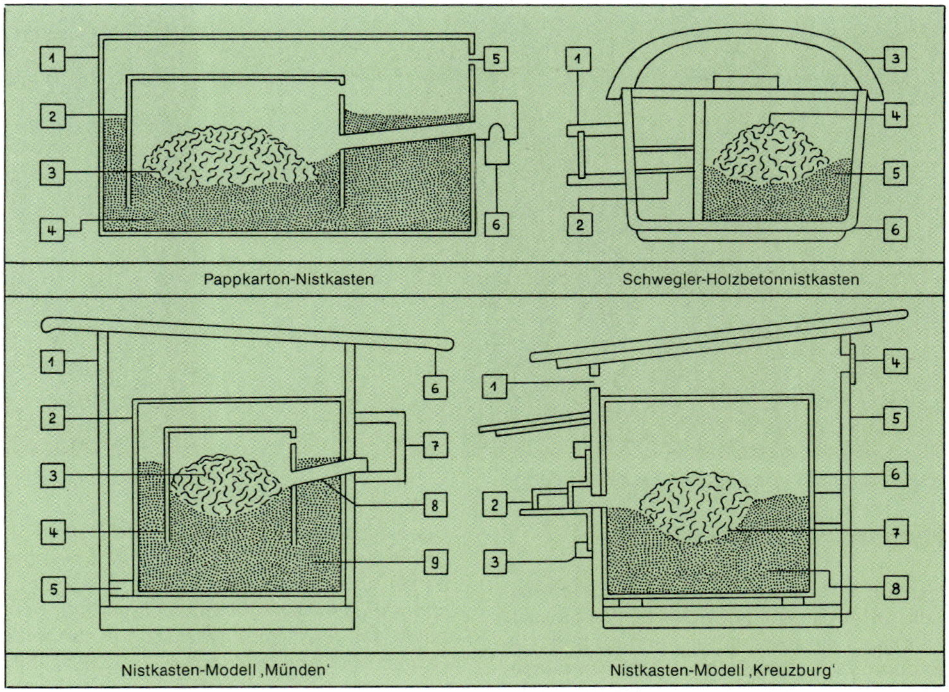

***Pappkarton-Nistkasten** (oben links): 1 Pappkarton, 2 Deckkarton, 3 Nestmaterial (Polsterwolle), 4 Kleintierstreu, 5 Notausgang, 6 Flugloch mit Flugbrett; **Schwegler-Holzbetonnistkasten** (oben rechts): 1 Vorbau, 2 Pappröhre, 3 Deckel, 4 Nestmaterial, 5 Kleintierstreu, 6 Holzbetongehäuse; **Nistkasten-Modell „Münden“** (unten links): 1 Holzgehäuse, 2 Pappkarton, 3 Nestmaterial, 4 Deckkasten, 5 Holzklotz, 6 Dachpappe, 7 Vorbau, 8 Pappröhre, 9 Kleintierstreu; **Nistkasten-Modell „Kreuzburg“** (unten rechts): 1 Notflugloch, 2 Vorbau, 3 Laufschiene für Vorbau, 4 Lüftung, 5 Holzgehäuse, 6 Pappkarton, 7 Nestmaterial, 8 Kleintierstreu (nach E. v. HAGEN, 1990 und M. HALLMEN, 1989).*

Wiederbesiedlung

In den folgenden Jahren werden dann auch noch zusätzlich aufgestellte Beuten von den aus ihren Winterquartieren zurückkehrenden Jungköniginnen weitgehend selbst besiedelt, da sich die Tiere offensichtlich noch an den Standort des Mutternestes „erinnern“ können. Voraussetzung ist jedoch, daß die Beuten die gleiche innere und äußere Aufmachung zeigen. Auch sollte nach Besetzung der gründlich gereinigten und mit neuen Nistkartons versehenen vorjährigen Kästen die Flugloch-Richtung geändert werden, um den Zuflug weiterer Hummelköniginnen zu vermeiden. Zu den regelmäßigen Heimkehrern zählen von den oben vorgestellten Arten Garten-, Stein- und Ackerhummel. Schließlich sei noch darauf hingewiesen, daß bei in Haltung genommenen Hummelvölkern auch eine gezielte Fütterung während Schlechtwetterperioden oder bei Trachtlücken möglich ist. Als Futterbehälter eignet sich eine Kleinsäuger- oder Käfigvogeltränke, die an der Außenseite des Vorbaues so montiert wird, daß nur das Trinkröhrchen in diesen hineinführt. Als Futterlösung hat sich „Nektarin flüssig“ oder eine Lösung aus 500 g Fruchtzucker, 500 g weißem Zucker und 1 l Wasser (E. VON HAGEN 1990) bewährt.

Die hier in aller Kürze erläuterte Verwendung von Nistkästen für Hummeln dient in erster Linie dem Schutz der in einer Gegend noch vorkommenden Arten. Die Wiedereinbürgerung bereits regional verschwundener Arten, die künstliche Überwinterung von Hummelköniginnen, aber auch schon das Umquartieren gefährdeter Hummelnester sollten wir dagegen stets einem Fachmann überlassen.
Abschließend sei noch darauf hingewiesen, daß sowohl für die Umsiedlung eines stark gefährdeten Hummelvolkes, als auch für das Einsetzen nestsuchender Königinnen eine Ausnahmegenehmigung bei der Oberen Naturschutzbehörde zu beantragen ist.

Steinhummeln vor dem Nistkasteneingang.

Nistkästen erlauben problemlos einen Blick ins Hummelnest.

Hummeln im Prüfstand

Ein von M. Hallmen für das Nistkasten-Modell „Kreuzburg" entwickelter Vorbau für „Stockeingangsdressuren" erlaubt einfache Experimente zum Farben- und Formensehen sowie zur Lernfähigkeit der Hummeln. Testtafeln unterschiedlichen Musters und verschiedenfarbige Papprröhren werden beim Wahltest – nach Andressur auf eine der beiden Muster oder Farben in Kastenmitte – in gleicher Entfernung vom Dressurort angebracht. Die Andressur sollte sich mindestens über 2–3 Tage mit regem Flugverkehr erstrecken. Bei den Wahltests sollte die Entfernung zum andressierten Loch nicht zu groß sein. Auch sollten für die ersten Versuche möglichst gegensätzliche Farben und Muster verwendet werden. Die mittleren Eingänge werden bei Wahltests mit einem Korken verschlossen, der mit Farbe etwas verdunkelt wird, um den Kontrast eines geschlossenen und eines offenen Loches nicht allzu auffällig hervortreten zu lassen. Die Erfahrung hat gezeigt, daß die Hummelvölker in ihrer Entwicklung durch diese Versuche in keiner Weise gestört werden (nach M. Hallmen 1989).

Oben rechts: Hummel-Nistkasten Modell „Kreuzburg": 1 Kastendach, 2 Vorbaudach, 3 Vorbau, 4 Nesteingang, 5 Pappkarton, 6 Holzgehäuse. Oben links: Grundbauplan des Kastenvorbaues für Stockeingangsdressuren. Unten: Testanordnungen mit zwei Tafeln unterschiedlichen Musters, zwei verschiedenfarbige Papprröhren und zwei Laufröhren in gleicher Entfernung vom jeweiligen Dressurort in der Mitte. Hier erfolgt die Andressur auf eine der beiden Farben oder Muster (nach M. Hallmen, 1989).

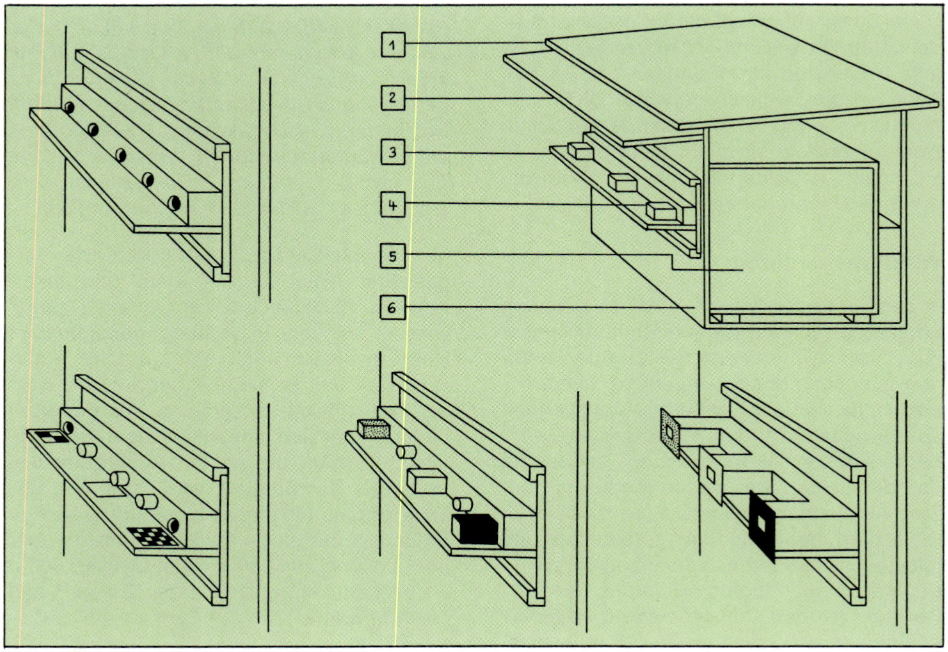

Solitärbienen

Staatenbildung ist bei Bienen nicht die Regel

Wenn man von Bienen spricht, denkt man – nicht nur als Imker – natürlich in erster Linie an unsere staatenbildende Honigbiene. Und da eine große Zahl der übrigen Bienen der Honigbiene mehr oder weniger, bisweilen sogar täuschend ähnlich sehen, wie etwa viele Sand- und Seidenbienen, werden auch diese noch den Bienen ohne weiteres zugeordnet. Doch mit diesem vertrauten und allseits bekannten Typus ist der Formenmannigfaltigkeit der so überaus vielgestaltigen Überfamilie der Bienen (*Apoidea*), der auch die Hummeln angehören, noch nicht einmal annähernd Rechnung getragen: Außer der in menschlicher Obhut befindlichen Honigbiene sind bisher etwa 20 000 Arten von Bienen bekannt geworden, doch dürfte ihre wirkliche Zahl noch höher liegen. Die Mehrzahl der Arten lebt in den Tropen, wo sie ihre größte Vielfalt entwickelt haben. Für Mitteleuropa werden über 500 Arten angegeben, die von den Entomologen sechs oder sieben Familien zugeordnet werden:

Ur- und Seidenbienen (*Colletidae*) mit 38 Arten in 2 Gattungen.

Sand- oder Erdbienen (*Andrenidae*) mit 113 Arten in 4 Gattungen.

Furchen- oder Schmalbienen (*Halictidae*) mit 116 Arten in 9 Gattungen.

Sägehorn-, Hosen- und Schenkelbienen (*Melittidae*) mit 11 Arten in 3 Gattungen.

Mauer-, Mörtel- und Blattschneiderbienen (*Megachilidae*) mit 96 Arten in 11 Gattungen.

Echte Bienen (*Apidae*) mit 137 Arten in 16 Gattungen.

Es mag überraschen, daß die überwiegende Mehrzahl der Bienenarten keinerlei soziale Bindungen kennt, vielmehr ein Einsiedlerdasein führt. Die Weibchen dieser Solitärbienen errichten für sich allein, also ohne die Mithilfe von Artgenossen, die Bruträume und verproviantieren sie mit Pollen und Nektar für die später aus dem Ei schlüpfenden Larven. Mehr als ein Drittel der bekannten Arten von Einsiedlerbienen haben sich unabhängig voneinander zu „Kuckucksbienen" entwickelt, die für ihre Nachkommen nicht selbst sorgen, sondern als Brutschmarotzer ihre Eier in die vorbereiteten Zellen anderer, meist verwandter Arten schmuggeln. Staatenbildung ist bei Bienen also keineswegs die Regel. Der Anteil der sozialen Arten an allen heimischen Bienen- (und Wespen-)arten beträgt nur etwa 7% . Doch sind die uns so ausgeklügelten Staatswesen, wie wir sie bei den Honigbienen, aber auch bei den Hummeln und sozialen Wespen bewundern, nicht plötzlich entstanden, sondern stellen etwas allmähliches Gewordenes dar. Eine wichtige Vorstufe ist bereits dort erreicht, wo die Weibchen solitärer Arten nicht nur Brutfürsorge, sondern auch Brutpflege betreiben und so ihre Nachkommen noch kennenlernen. Der erste primitive Staat aber entsteht, wenn die Töchter anschließend bei der Mutter bleiben und ihr bei der Bewachung und beim Ausbau des Nestes, sowie beim Eintragen von Futter für die weitere Nachkommenschaft behilflich sind. Verschiedene Ansätze solcher Entwicklungen führen uns einige Angehörige der Familie der Furchenbienen sehr anschaulich vor Augen.

Wildbienen sind schwierig zu bestimmen

Größe und Aussehen der so zahlreichen Wildbienenarten schwanken in weiten Grenzen. Neben Knirpsen von 2 mm Länge, die der Laie eher für geflügelte Ameisen hält, nehmen sich andere Arten mit einer Körperlänge von über 3 cm als wahre Riesen aus. Manche Formen sind fast nackt, andere pelzig behaart und nicht selten besitzen sie eine abwechslungsreiche Zeichnung und Färbung. Ja, schon eine Trennung der einzelnen Familien ist selbst für das geschulte Auge des Fachmanns nicht immer einfach und meist nur mit Hilfe winziger und oft verborgener Merkmale möglich. Für eine zweifelsfreie Bestimmung aller Bienen benötigt man zudem ein gutes Stereomikroskop (Binokular) mit Meßeinrichtung. Auch herrscht an gut illustrierter Bestimmungsliteratur, mit der auch der Anfänger und Laie zurechtkommt, ein ausgesprochener Mangel. Ein weiterer Hinweis sollte in diesem Zusammenhang nicht unerwähnt bleiben: Obwohl das sehr umfassende Standardwerk von Paul Westrich (1990) hervorragende Großaufnahmen vieler Arten enthält, vor allem solcher, die man mit einiger Übung auch im Gelände erkennen kann, dürfen diese Abbildungen – mit den Worten des Autors – aber nicht die Illusion nähren, man könne sich die Benutzung von Bestimmungsschlüsseln ersparen. Dies gilt vor allem für artenreiche und schwierig zu determinierende Gattungen. Für den Nichtfachmann, vor allem für Jugendliche wird ein Ansprechen von Wildbienen schließlich noch dadurch erschwert, daß sich deutsche Bezeichnungen lediglich für die Gattungen, nicht aber für die einzelnen Arten eingebürgert haben. Zwar hat es schon in früheren Jahrhunderten an Versuchen nicht gefehlt, Wildbienenarten mit deutschen Namen zu belegen, sie haben sich jedoch nie durchgesetzt. Wir wollen uns daher darauf beschränken, im Rahmen dieser Broschüre nur einige, meist auch in populärwissenschaftlichen Bestimmungsbüchern und Insektenführern aufgeführte, typische Gattungen mit je einer Beispielart kurz vorzustellen (Z. T. nach P. Westrich 1990).

Seidenbiene, *Colletes daviesanus*

Aussehen: Schwarz mit gelblichgrauer Behaarung. Kopfschild dicht und lang behaart. Hinterleib kegelförmig, glänzend mit breiten Segmentbinden. Länge: 8–11 mm.

Flugzeit: In einer Generation von Mitte Juni bis Mitte August.

Vorkommen: In Sand-, Kies- und Lehmgruben, Sandsteinbrüchen, an Lößwänden, auf Weinbergen und Kahlschlägen, in Dörfern und Städten (in lehm- oder kalkmörtelverfugtem Gemäuer).

Nistweise: Nistet bisweilen in größeren Ansammlungen in Lehmwänden oder im Sandboden, in selbstgegrabenen, 10–15 cm langen horizontalen Röhren. Sie enthalten 2–10 tütenförmig ineinander steckende Brutzellen, die mit einer seidenartigen Masse, einem Drüsensekret, ausgekleidet sind.

Blütenbesuch: Oligolektische, auf Korbblütler spezialisierte Art (nach WESTRICH 1990).

Seidenbienen, *Colletes*

In der Gesamtheit der Bienen bilden die Seidenbienen (*Colletes*) zusammen mit den winzigen Maskenbienen (*Hylaeus*) die primitivsten Formen. Zu ihren ursprünglichen Merkmalen gehört der recht kurze Rüssel, doch besitzen die Seidenbienen bereits Sammelhaare an den Hinterbeinen. Bei durchweg schwarzer Körperfarbe tragen alle Arten eine gelblich graue, oft dichte Behaarung und ihr Hinterleib ist meist durch breite Binden gekennzeichnet. In Deutschland kommen zehn Arten vor, deren Größe 8–16 mm beträgt. Manche Arten erinnern oberflächlich an Honigbienen. Mit Ausnahme einer bereits im ersten Frühling an Weidenkätzchen zu beobachtenden Art, sind alle Gattungsmitglieder typische, ab Juni erscheinende Sommertiere, wenngleich die Flugzeit einzelner Arten bis in den Herbst hineinreicht. Die Seidenbienen tragen ihren Namen von der eigentümlichen Bauart ihrer Nester (Gänge in Lehmwänden oder im lockeren Sandboden mit 5–10, auch bis zu 20 Zellen), die sie innen mit einer seidenartigen, wasserundurchlässigen Masse, einem Drüsensekret, auskleiden. Die meisten Arten sind in der Wahl ihrer Pollenquelle mehr oder weniger spezialisiert. Besucht werden je nach Art bestimmte Korbblütler wie Rainfarn oder Schafgarbe, ferner Ochsenzunge, Natternkopf, Thymian und Heidekraut.

Furchenbienen, *Halictus*

Neben der Honigbiene dürften die Furchenbienen der Gattungen *Halictus* und *Lasioglossum* zahlenmäßig die häufigsten Bienen der Welt sein, auch wenn in Deutschland nur 14 *Halictus*-Arten leben. Die Größe der vom zeitigen Frühjahr bis in den Herbst fliegenden Bienen schwankt in der Regel zwischen 7 und 15 mm. Die meisten Arten sind braun bis schwarz, manche auch metallisch grün. Als Beinsammler besitzen die Weibchen an den Hinterbeinen eine kräftig entwickelte Behaarung. Die Namen Furchen- oder Schmalbienen leiten sich von einer kleinen kahlen Längsfurche auf der Oberseite des letzten Hinterleibsringes der Weibchen und der schlankwüchsigen Gestalt der Männchen her. Die Nester finden sich, oft kolonienweise, im harten Sand- oder Lehmboden und bestehen aus einem Hauptgang, an dem sich die Brutzellen traubenartig anfügen. Bei manchen Arten führt ein gemeinsamer Eingang zu den getrennten Brutkammern der einzelnen Weibchen. Eine Vorstufe zur Staatenbildung zeichnet sich dort ab, wo die Nachkommen ihrer Mutter in einer Art Arbeitsteilung beim Bau weiterer Zellen und beim Eintragen der Larvennahrung helfen oder wenigstens das Brutnest bewachen. An Blumen werden vor allem Korb- und Doldenblütler, sowie Rosengewächse besucht. Arten mit längerem Rüssel ist auch der Nektar von Lippenblütlern zugänglich.

Sandbienen, *Andrena*

Sie bilden eine der artenreichsten Bienengattungen, von der in Deutschland über 100 Arten in nahezu allen Lebensräumen (selbst

Furchenbiene, *Halictus rubicundus*

Aussehen: Brust rostrot behaart, schmale weiße Segmentbinden, Weibchen mit kleiner Längsfurche auf dem 5.Segment. Füße der Mittelbeine, sowie Unterschenkel und Füße der Hinterbeine goldgelb. Länge 10 mm.

Flugzeit: In einer Generation von Anfang April – Ende Juli.

Vorkommen: An Waldrändern, auf Streuobstwiesen, Hochwasserdämmen, Magerwiesen, Wacholderheiden, Weinbergbrachen, Kahlschlägen, in Sand-, Kies- und Lehmgruben, auch in Siedlungen.

Nistweise: Nistet in selbstgegrabenen Hohlräumen im Boden. In einem Nest leben mehrere Königinnen in Arbeitsteilung zusammen. Die Arbeiterinnenbrut wird von der Nestgründerin erzeugt.

Blütenbesuch: Polylektische, insgesamt 9 Pflanzenfamilien besuchende Art (nach WESTRICH 1990).

Sandbiene, *Andrena fulva*

Aussehen: Brust und Hinterleibsrücken mit gelbroter, pelziger Behaarung. Kopf, Beine und Unterseite mit schwarzen Haaren. Länge 12–14 mm.

Flugzeit: In einer Generation von Ende März bis Mitte Mai.

Vorkommen: In lichten Wäldern, an Waldrändern, auf Hochwasserdämmen und Weinbergen, Siedlungsschwerpunkt in Dörfern und Städten (Hausgärten, Parkanlagen).

Nistweise: Nistet bisweilen auch in größeren Ansammlungen in selbstgegrabenen, unterirdischen Hohlräumen (in Pflasterfugen, am Fuße von Gartenmauern, unter Hekken, in Parkrasen). Bis zu 55 cm tiefer Hauptgang von dem Seitenzellen abzweigen.

Blütenbesuch: Ausgesprochen polylektische, insgesamt 10 Pflanzenfamilien besuchende Art (nach WESTRICH 1990).

Wollbiene, *Anthidium manicatum*

Aussehen: Schwarz mit gelbem Gesicht. Segmente 1–5 jederseits mit großem, gelbem bindenartigem Fleck. Beine gelb, Oberschenkel rostrot. Bauchbürste goldgelb. Länge 11–12 mm.

Flugzeit: In einer Generation im Früh- und Hochsommer.

Vorkommen: Vorwiegend in Dorf- und Stadtgärten. In geringerer Dichte auf Trokkenhängen, Weinbergbrachen, an Waldrändern, in Ton- und Lehmgruben, auf Industriehalden und Bahndämmen.

Nistweise: Nistet in vorgefundenen Hohlräumen verschiedenster Art (Erdlöcher, Fels- und Mauerspalten, Balken, Pfosten, hohle Stengel, Löß- und Lehmwände). Nest aus Pflanzenwolle (Königskerze, Quitte, Ziest u. a.) mit bis zu 16 Brutzellen.

Blütenbesuch: Eingeschränkt polylektische Art, auf Schmetterlings-, Lippenblütlern, Braunwurzgewächsen (nach WESTRICH 1990).

in Städten) vorkommen. Viele Arten erinnern an Honigbienen, doch bestehen innerhalb der Gattung erhebliche Größenunterschiede: Neben Arten mit 15–16 mm Körperlänge gibt es auch solche, die nur 4–5 mm groß sind. Die Weibchen besitzen als Sammelvorrichtung lang behaarte Hinterschenkel, sowie eine auffällige, lang gefiederte Haarlocke am Schenkelring der Hinterbeine. Die Flugzeit der einzelnen Arten reicht vom zeitigen Frühjahr bis in den Spätsommer mit einem Höhepunkt in den Monaten April bis Juni. Als Sand- oder Erdbienen brüten sämtliche Arten, viele kolonienweise, ausschließlich im Boden, vorzugsweise in Sand, sandigem Löß oder Lehm. Von einem 5–60 cm langen Gang geht eine Anzahl (2–10) flaschenförmiger Zellen seitlich ab, deren Wände die Nestmütter mit Speichel durchtränken. Der ganze Bau und die mit viel Blütenstaub und je einem Ei beschickten Zellen werden durch Erdpropfen verschlossen. Beim Blütenbesuch haben sich neben ausgesprochenen Generalisten einige Arten auf bestimmte Pollenquellen (Wicken-, Platterbsen- oder Kreuzblütlerarten) spezialisiert, andere besuchen ausschließlich Blüten von Laubgehölzen (Ahorn, Prunus-Arten, Eiche, Weide, Weißdorn).

Wollbienen, *Anthidium*

Von dieser zur Familie der Blattschneiderbienen (*Megachilidae*) zählenden Gattung sind in Deutschland 7 Arten nachgewiesen. Ihre Körpergröße schwankt zwischen 6–7 mm und 18 mm. Aufgrund ihres wespenähnlichen Aussehes sind die Angehörigen dieser Gattung kaum mit anderen Wildbienen zu verwechseln. Bei dunkler Grundfarbe tragen sie auf dem fast kahlen Hinterleib gelbliche, längliche Querflecken. Die Weibchen besitzen als Sammelorgan eine meist gelbe bis weiße Bauchbürste. Die Flugzeiten der heimischen Arten fallen in die Früh- und Hochsommermonate. Je nach Art des verwendeten Nistmaterials sind zwei Gruppen zu unterscheiden: Die einen bauen ihre Zellen aus dem Harz von Nadelbäumen frei an Steinen, die anderen tragen abgeschabte Pflanzenwolle (von Salbei, Ziest, Königskerze, Quitte, Silberpappel) zu einer Kugel zusammengerollt zwischen Kopf und Vorderbeinen in Hohlräume verschiedenster Art und bereiten daraus eine Reihe von Zellen. Einige wählen sogar trockene Gallen und Schneckengehäuse zum Einbau ihrer Nester. Beim Blütenbesuch werden auch von den nicht spezialisierten Arten ganz bestimmte Pflanzenfamilien bevorzugt (Lippenblütler, Schmetterlingsblütler, Rachenblütler, Dickblattgewächse). Eine Art hat sich auf Korbblütler, insbesondere auf Disteln und Flockenblumen spezialisiert.

Mauerbienen, *Osmia*

Von dieser sicher mit Abstand bekanntesten Gattung fliegen in Deutschland 37 Arten. Die Grundfarbe der im Durchschnitt 8–10 mm langen Bienen ist häufig schwarz, es gibt aber auch metallisch blau, grün oder kupfern gefärbte Arten. Vom zeitigen Frühjahr bis in den Sommer treten fortlaufend neue Arten in den unterschiedlichsten Lebensräu-

Rote Mauerbiene, *Osmia rufa*

Aussehen: Kopf schwarz, Scheitel und Brust gelbgrau, Segmente 1–3 hellrotgelb, 4–6 schwarz behaart. Weibchen auf dem Kopfschild zwei kleine „Hörner". Bauchbürste gelbbraun. Länge 8–12 mm.

Flugzeit: In einer Generation von Anfang April – Mitte Juni.

Vorkommen: An Waldrändern, Feldhecken, auf Lichtungen, Streuobstwiesen, Weinbergbrachen, stets auch in Siedlungen. Nistplätze: Löß- und Lehmwände, Trockenmauern, Totholz, Holzschuppen, Pfosten, Strangfalzziegel, Schilfrohr, dürre Ranken.

Nistweise: Überaus flexibel, auch an unvermuteten Stellen (z. B. Schlüsselloch). In Stengeln und Bohrlöchern Linienbauten mit bis zu 20 Brutzellen, in größeren Hohlräumen bis zu 30 unregelmäßig angeordnete Zellen. Baumaterial: feuchte Erde, Lehm.

Blütenbesuch: Ausgesprochen polylektische, insgesamt 18 Pflanzenfamilien besuchende Art (nach WESTRICH 1990).

Blattschneiderbiene, *Megachile versicolor*

Aussehen: Schwarz, Kopf und Brust gelbbraun behaart. 1.Segment ebenfalls lang, gelbbraun behaart. Segmente 2–4 mit weißen Haarbinden. Bauchbürste rotbraun, auf Segment 5–6 schwarz. Länge 10–11 mm.

Flugzeit: Gebietsweise in zwei Generationen von Mai – September.

Vorkommen: An Waldrändern, auf Waldlichtungen, Weinbergbrachen, Trockenhängen, Ruderalstellen, in Lehm- und Tongruben, Hohlwegen, auch im Siedlungsbereich (Gärten, Parkanlagen).

Nistweise: Linear angeordnete Brutzellen aus Blattstücken von Wildrosen und Schlehen in selbstgenagten oder vorgefundenen Gängen markhaltiger Stengel, auch in anderen vorhandenen Hohlräumen (Trockenmauern, Industrieschlacken, Totholz, Nisthilfen).

Blütenbesuch: Polylektische, an 5 Pflanzenfamilien beobachtete Art (nach WESTRICH 1990).

Pelzbiene, *Anthophora acervorum*

Aussehen: Von hummelähnlicher Gestalt. Struppig-abstehende, gelblich graue bis schwarze Behaarung. Kopf- und Hinterleibsende mehr oder weniger dunkel behaart. Länge 14–15 mm.

Flugzeit: In einer Generation von Anfang April – Anfang Juni.

Vorkommen: An steilen Flußufern, Trockenmauern in Weinbergen, in Sand-, Kies- und Lehmgruben, in Siedlungen an unverputztem, mit Kalkmörtel oder Lehm verfugtem Mauerwerk alter Gebäude.

Nistweise: Nistet bisweilen auch in größeren Ansammlungen in selbstgegrabenen Hohlräumen in der Erde. Die meist in 3–5 cm Tiefe linear oder unregelmäßig angeordneten Brutzellen sind mit einem Sekret wachsartig ausgekleidet.

Blütenbesuch: Ausgesprochen polylektische, insgesamt 10 Pflanzenfamilien besuchende Art (nach WESTRICH 1990).

men, einige auch im Siedlungsbereich auf. Die Weibchen tragen eine aus dichten Haaren gebildete Bauchbürste, deren Farbe zur Artbestimmung herangezogen werden kann. Die Nester zeigen hinsichtlich Nistplatz und Baumaterial eine erstaunliche Vielfalt und finden sich in Holz, hohlen Stengeln, in Ton, Sand, leeren Schneckenhäusern oder sind frei an Steinen und Mauern geklebt. Die einzelnen Zellen können hintereinander zu Linienbauten oder über- und aufeinander zu Haufenbauten angeordnet sein. Als Baumaterial werden Mörtel (aus Sand, Lehm mit Speichelsekret), zerkaute Laub- und Blütenblätter, ja sogar Schafmist verwendet. Unter den pollensammelnden Weibchen finden sich ausgesprochene Generalisten, andere haben sich mehr oder weniger eng auf ganz bestimmte Pflanzengattungen oder -familien spezialisiert und sind ausschließlich auf Korb- oder Kreuzblütlern, Glockenblumen oder Natternkopf anzutreffen.

Blattschneiderbienen, *Megachile*

Von dieser sehr artenreichen und fast weltweit verbreiteten Gattung sind in Deutschland 20 Arten bekannt. Ihre Länge schwankt zwischen 9–18 mm. Die Körperfarbe ist stets schwarz, die Segmente tragen meist Fransenbinden. Die Weibchen besitzen einen eigenartig flachgedrückten Hinterleib und eine Bauchbürste zum Pollensammeln. Alle Arten sind Hochsommerformen. Zur Nestanlage schneiden sie mit ihren scharfen Oberkiefern aus Flieder-, Rosen-, Himbeer-, Pappel- oder Eichenblättern ovale und runde Ausschnitte, die sie unter dem Bauch eingerollt zu ihrem Bauplatz in der Erde, unter flachen Steinen, in morschem Holz oder hohlen Pflanzenstengeln tragen. Dort dreht das Weibchen aus einer Anzahl ovaler Blattstücke ein fingerhutartiges Gebilde als Brutraum, den es nach Verproviantierung und Eiablage mit einem Deckel aus mehreren kreisrunden Blattstücken verschließt. Über ein Dutzend solcher Blattfingerhüte können so zu einem zigarrenartigen Linienbau aneinandergereiht werden. Für den Abschluß nach außen werden viele runde Blattstücke wie ein Satz Teller aneinandergefügt. Obwohl beim Blütenbesuch im allgemeinen nicht besonders wählerisch, zeigen einige Arten dennoch eine Vorliebe für spezielle Pollenquellen, z. B. Weidenröschen, sowie bestimmte Schmetterlings- oder Lippenblütler.

Pelzbienen, *Anthophora*

Diese ebenso zahlreiche wie weitverbreitete Bienengattung ist in Deutschland mit 13 Arten vertreten. Bei den einheimischen Arten schwankt die Größe von 8 bis 18 mm. Mit ihrem gedrungenen Körperbau und ihrer dichten, pelzigen Behaarung erinnern sie in ihrem Aussehen an Hummeln, denen sie auch bezüglich ihrer Rüssellänge gleichen: Bei der häufigen Art *A. acervorum* erreicht die Zunge Körperlänge. Pelzbienen können daher auch tieferliegende und verborgene Blütennektarien erreichen. Bei den Weibchen sind die Schienen und das erste Fußglied der Hinterbeine mit einer starken Haarbürste zum Pollensammlen ausgerüstet. Die Flugzeit der verschiedenen Arten der Gattung erstreckt sich vom ersten Frühling bis in den Hochsommer. Ihr Nest graben sie, oft in großen Kolonien, mit Vorliebe in Sand-, Lehm- und Lößwände, aber auch in lehmverfugtes Gemäuer von alten Häusern, Scheunen und Ställen in Dörfern und Städten. Der waagrechte Gang und die Zellen werden sorgfältig mit tonigen Stoffen und mit Schleim geglättet. Von den heimischen Arten hat sich nur eine beim Pollensammeln auf Lippenblütler spezialisiert, die übrigen Arten sind beim Blütenbesuch nicht gerade wählerisch, scheinen aber hochdifferenzierte Blüten (z. B. Lippenblütler, Schmetterlingsblütler und Rauhblattgewächse) zu bevorzugen.

Nistplätze und Baumaterialien

Erdarbeiter, Maurer und Zimmerleute

Alle solitär lebenden Bienenarten weisen in der Wahl ihrer Nistplätze eine mehr oder weniger hohe Spezialisierung auf, wodurch das Vorhandensein artspezifischer Nistmöglichkeiten für die Verbreitung einer Bienenart ausschlaggebende Bedeutung erlangt. Die in der Regel mehrzelligen Nestbauten werden von der überwiegenden Mehrheit im Boden (Sand, Lehm, Löß und anderem Substrat) angelegt, finden sich aber auch in morschem Holz, Pflanzenstengeln, alten Gallen, leeren Schneckenhäusern und anderen Hohlräumen, sowie an Zweigen, Stämmen, Steinen und Felsen. Größtenteils graben oder nagen sich die Einsiedlerbienen die zur Nestanlage benötigten Hohlräume selbst in den Boden, in mürbes Holz oder in weiches Pflanzenmark. Einige wenige Arten errichten aus Harz oder mineralischem Material (Sand, Lehm, Steinchen) Freibauten an Stengeln oder Steinen. Häufig werden dagegen bereits vorhandene Hohlräume (Fraßgänge im Holz, Bohrlöcher von Käfern und Holzwespen, verlassene Nester anderer Stechimmen, Höhlungen in Zweigen und Steinen) bezogen, gereinigt und vielleicht den eigenen Bedürfnissen entsprechend hergerichtet. Die vorgefundenen oder selbstangelegten Höhlen werden durch eingezogene Zwischenwände aus Lehm, Mark-

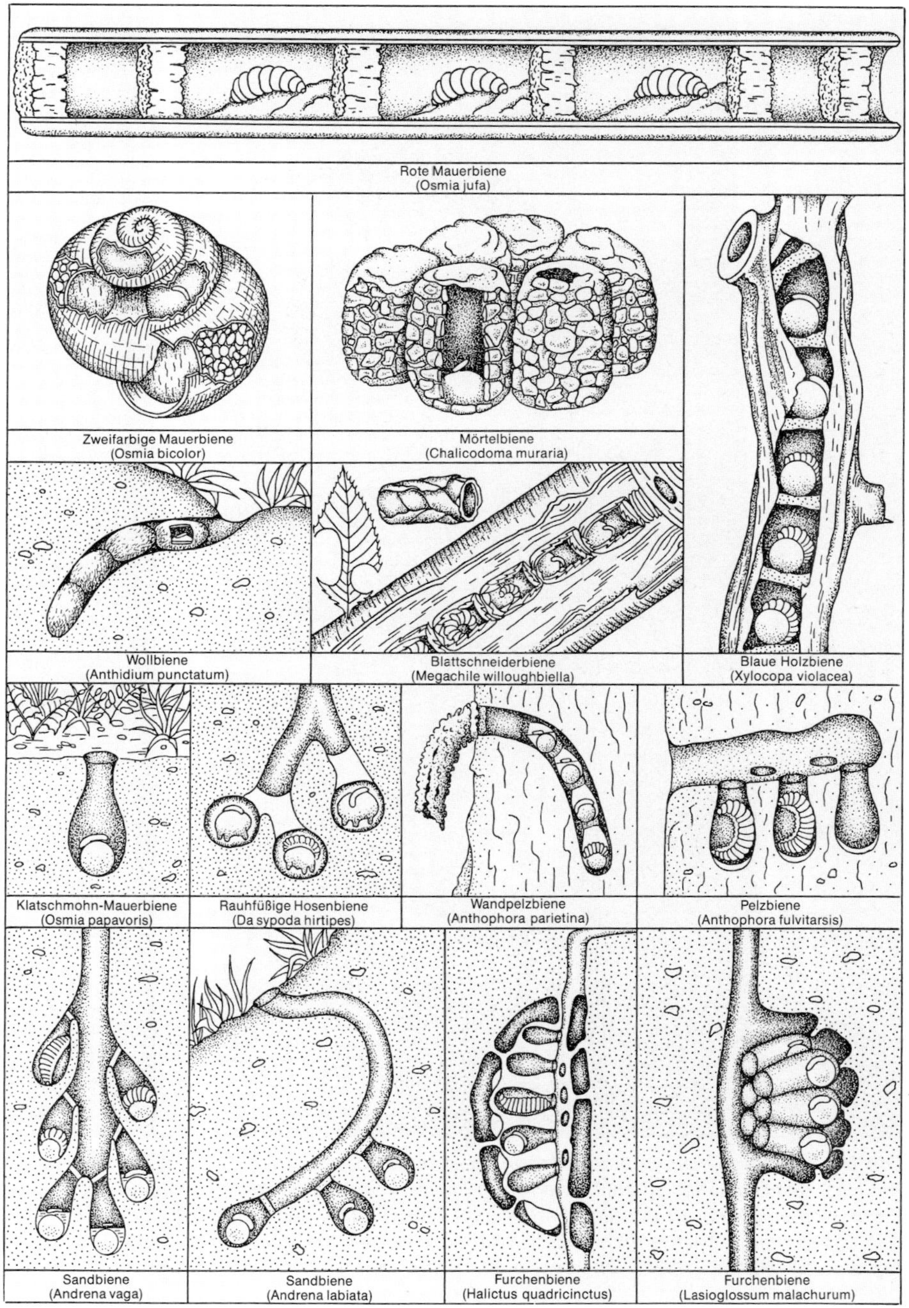

Ober- und unterirdische Nestanlagen einiger Solitärbienenarten.

Die Mörtelbiene, Chalicodoma muraria, verarbeitet Sandkörnchen mit Hilfe des Speichels zu einer kittartigen Masse und klebt diese in Form kleiner Zellen an sonnige Stellen von Felswänden. Jede der 5–8 nebeneinander liegenden Zellen wird mit einem Futterbrei aus Pollen und Nektar gefüllt, mit einem Ei belegt und zum Schluß übermauert.

Die Blaue Holzbiene, Xylocopa violacea, nagt mit ihren kräftigen Mundwerkzeugen in morsches Holz (Äste, Balken, Pfähle) 10–30 cm lange Gänge, die sie in 10–15 Nistkammern aufteilt. Das Problem in diesen „Reihenhäusern“: Die fertige Biene der hintersten Zelle muß mit dem Ausschlüpfen warten bis ihre vorderen Geschwister geschlüpft sind.

Ein Pärchen der Gehörnten Mauerbiene (Osmia cornuta). Das Weibchen trägt am vorderen Kopfende zwei kleine Hörner.

Brutzellen in einem geöffneten Bambusröhrchen: Die Larven ernähren sich vom mit Nektar gesüßten Pollenkuchen.

oder Holzpartikeln in einzelne Kammern unterteilt, der Nesteingang mit einem Propfen oder Deckel verschlossen. Das notwendige Baumaterial wird der unmittelbaren Nestumgebung entnommen oder aus dem weiteren Umkreis herbeigeschafft.

Tapeten und Belüftungsanlagen

Die wohl wichtigste Eigenschaft aller Behausungen ist Trockenheit, da Feuchtigkeit zur Verpilzung des eingelagerten Pollenvorrats führt. Unter diesem Aspekt fällt auch Licht auf die oft eigenartige Wahl von Baustoffen für die Herstellung oder Auskleidung der Brutzellen, worauf bei den eingangs vorgestellten Gattungen bereits hingewiesen wurde: Von Blattschneiderbienen zu fingerhutförmigen Zellen zusammengefügte Blätter (Eiche, Birke, Birne, Flieder, Rose) enthalten Gerbsäure. Die von der Mohnbiene *Osmia papaveris* als Innenausstattung verwendeten Blütenblättern des Klatschmohns beinhalten Opium. Auch das Auskleiden der Nestwände mit einer Seidentapete aus dem Sekret einer Hinterleibsdrüse (Seiden- und Maskenbienen), das Durchtränken der Zellwände mit Speicheldrüsensekret (Sandbienen), die Verwendung von Harz oder das Betten der Zelle in Pflanzenwolle (Harz- und Wollbienen) dürfen als Schutzeinrichtungen gegen Feuchtigkeit und Schimmelbildung angesehen werden. Hosenbienen stellen die Pollen-Honig-Pakete der Brutzellen auf drei Füßchen, um sie durch die so ermöglichte freie Luftzirkulation vor Pilzbefall zu schützen. Die im Lehmboden nistende Furchenbiene *Halictus quadricinctus*, sorgt für Trokkenheit durch eine regelrechte Lüftungsanlage: Von einer rundum freigegrabenen und von allen Seiten durch zierliche Pfeiler gestützten Lehmwabe, deren Wände ebenfalls mit einem erhärtenden Sekret getränkt sind, führt ein Gang nach unten und oben ins Freie und sorgt so für Luftzufuhr.
Bei aller Vielfalt der Nestformen und Nistweisen, liegt der Brutbiologie der Einsiedlerbienen dennoch ein gemeinsames Prinzip zugrunde, das im folgenden am Beispiel der auch im Siedlungsbereich häufigen Roten Mauerbiene etwas näher betrachtet werden soll.

Brutfürsorge am Beispiel der Roten Mauerbiene

Die Entwicklung einer Solitärbiene vollzieht sich von der Eiablage bis zum Schlüpfen des fertigen Insektes in einer verschlossenen Brutzelle und ist daher unter normalen Bedingungen einer direkten Beobachtung nicht zugänglich. Wird das Nestinnere in einem frühen Stadium freigelegt, stirbt die auf dem Nahrungsbrei schwimmende Larve in der Regel ab. Nur bei wenigen Arten von Blattschneiderbienen gelang es bisher, das Entwicklungsgeschehen in seinen einzelnen Phasen vollständig aufzuklären. Als besonders geeignetes Objekt erwies sich dabei die sehr anpassungsfähige, auch in künstlichen Brutstätten, z. B. durchsichtigen Glasröhrchen, nistende Rote Mauerbiene.

Ei – Larve – Puppe – Imago

Im zeitigen Frühjahr durch die wärmenden Sonnenstrahlen und die zunehmende Tageslänge geweckt, verlassen die Männchen und Weibchen der Roten Mauerbiene ihre schützende Brutzelle, in der sie den Winter als fertiges Insekt verbracht haben. Hat das Weibchen nach vollzogener Paarung eine geeignete Niststätte (fertige Hohlräume verschiedenster Art) gefunden, legt es für jede Eizelle eine separate Brutkammer an, die sie durch senkrecht eingezogene Wände aus Lehm und Speichel von den Nachbarzellen

Die Mauerbiene, Osmia bicolor, legt ihre meist einzelligen Nester in leeren Schneckenhäusern an. Für den Bau der Querwände und den Nestverschluß wird zerkautes Pflanzenmaterial verwendet. Der Abschlußpfropf besteht aus einer oder mehreren mit Erde und kleinen Steinchen gefüllten Kammern. Zum Schluß wird das Schneckenhaus mit Halmen oder Kiefernadeln getarnt.

Blattschneiderbienen (Megachile sp.) schneiden mit ihren scharfen Kiefern Stücke aus grünen Blättern und rollen sie zusammen. Reihenweise in Holzgänge eingetragen, dienen die Blattröllchen als Brutkammern für die Larven. Der in der Bauchbürste gesammelte Pollenvorrat wird mit einem Ei belegt, danach wird die Zelle mit mehreren runden Blattstückchen verschlossen.

Die Gehörnte Mauerbiene nistet auch in Gebäuden, hier in einem hohlen Rolladen-Stöpsel aus Kunststoff.

Mit Lehm verschlossene Brutzelle. Auch die einzelnen Kammern im Innern sind durch Lehmwände getrennt.

abgrenzt. Auf einen im hinteren Teil der Zelle angehäuften Pollenkuchen wird jeweils ein Ei schräg aufgerichtet mit dem unteren Pol festgeklebt. Anschließend wird die Brutzelle sorgfältig verschlossen und die nächste in Angriff genommen. So entsteht eine lineare Anordnung von Brutkammern, wobei im hinteren Gangteil die größeren Zellen für die Weibchen und vorne einige kleinere für die Männchen liegen. Anfang (Atriumzelle) und Ende (Initialzelle) dieses Linienbaues bildet meist eine brutfreie Zelle, möglicherweise als Schutz gegen Parasiten und Bruträuber. Aus dem Ei schlüpft bereits nach wenigen Tagen eine Larve, die schon nach zwei Stunden mit der Nahrungsaufnahme beginnt. Im Laufe der ersten Woche häutet sich die Larve dreimal und hat bis zu diesem Zeitpunkt etwa 5% des Nahrungsvorrates (Gesamtmenge etwa 250 mg) aufgenommen. Das anschließende vierte Larvenstadium ist durch eine erhebliche Größen- und Gewichtszunahme gekennzeichnet. Durchschnittlich 25 Tage nach dem Schlupf hat die Larve ihren gesamten Nahrungsvorrat verzehrt und ihr Maximalgewicht von etwa 140 mg erreicht. Nun spinnt sich die Larve in einen festen, später braun werdenden Kokon ein, an dessen unterem Ende die kurz vorher ausgeschiedenen Exkrementkügelchen sitzen. Darin verpuppt sie sich nach einer Ruhezeit von zwei Wochen und bereits im August liegen die vollentwickelten Bienen in den Kokons, in denen sie auch den Winter verbringen. Damit schließt sich der Lebenszyklus.

Wenige Nachkommen – viele Feinde

Die Flugzeit der im Frühjahr ihre Entwicklungsstätte verlassenden Mauerbienen ist, wie bei den meisten ihrer Verwandten, auf vier bis sechs Wochen begrenzt. In dieser kurzen Zeit können höchstens 20–40 Brutzellen angelegt werden, woraus sich eine sehr kleine Nachkommenzahl pro Weibchen ergibt. Zwar können die Solitärbienen aufgrund ihrer aufwendigen Brutfürsorge auf eine hohe Fortpflanzungsrate verzichten, auch haben Schmarotzer und Bruträuber durch den besonders kräftigen, endgültigen Nestverschluß wenig Chancen. Eine Fülle von Parasiten schafft es aber dennoch, sich des Nestinneren zu bemächtigen, oder für seine Zwecke zu nutzen: Weniger behaarte Kuckucksbienen – oft nah mit ihrer Wirtsbiene verwandt – gelingt es, noch vor dem Verschließen der bereits versorgten Brutzelle ihr Kuckucksei in das Nest zu legen. Wie die Kuckuckshummeln besitzen sie keinen Sammelapparat, ihre Larven entwickeln sich rascher, fressen mehr und töten nicht selten ihren Wirt. Als weitere Parasiten kommen neben einigen Fruchtfliegen und Schlupfwespen noch die bunt metallisch gefärbten Goldwespen hinzu, die ihre Eier ebenfalls ins fertige Bienennest schmuggeln, wo sich ihre Larven von den heranwachsenden Bienenlarven ernähren. Das Ei der Goldwespe entwickelt sich langsamer, so daß die ausschlüpfende Larve bereits fast erwachsene Wirtslarven vorfindet, die sie, auf deren Rücken liegend, nach und nach aussaugt. Von Brutparasiten und -schmarotzern verschont gebliebene Nester, fallen schließlich noch verschiedenen Vogelarten (Spechte, Kleiber, Baumläufer, Meisen) zum Opfer, die mit ihrem langen oder kräftigen Schnabel mühelos Bienennester aufbrechen können. Unterirdisch angelegte Nestanlagen werden von Maulwürfen, Spitzmäusen, Mäusen, sowie von Dachs und Igel heimgesucht (MÜHLEN/SCHLAGHECK, 1991).

Wildbienen als Kulturfolger

Lebensräume aus zweiter Hand

Wildbienen sind vom Frühjahr bis zum Herbst in nahezu allen Lebensräumen anzutreffen. Selbst in manchen Feuchtgebieten,

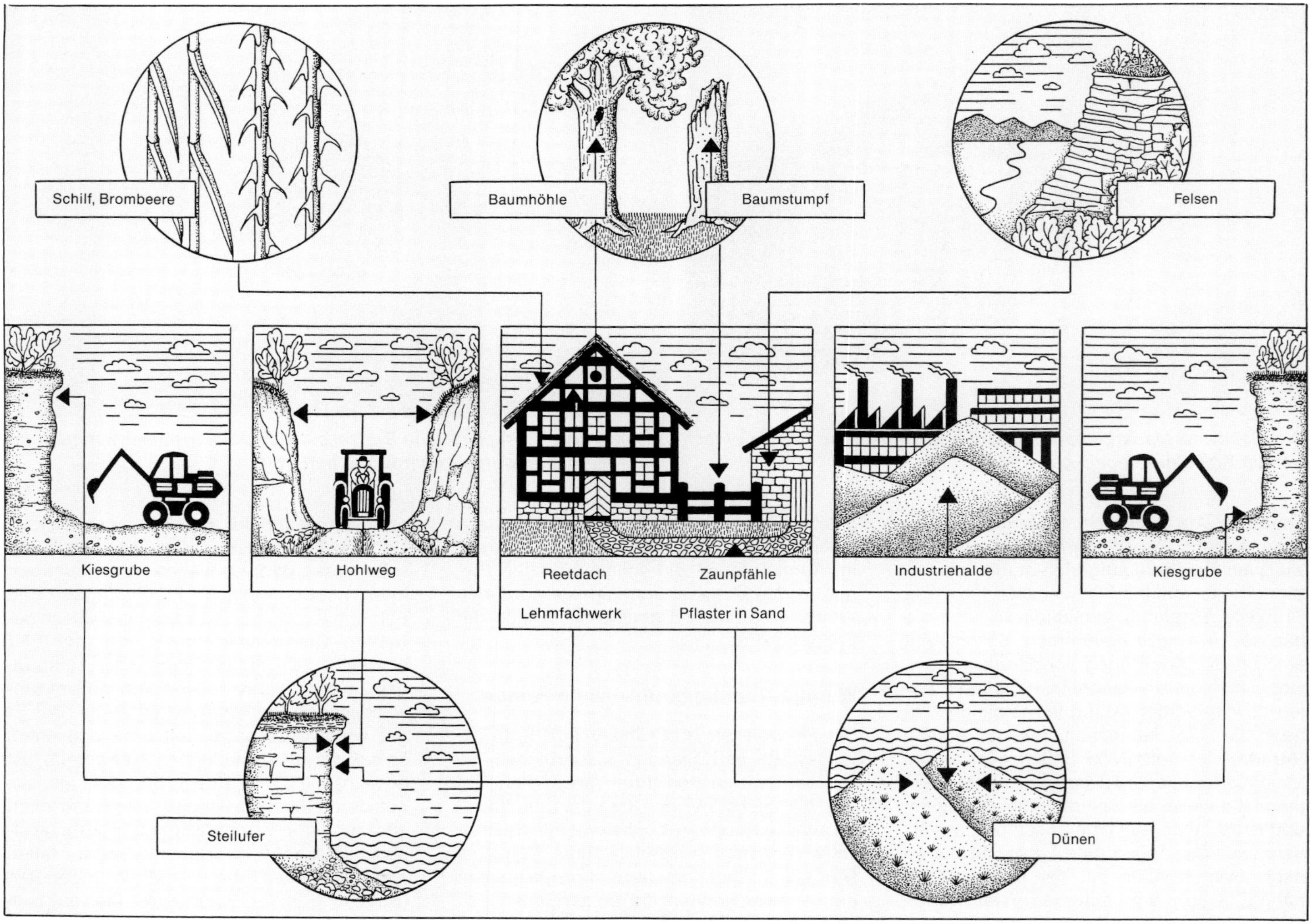

Beziehungen zwischen einigen natürlichen und von Wildbienen aufgesuchten anthropogenen Niststätten (nach TISCHLER*, 1973 und* VON DRACHENFELS*, 1982, abgeändert).*

wie Mooren oder Röhrichtbereichen von Flußniederungen und Seen, leben Wildbienen. Zwar fehlen hier die Erd- oder Sandbienen vollkommen, aber an ihre Stelle treten Arten, die in Schilfstengeln, leeren Schilfgallen, Brombeerstengeln oder im Holz von Bäumen nisten. Schon wesentlich mehr Arten besiedeln Wälder, Waldlichtungen und Waldsäume, aber der größte Teil der meist wärmeliebenden Solitärbienen kommt in der offenen Landschaft auf Trocken- und Halbtrockenrasen, Wiesen, Brachen, Ruderalstellen, Böschungen und Wegrainen, sowie auf Abwitterungshalden, Binnendünen und Flugsandfeldern vor. Eine beachtliche Anzahl von Arten ist zu Kulturfolgern geworden, denen der Mensch durch bauliche Maßnahmen im Landschafts- und Siedlungsbereich künstliche Biotope schuf, die für mehrere Bienenarten mittlerweile sogar Überlebenswert besitzen. Als Beispiele solcher Niststätten anthropogenen Ursprungs seien genannt: Sand- und Kiesgruben, Industriehalden aus sandigem Material, wenig verdichtete Sandwege und sandige Fugen in Pflasterwegen (für **Sandnister**). Löß- und Lehmwände an Hohlwegen, Terrassenkanten und Gruben des Bodenabbaus, lehmverfugte Natursteinwände und Lehmfachwerke alter Gebäude (für **Steilwandnister**). Steingebäude aller Art, Simse, Erker, Figurenreliefs aus Sandstein, Steinbrüche, Schlackenhalden, durch Abholzung freigelegte, ehemals schattige Felspartien (für **Felsspaltennister**). Schilf- und Strohdächer, Hohlräume im Verputz, kleine Öffnungen in Balken, Verkleidungen, Rolladenkästen, Abflußröhrchen von Fensterrahmen usw. (für **Stengel-** und andere **Hohlraumnister**). Baumstümpfe auf Kahlschlägen, alte Gebäude aus unprägniertem Holz, Zaunpfähle (für **Holznister**).

Wildbienen im Siedlungsbereich

Günstiges Klima, ein reiches Nahrungsangebot und vielfältige Nistmöglichkeiten ließen, zumindest in der Vergangenheit, auch Dörfer und Städte zu einem bevorzugten Lebensraum zahlreicher Wildbienen werden. Nach bisherigen Untersuchungen treten rund 220 Bienenarten auch im Siedlungsbereich auf, das ist nahezu die Hälfte der in Deutschland bekannten Arten. Nach den Angaben verschiedener Autoren (s. WESTRICH, 1990) wurden 9 Bienenarten als Bewohner gepflasterter Bürgersteige, Parkplätze und Straßen und 15 Arten als Hauswandsiedler festgestellt. 34 Arten wurden an einer etwa 10 m hohen, aus Ziegelsteinen erbauten Stadtmauer entdeckt, 73 Arten wurden in einem Tierpark und 98 Arten in den Wartehäuschen von Straßenbahn- und Bushaltestellen gezählt. Eine ungewöhnlich hohe Artenzahl, im Einzelfall bis zu 104 Arten, darunter mehrere Pollenspezialisten, hat man schließlich noch in Botanischen Gärten festgestellt. Mit welch erstaunlicher Siedlungsdichte Solitärbienen in Dorf und Stadt vertreten sein können, soll abschließend an vier exemplarisch ausgewählten Beobachtungen aufgezeigt werden (LOHMANN 1986, KEMPER/DÖHRING 1967): Im Kopfsteinpflaster der Gehwege des Botanischen Gartens in Kiel konnte für die Furchenbiene *Halictus sexstrigatus* eine Dichte von bis zu 90 Nester pro m^2 ermittelt werden und zwischen den Gehwegplatten am Zoologischen Garten wurden auf 1 m^2 bis zu 32 Nester der Sandbiene *Andrena barbilabris* festgestellt. An der aus lehmverfugten Ziegelsteinen errichteten Wand eines Hauses in Göttingen/Kyffhäuser wurden auf einer Fläche von 6,5 m^2

Pollentransport bei Solitärbienen: Seidenbienen, Furchenbienen und Sandbienen sind Schenkel-Schienensammler. Hosenbienen, Pelzbienen und Langhornbienen sind Schienensammler. Wollbienen, Mauerbienen und Blattschneiderbienen sind Bauchsammler.

insgesamt 472 Löcher (d. h. durchschnittlich 72 Eingänge/m^2) der dort nistenden Sandbiene *Andrena agilissima* gezählt. Auf einem Hausboden in Berlin-Lichterfelde wiesen die lehmverputzten Wände der Innenseite zahlreiche Eingangslöcher der Pelzbiene *Anthophora acervorum* auf, bis zu 150 Löcher pro m^2 Wand. Große Kolonien sind ferner von der Mauerbiene *Osmia rufa*, der Sandbiene *Andrena flavipes* und der Mörtelbiene *Chalicodoma paritina* bekannt.

Der hier nur angedeutete Artenreichtum im Siedlungsbereich darf allerdings nicht darüber hinwegtäuschen, daß nur ein Teil heimischer Wildbienen, nicht aber Arten mit speziell ökologischen Ansprüchen im Siedlungsbereich existieren können.

Wildbienen als Blütengäste

Wie die Honigbienen und Hummeln besitzen auch die Wildbienen eine sehr innige Bindung an Blumen. Alle ernähren sich von Pollen und Nektar und tragen diese, von den schmarotzenden Arten abgesehen, mit Hilfe speziell dafür ausgebildeter Organe auch zur Versorgung ihrer Nachkommen in vorbereitete Bruträume ein. Die Imagines aller Arten besuchen Blüten, um Nektar zu saugen, während Pollen einen wesentlichen Bestandteil der Nahrung von Wildbienenlarven bildet. Daneben wird Blütenstaub vermutlich von allen Arten als Proteinquelle zur Eireifung verzehrt. Insgesamt ist der von den einheimischen Wildbienen beflogene Kreis von

Mit der fuchsroten Behaarung der Schiene und des Fersengliedes ihrer Hinterbeine kann die Hosenbiene, Dasypoda hirtipes, eine Pollenmenge bis zur Hälfte ihres Eigengewichtes transportieren. Acht Pollenfuhren genügen für eine Brutzelle.

Langhornbienen (Eucera, Tetralonia) verdanken ihren Namen den langen Fühlern der Männchen. Ihre Weibchen haben sich auf bestimmte Pollenquellen, z. B. Schmetterlingsblütler, Korbblütler, Malvengewächse spezialisiert.

Blütenpflanzen sehr weitgespannt, wobei sich die bevorzugten Futterpflanzen unter den folgenden wichtigsten Pflanzenfamilien befinden (Westrich 1983):

Liliengewächse, Weidengewächse, Buchengewächse, Nelkengewächse, Hahnenfußgewächse, Mohngewächse, Kreuzblütler, Resedengewächse, Dickblattgewächse, Steinbrechgewächse, Rosengewächse, Schmetterlingsblütler, Ahorngewächse, Malvengewächse, Zistrosengewächse, Veilchengewächse, Kürbisgewächse, Weiderichgewächse, Nachtkerzengewächse, Doldenblütler, Heidekrautgewächse, Primelgewächse, Windengewächse, Boretschgewächse, Lippenblütler, Braunwurzgewächse, Kardengewächse, Glockenblumengewächse, Korbblütler.

Bei Blütenstaub wählerisch: Die Pollenspezialisten

Gegenüber Honigbienen und Hummeln ist das Blütenspektrum für das Sammeln von Pollen bei Wildbienen jedoch häufig begrenzter als das für Nektarflüge. Arten, die nur eine oder wenige Pollenquellen bevorzugen, werden als „oligolektisch", solche hingegen, die zahlreiche Blütenarten verschiedener Pflanzenfamilien gleichermaßen anfliegen, als „polylektisch" bezeichnet. Von den rund 380 nestbauenden Bienenarten Deutschlands werden 116 (ca 30%) als oligolektisch eingestuft. Streng oligolektische Solitärbienen sind dabei in der Regel auf eine bestimmte Pflanzenart oder Gattung spezialisiert: So sammeln z. B. verschiedene Sandbienen im zeitigen Frühjahr zu über 90% ihren Pollen auf Weiden. Als weitere Beispiele seien mit Paul Westrich (1983) genannt:

Heidekraut-Seidenbiene (*Colletes succinctus*) – Besenheide; **Zaunrüben-Sandbiene** (*Andrena florea*) – Rote Zaunrübe; **Beinwell-Sandbiene** (*Andrena symphyti*) – Beinwell; **Sonnenröschen-Sandbiene** (*Andrena granulosa*) – Sonnenröschen; **Bezahnte Glanzbiene** (*Rophites dentiventris*) – Glockenblumenarten; **Spiralhornbiene** (*Systrophia planides*) – Windenarten; **Zahntrost-Sägehornbiene** (*Melitta tricincta*) – Gelber und Roter Zahntrost; **Blutweiderich-Sägehornbiene** (*Melitta nigricans*) – Blutweiderich; **Große Harzbiene** (*Anthidium byssinum*) – Hornklee; **Glockenblumen-Mauerbiene** (*Osmia mitis*) – Glockenblumenarten; **Natternkopf-Mauerbiene** (*Osmia adunca*) – Natternkopf; **Hahnenfuß-Löcherbiene** (*Chelostoma florisomne*) – Hahnenfußarten; **Wald-Pelzbiene** (*Anthophora furcata*) – Waldziest.

Entscheidend für die Blütenwahl: Die Rüssellänge

Neben einer genetisch verankerten Spezialisierung ist auch die unterschiedliche Rüssellänge der einzelnen Bienengattungen maßgebend dafür, welche Pflanzen als Nektarquellen genutzt werden. Allgemein kann man zwischen kurz- und langrüsseligen Bienenarten unterscheiden. Zur ersten Gruppe zählen die Maskenbienen (*Prosopis*, Rüssellänge 1,1 mm), Blutbienen (*Sphecodes*, 1,4 mm) und Seidenbienen (*Colletes*, 2–3 mm). Ihre Futterpflanzen sind unter anderem Hahnenfußgewächse, Kreuzblütler und Doldengewächse mit leicht zugänglichem Nektar, sowie Korbblütler mit gut erreichbarem Pollen. Einen etwas längeren Rüssel zeigen bereits Sägehornbienen (*Melitta*, 2,3 mm), Sandbienen (*Andrena fulva*, 2,7 mm), Hosenbienen (*Dasypoda*, 2,7 mm) und Furchenbienen (*Halictus*, 3,3 mm), denen außer den bereits genannten Familien schon kleinblütige Schmetterlingsblütler, Rosengewächse, Heidekrautgewächse, einige Rauhblattgewächse und Rachenblütler zugänglich sind. Bei Blattschneiderbienen (*Megachile*, 4,1 mm), Mauerbienen (*Osmia*, 4,8 mm) und Wollbienen (*Anthidium*,

Bei den Seidenbienen (Colletes sp.), hier an Echter Kamille, sind die meisten Arten in der Wahl ihrer Pollenquellen mehr oder weniger spezialisiert.

Die von Ende März bis Mitte Mai fliegende Sandbiene, Andrena vaga, ist eine streng oligolektische Art, die nur auf Weiden (Sal-, Grau-, Purpur-, Ohr-, Silber-, Lorbeer- und Schwarzweide) Pollen sammelt.

6,7 mm) umfaßt die Futterpflanzenliste bereits alle auch schwer ausbeutbaren Blütenbautypen wie Schmetterlings-, Lippen- und Rachenblütler, mit Ausnahme jener weniger Formen, deren Nektarien besonders tief liegen. Sie sind der letzten Gruppe vorbehalten, bei der die stärkste Verlängerung des Saugrüssels eingetreten ist: den Langhornbienen (*Eucera*, 7,6 mm), Holzbienen (*Xylocopa*, 8,4 mm) und Pelzbienen (*Anthophora*, 9,3 mm). Diesen langrüsseligen Blütengästen stehen auch die gewöhnlich als Hummelblumen bezeichneten Formen zur Nektarausbeute offen (KUGLER 1970).

Kropf-, Bauch- und Beinsammler

Das Ernten, also die Aufnahme des Pollens, kann mit den Mundwerkzeugen, dem Kopf, den Beinen, dem Hinterleib, ja letztlich mit der ganzen Körperoberfläche erfolgen, wobei sich die Tiere in den pollenreichen Blüten regelrecht wälzen und sich allseits mit Blütenstaub einpudern. Nach der Art und Weise des Pollentransportes lassen sich drei Typen unterscheiden, zwischen denen es mannigfache Übergänge gibt:

Die Kropfsammler: Die charakteristischen Vertreter dieser Gruppe sind in Mitteleuropa die urtümlichen Maskenbienen (*Hylaeus*). Diese kleineren, bis zu 10 mm langen, fast unbehaarten Solitärbienen besitzen zwar an ihren Beinen spärliche kurze Haare, die daran haftenden Blütenstaubkörner könnten jedoch nie den Pollenbedarf der Brut decken. Der Pollen wird daher verschluckt, zusammen mit dem Nektar im Kropf zum Nest gebracht und dort wieder erbrochen. Diese Art des Pollentransportes im Körper der Bienen stellt ein ursprüngliches Merkmal dar, doch betätigen sich auch die höher entwickelten Keulhornbienen (*Ceratina*) und die hummelartig behaarten Holzbienen (*Xylocopa*) überwiegend als Kropfsammler, auch wenn sie gelegentlich die stark behaarten Hinterbeine als Sammelapparat benutzen.

Die Beinsammler: Bei der Mehrzahl der Bienen wird der Pollen an der Körperoberfläche eingetragen. Demgemäß besitzen fast alle Arten eine mehr oder weniger reiche und längere Behaarung. Der zunächst über die ganze Körperoberfläche verstreute Pollen wird mit den Beinen ausgebürstet und in speziellen Sammelapparaten der Hinterbeine akkumuliert. Dabei werden Schenkel-Schienensammler (z. B. Sandbienen, *Andrena*), Schienensammler (z. B. Trugbienen, *Panurgus*) und Körbchensammler (Honigbiene, Hummeln) unterschieden. Bei letzteren ist der Pollenspeicher ausschließlich auf ein einziges Beinglied beschränkt. Von einem Teil der Beinsammler wird der Pollen trocken gesammelt und eingetragen. Trokkensammler sind u. a. Furchenbienen (*Halictius*), Seidenbienen (*Colletes*) und Trugbienen (*Panurgus*). Andere feuchten den Pollen vorher mehr oder weniger intensiv mit Nektar oder Honig an, z. B. Langhornbienen (*Eucera*), Sägehornbienen (*Melitta*), Schenkelbienen (*Macropis*) und manche Sandbienenarten (*Andrena*), sowie Honigbiene und Hummeln (KUGLER, 1970).

Die Bauchsammler: Eine ganz andere Art der Aufbringung des Blütenstaubes begegnen wir bei jenen Bienen, die den Pollen mittels einer dichten Behaarung auf der Unterseite des Hinterleibes aufsammeln. Eine kräftige, als Pollensammelapparat dienende Bauchbürste ist kennzeichnend für Wollbienen (*Anthidium*), Löcherbienen (*Heriades*), Scherenbienen (*Chelostoma*), Mauerbienen (*Osmia*), sowie Blattschneider- und Mörtelbienen (*Megachile*), die gemeinhin als Bauchsammler bezeichnet werden. Mit der steifen und gleichmäßig nach hinten gerichteten Behaarung der Bauchunterseite kön-

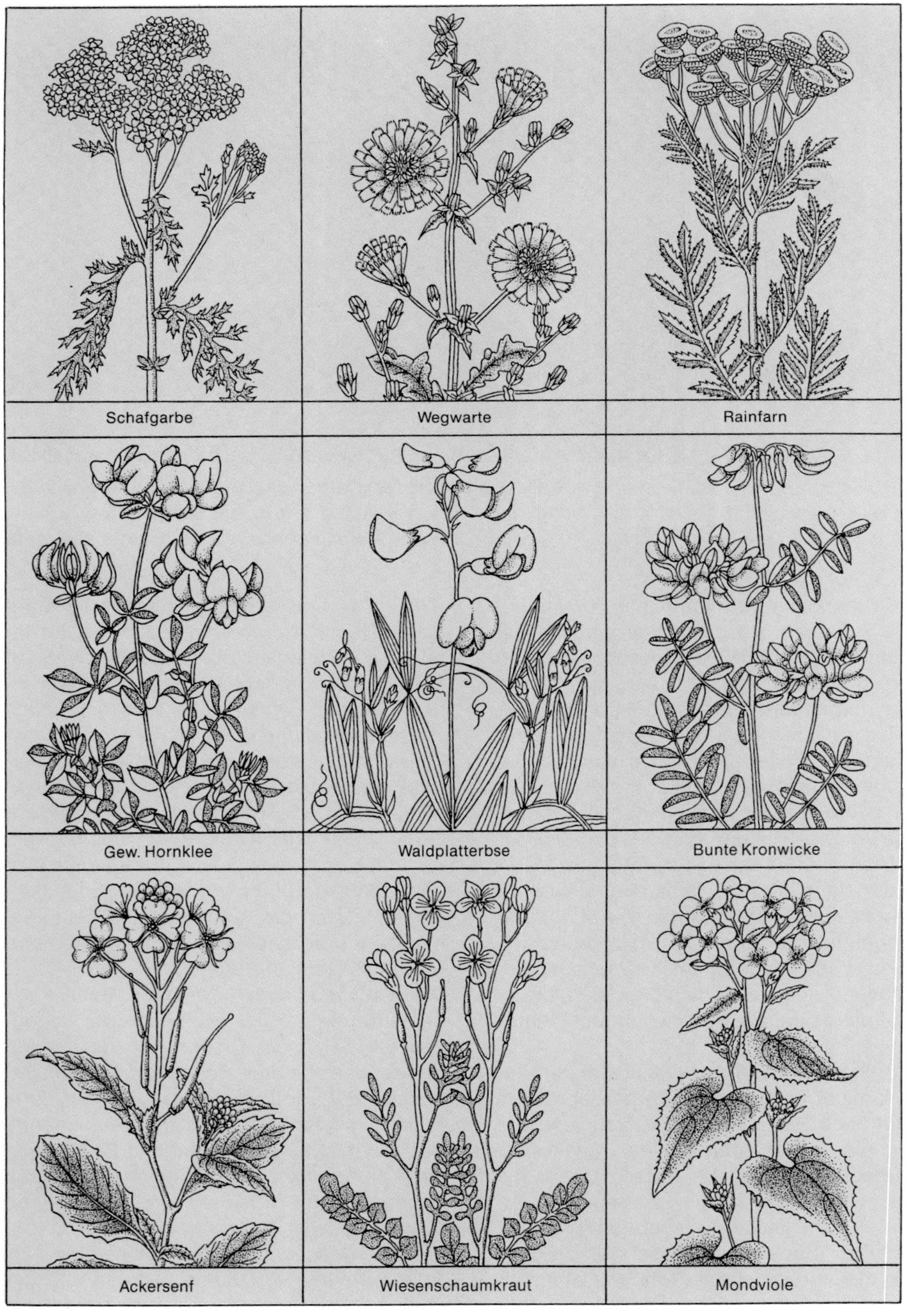

Einige Pollenspender auf eine bestimmte Pflanzenfamilie spezialisierter Wildbienenarten.

nen sie durch wiederholtes Rückwärtsbewegen des Körpers beachtliche Mengen von Blütenstaub aus den Antheren herausbürsten und in den Zwischenräumen der Bauchbürste nach Hause tragen.
Die folgende Übersicht versucht eine Auflistung für Wildbienen wichtiger Pollen- und Nektarspender, die je nach ihren Standortansprüchen hinsichtlich Besonnung, Feuchtigkeit usw. verschiedenen Lebensräumen zugeordnet wurden. Aus Raumgründen werden in mehreren Biotopen vorkommende Pflanzenarten jeweils nur einmal aufgeführt.

Für Wildbienen bedeutsame Pollen- und Nektarpflanzen

Wechseltrockene bis mäßigfeuchte Standorte (Extensiv genutzte Wiesen und Weiden):
Gemeiner Löwenzahn, Herbst-Löwenzahn, Rauher Löwenzahn, Wiesen-Pippau, Kleinköpfiger Pippau, Wiesen-Habichtskraut, Gänseblümchen, Margerite, Wiesen-Schafgarbe, Wiesen-Flockenblume, Wiesen-Schaumkraut, Wiesen-Salbei, Gundelrebe, Kriechender Günsel, Gamander-Ehrenpreis, Wiesen-Kerbel, Pastinak, Wiesen-Bärenklau, Scharfer Hahnenfuß, Futter-Esparsette, Hornklee, Weißklee, Roter Wiesenklee, Luzerne, Wiesen-Platterbse, Wiesen-Glockenblume, Wegericharten, Wiesen-Knautie.

Trocken-sonnige Standorte (Trockenrasen, Magerrasen, steinige Hänge, Felsen):
Berg-Steinkraut, Felsen-Steinkraut, Frühlings-Fingerkraut, Hufeisenklee, Wundklee, Sichelklee, Hasenklee, Dorniger Hauhechel, Kriechender Hauhechel, Bunte Kronwicke, Gemeines Ferkelkraut, Kleines Habichtskraut, Doldiges Habichtskraut, Rauher Alant, Färberkamille, Skabiosen-Flockenblume, Rispen-Flockenblume, Pfirsichblättrige Glockenblume, Rundblättrige Glockenblume, Büschel-Glockenblume, Rapunzel-Glockenblume, Berg-Jasione, Sandglöckchen, Wilde Möhre, Großer Ehrenpreis, Garten-Salbei, Heil-Ziest, Thymian, Edelgamander, Wilder Majoran, Runder Lauch, Kugellauch, Berglauch, Gelbes Sonnenröschen, Taubenskabiose, Weißer Mauerpfeffer, Scharfer Mauerpfeffer, Felsen-Fetthenne, Dach-Hauswurz.

Sandig-steinige, eher trockene Standorte (Ödland, Schuttplätze, Wegraine, Bahndämme):
Rote Taubnessel, Hirtentäschel, Pfeilkresse, Graukresse, Raps, Hederich, Weißer Senf, Ackersenf, Wegrauke, Orientalische Rauke, Orientalische Zackenschote, Knolliger Hahnenfuß, Gänsefingerkraut, Kriechendes Fingerkraut, Klatschmohn, Rosenmalve, Wegmalve, Wilde Malve, Gemeine Ochsenzunge, Natternkopf, Boretsch, Acker-Glockenblume, Acker-Winde, Weißer und Gelber Steinklee, Wilde Resede, Färber-Resede, Mutterkraut, Acker-Hundskamille, Geruchlose Kamille, Einjähriges Berufkraut, Gemeines Greiskraut, Gemeine Kratzdistel, Acker-Kratzdistel, Krause Distel, Nickende Distel, Acker-Gänsedistel, Kugeldistel, Eselsdistel, Rainfarn, Wegwarte, Gemeines Bitterkraut, Kanadische Goldrute, Feld-Mannstreu, Sichelmöhre, Leinkraut, Königskerze, Gemeine Nachtkerze.

Feuchte Standorte (Gräben, Uferbereiche, Feucht- und Naßwiesen, Sumpfgelände):
Sumpfdotterblume, Gemeiner Beinwell, Echtes Barbarakraut, Gemeiner Huflattich, Sumpf-Kratzdistel, Sumpf-Pippau, Großes Flohkraut, Echter Alant, Wiesen-Alant, Wasserdost, Blutweiderich, Gemeiner Gilbweiderich, Pfennig-Gilbweiderich, Kriechender Hahnenfuß, Echter Baldrian, Bittersüßer Nachtschatten, Mädesüß, Aufrechtes Fingerkraut, Sumpf-Hornklee, Hoher Steinklee, Sumpfziest, Roßminze, Drüsiges Springkraut, Teufelsabbiß.

Wechseltrockene, halbschattige bis schattige Standorte (Wald-, Gebüsch- und Heckensäume):
Hohler Lerchensporn, Wald-Schlüsselblume, Wiesen-Schlüsselblume, Scharbockskraut, Lungenkraut, Große Sternmiere, Weiße Taubnessel, Gefleckte Taubnessel, Salbeiblättriger Gamander, Aufrechter Ziest, Wirbeldost, Schwarznessel, Frühlings-Platterbse, Wald-Platterbse, Zaunwicke, Vogelwicke, Staudenwicke, Wolliger Hahnenfuß, Weiße und Rotbeerige Zaunrübe, Nesselblättrige Glockenblume, Giersch, Wald-Engelwurz, Hecken-Kälberkropf, Johanniskraut, Jakobs-Greiskraut, Weiden-Alant, Wald-Weidenröschen, Eibisch.

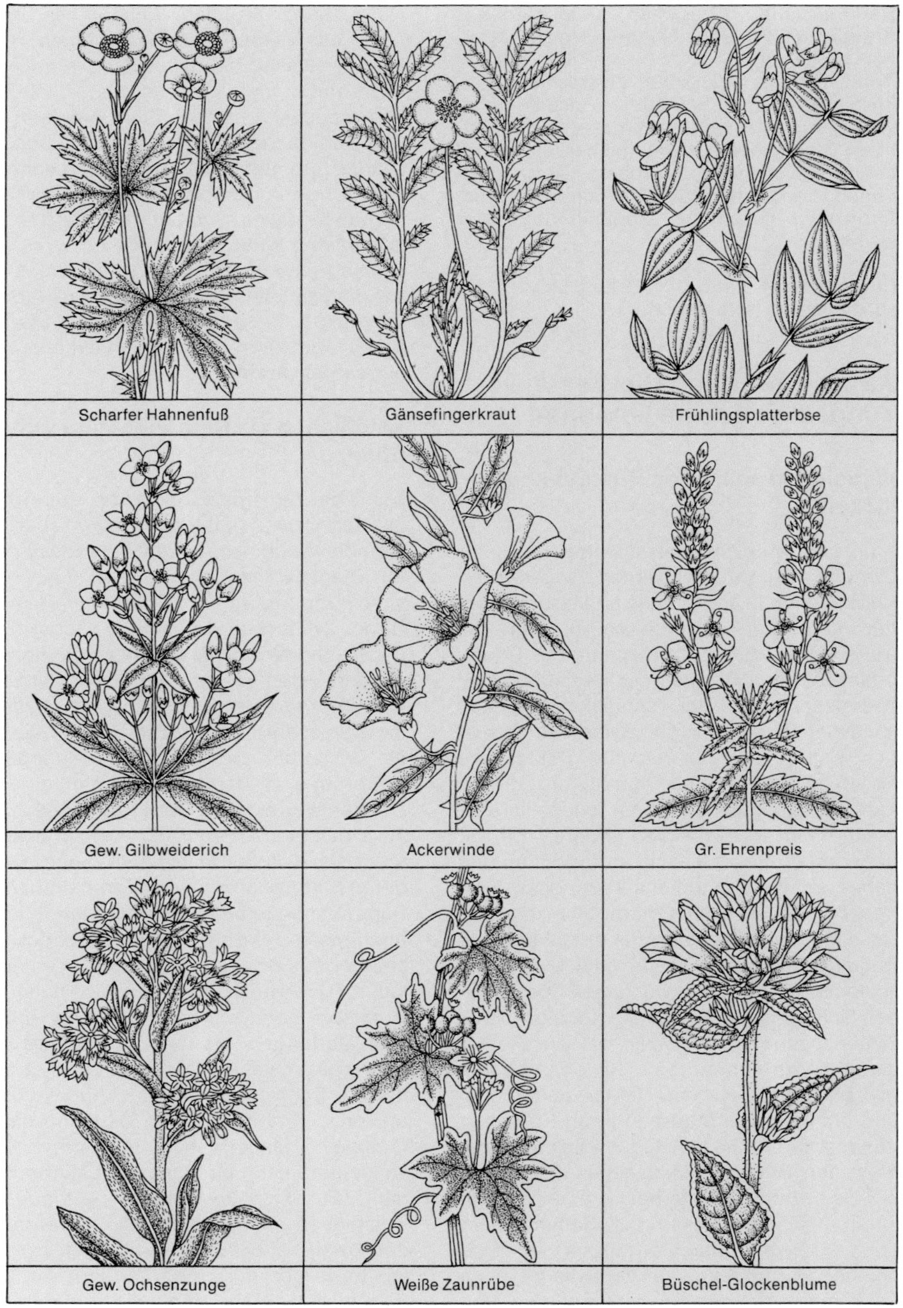

Einige Pollenspender auf eine bestimmte Pflanzengattung spezialisierter Wildbienenarten.

Bäume und Sträucher verschiedener Standorte (Wälder, Feldgehölze, Hecken, Parks, Gärten):
Apfel, Birne, Süßkirsche, Zwetschge, Aprikose, Pfirsich, Schlehe, Felsenkirsche, Weißdorn, Brombeere, Himbeere, Heckenrose, Stachelbeere, Johannisbeere, Heidelbeere, Preiselbeere, Faulbaum, Roter Hartriegel, Berberitze, Liguster, Weidenarten, Ahornarten, Stieleiche, Sommer- und Winterlinde.

Unterstrichen sind die Pollenspender für spezialisierte Wildbienen.

Kaum gewürdigt: Die Bestäubungsarbeit der Wildbienen

Wildbienen schließen Bestäubungslücken

Aufgrund ihrer hochentwickelten Tanzsprache und ausgeprägten Blütenstetigkeit sind Honigbienen in erster Linie an Massentrachten interessiert, wodurch sie vor allem bei frei abblühenden landwirtschaftlichen Nutzpflanzen einen Großteil der Bestäubung sicherstellen. Für das schlagkräftige und leicht lenkbare Heer der Sammlerinnen ist nur wichtig, daß die reichlich Nektar und Pollen liefernden Blüten in möglichst großer Zahl vorkommen und eine rationelle Ausbeute erlauben. Bei vielen anderen, oft nur in geringer Individuenzahl auftretenden und daher von der Honigbiene kaum oder überhaupt nicht beachteten Blütenpflanzen spielen dagegen Wildbienen die entscheidende Rolle als Bestäuber. Ihre Artenfülle und spezifischen Sammelmechanismen gestatten den Solitärbienen zudem ein noch größeres Blütenspektrum zu nutzen als die Honigbiene. Hinzu kommt, daß Honigbienen den geernteten Pollen mit Nektar anfeuchten und als verklebte Masse in ihren Körbchen transportieren. Die meisten Wildbienen sammeln den Blütenstaub dagegen trocken in der Bein- und Bauchbehaarung, so daß bei ihnen auch der Pollen der Sammelhaare noch der Bestäubung dienen kann, während bei der Honigbiene nur der wenige beim Auskämmen in der Körperbehaarung verbleibende Pollen dafür in Frage kommt. Nicht zuletzt besitzen Honigbienen, verglichen mit vielen Wildbienen, einen relativ kurzen Rüssel, so daß Blüten mit langen Kronröhren und Spornen als Pollen- und Nektarquelle von ihnen nicht beflogen werden. Zahlreiche Wildpflanzen, darunter auch seltene und gefährdete Arten, sind daher für ihre Befruchtung obligatorisch auf Wildbienen angewiesen, wie auch umgekehrt eine artenreiche Wildbienenfauna für ihren Fortbestand eine vielfältige Flora benötigt. Dieses eingespielte System wechselseitiger Abhängigkeit kann geradezu als „Ökologisches Rückgrat" vieler Landlebensräume betrachtet werden.

Wildbienen als Bestäuber von Kulturpflanzen

Auch bei der Bestäubung von Kulturpflanzen vermögen Wildbienen Lücken zu schließen, die durch den Ausfall varroageschädigter Bienenvölker immer deutlicher in Erscheinung treten. An Obstbäumen (Apfel, Birne, Zwetschge, Pflaume, Kirsche) treten neben den bereits erwähnten Hummeln besonders Arten aus den Gattungen der Sandbienen (*Andrena*), Furchenbienen (*Halictus, Lasioglossum*) und Mauerbienen (*Osmia*) als Bestäuber auf. Vor allem bei größerer Entfernung zu den nächsten Honigbienenstöcken wurden unter den Blütenbesuchern an Obstbäumen über 80% Wildbienen in mehr als 30 Arten festgestellt. Auch bei anderen Kulturpflanzen wie Beerensträuchern, Raps, Sonnenblumen, Gurken und Futterleguminosen rekrutieren sich wichtige Bestäuber aus den Reihen der Wildbienen. Allein für Luzerne wurden in Europa außer den Hummeln noch mehrere Arten der folgenden Gattungen als bestäubungsrelevante Blütenbesucher ermittelt: Sandbienen (*Andrena*), Schwebebienen (*Melitturga*), Graubienen (*Rhophitoides*), Sägehornbienen (*Melitta*), Mauerbienen (*Osmia*), Blattschneiderbienen (*Megachile*), Langhornbienen (*Eucera*), Pelzbienen (*Anthophora*), Holzbienen (*Xylocopa*). Der Schwerpunkt der jeweils effektivsten Gattungen bzw. Arten ist in den einzelnen Ländern verschieden. In den USA wurde bereits in den 50er Jahren die nordamerikanische Alkali-Biene (*Nomia melanderi*) zur Luzernebestäubung eingesetzt, wobei sich deren Siedlungsdichte bis zu 2000 Nester/m^2 erhöhen ließ. Ebenfalls in den USA und 20 weiteren Ländern wird die in Mitteleuropa als Wildform seltene Luzerne-Blattschneiderbiene (*Megachile rotundata*) mit großem finanziellen Aufwand vermehrt und ähnlich wie die Honigbiene in transportablen Blockbeuten zum Bestäubungseinsatz (2000–10 000 Tiere/ha) gebracht. Bei einer Bestäubungsrate von über 90% konnten in Neuseeland Saatguterträge von 300–750 kg/ha erzielt werden, während aus Ungarn Mehrerträge von 50 kg/ha gemeldet werden. Inzwischen hat man begonnen, noch weitere Wildbienenarten in speziellen Instituten hinsichtlich ihrer Eignung als Bestäubungsinsekten zu untersuchen, um sie als Erntehelfer für den Pflanzenanbau systematisch nutzbar zu machen. Bewährt haben sich verschiedene Mauer-, Blattschneider- oder Pelzbienenarten schließlich noch in Gewächshäusern, wo sie als Einzeltiere oder in sehr kleinen Beständen problemlos zu Bestäubungszwecken, z. B. bei der Pflanzenzüchtung eingesetzt werden können (nach P. WESTRICH, 1990; M. DORN/D. WEBER, 1988).

Bedrohlicher Artenschwund auch bei Wildbienen

Verknappung des Nistplatzangebotes

Unbemerkt von der Öffentlichkeit ist, mit zunehmender Beschleunigung in den letzten 30 Jahren, auch die Artenzahl der Wildbienen und solitär lebenden Wespen drastisch zurückgegangen. Eine der Hauptursachen liegt in der sicher nicht beabsichtigten, doch gravierenden Verknappung des Nistplatz- und Nahrungsangebotes. Durch fortschreitende Nutzungsintensivierung, Landschaftsversiegelung, Aufforstungs- und Rekultivierungsmaßnahmen, ja selbst durch Freizeitaktivitäten werden zahlreiche, oft artspezifische Niststätten gefährdet oder völlig zerstört. Am stärksten betroffen sind die Bodennister offener, trocken-warmer Sandgebiete, aber auch wärmeliebende Lehmboden- und Lößwandbewohner. Nistplätze für Bodenbrüter verschwinden ferner durch Asphaltierung, Betonierung und Verschotterung von Sand-, Lehm- und Pflasterwegen. Durch Ausräumung und Monotonisierung der Landschaft im Zuge von Flurbereinigungen und Rebumlegungen werden die Nisthabitate all jener Arten stark beeinträchtigt, die auf bestimmte Kleinstrukturen in der offenen Landschaft angewiesen sind, wie Lesesteinhaufen, Trockenmauern, Abbruchkanten, Hohlwege, Hecken, Feldraine, Böschungen, Brachland sowie andere ungenutzte Restparzellen. Bestandsrückgänge sind darüber hinaus bei den oft spezialisierten Stengel- und Holzbrütern der Röhricht- und Auwaldgebiete zu verzeichnen. Holz- und Stengelbewohner sind aber auch durch die Beseitigung von Totholzstrukturen und Altholzbeständen in Wäldern, Streuobstwiesen, Gärten und Parks gefährdet, sowie durch das Abbrennen von Brombeer- und Himbeergestrüpp oder von Staudenfluren auf trockenwarmen Ruderalstellen. Selbst kulturfolgende Arten, die in Lehmwänden von Fachwerkhäusern und in Ritzen unverputzter Gebäude nisten, leiden durch moderne Bauweisen oder Sanierungsmaßnahmen zur Dorferneuerung und Siedlungsentwicklung heute unter Wohnungsnot.

Vermindertes Nahrungsangebot

Der vielerorts zu beklagende Rückgang blütenreicher Pflanzenbestände gründet teilweise in den gleichen Ursachen wie die soeben kurz aufgezeigte Einbuße von Nistplätzen: Lichte Laub- oder Laubmischwälder mit ihrer reichen Bodenvegetation müssen noch immer dunklen Fichtenmonokulturen weichen. Die Beseitigung von Feldrainen, Hekken, Trockenrasen und Brachflächen hat ebenso zu einer floristischen Verarmung ganzer Landstriche beigetragen, wie die intensive Mahd- bzw. Weidenutzung im Wirtschaftsgrünland oder die Ausbringung überhöhter Düngegaben im Agrarbereich. Wegränder, Straßenböschungen, Ufersäume, Hochwasserdämme oder Gebüschränder, wie auch Ruderalstellen im Siedlungsbereich, die sich normal mit einem üppigen Blütenflor begrünen, wurden durch übertriebene und nivellierende Pflegemaßnahmen in ökologisch tote Grünstreifen verwandelt. Rigorose und gedankenlose Einsätze von Unkrautvernichtungsmitteln auch außerhalb von Wirtschaftsflächen führen selbst bei nur einmaliger Anwendung zur Blütezeit nicht selten zum schlagartigen Entzug des gesamten Pollen- und Nektarangebotes, was nicht nur bei hochspezialisierten Arten den Zusammenbruch ganzer Bienenpopulationen zur Folge haben kann. Ähnliches gilt für Insektenvernichtungsmittel, die als Fraßgifte mit dem Pollen in die Brutzellen gelangen und die Larven vernichten können. Doch selbst wenn nicht in die Blüten gespritzt wird, können Insektizide als Kontaktgifte zur tödlichen Gefahr werden, da sich fast alle Wildbienen gerne auf Blätter, Zweigen oder Stämmen niederlassen, um sich auszuruhen oder zu sonnen. Besonders verhängnisvoll wirken sich Pestizideinsätze in Gärten und Anlagen aus. Hier wachsen auf kleinstem Raum so viele Pflanzen, daß eine Anwendung von Insektiziden nicht zu verantworten ist.

Mögliche Schutzmaßnahmen

Ökologisch sinnvoller Wildbienenschutz läßt sich nur über die Erhaltung von Lebensräumen einschließlich aller für Solitärbienen lebensnotwendigen Requisiten (Nistplätze, Nahrungspflanzen, Baumaterialien, Überwinterungsquartiere) realisieren. Zu berücksichtigen ist dabei, daß Niststätte und Nahrungsraum einzelner Arten nicht immer zusammenfallen. Dies muß auch bei der Ausweisung ausreichend großer Schutzgebiete bedacht werden, die neben den Nahrungsbiotopen mehrere Niststätten eines Typs in maximal 1000 m Entfernung voneinander umfassen sollten. Von gleicher Dringlichkeit erweist sich die Erhaltung und Entwicklung ebenfalls miteinander vernetzter Habitate außerhalb von Schutzgebieten. Als Naturschutzgebiete oder (Klein-) Lebensräume in der Gesamtlandschaft sind insbesondere zu sichern: Binnen- und Küstendünen, Flugsandfelder, Magerrasen, Sand- und Bergheiden, Weinbergbrachen, Felsfluren und Abwitterungshalden, Großröhrichte und Landschilfbestände, Streuwiesen, Weichholz- und Hartholzauen, Sand-, Kies- und Lehmgruben, Lößwände, Hohlwege, Abbruchkanten, Dämme, Trockenmauern, Sand- und Lehmwege, Feldraine, Hecken, Altholzbestände, Lichtungen, Waldränder, Streuobstwiesen, Hochstauden- und Ruderalfluren, alte Zaunpfähle, Holzschuppen, Lehmfachwerke, ried- und strohgedeckte Dächer (von Drachenfels 1982, Westrich 1990).

Eine wichtige Voraussetzung für den Fortbestand von Bienenpopulationen ist das Vorhandensein ausreichender und für die Bienen nutzbarer Pollenquellen. Wie aus der auf S. 70 wiedergegebenen Aufzählung ersichtlich wird, gehören viele der rund 400 für heimische Wildbienen bedeutsamen Blütenpflanzen zur Ruderal- und Pioniervegetation im weiteren Sinne, Ackerwildkräuter miteingeschlossen. Eine große Rolle spielen ferner Arten trocken-warmer Standorte, aber auch schattiger, feuchter bis nasser Biotope. Für ein Überleben spezialisierter Bienen ist dabei wichtig, daß innerhalb ihres Aktionsraumes mehrere nah verwandte Pflanzenarten mit langer Blühzeitfolge wachsen, so daß witterungsbedingte Ausfälle durch später blühende Arten kompensiert werden können. Die so gebotene floristische Vielfalt macht es dringend erforderlich, die Anwendung auch selektiv wirkender Herbizide auf das absolut notwendige Maß zu beschränken und außerhalb von Wirtschaftsflächen ganz zu unterlassen. Doch sollte auch auf dem bewirtschafteten Kulturland eine gewisse Begleitflora, z. B. im Acker- und Weinbau, geduldet werden. Untersuchungen haben gezeigt, daß die Erträge nicht darunter leiden: Zum einen wechseln manche Schädlinge erst mit dem Verschwinden der Unkräuter auf Nutzpflanzen über, zum anderen können auf den Begleitpflanzen lebende Nützlinge ein Massenauftreten von Schädlingen verhindern. Bisher kaum genutzte Maßnahmen zum Wildbienenschutz lassen sich, wie im folgenden kurz aufgezeigt werden soll, nicht zuletzt auch im Siedlungsbereich durchführen, wenngleich von den sich hier bietenden Möglichkeiten nur etwa 10% des gesamten Artenspektrums profitieren dürften.

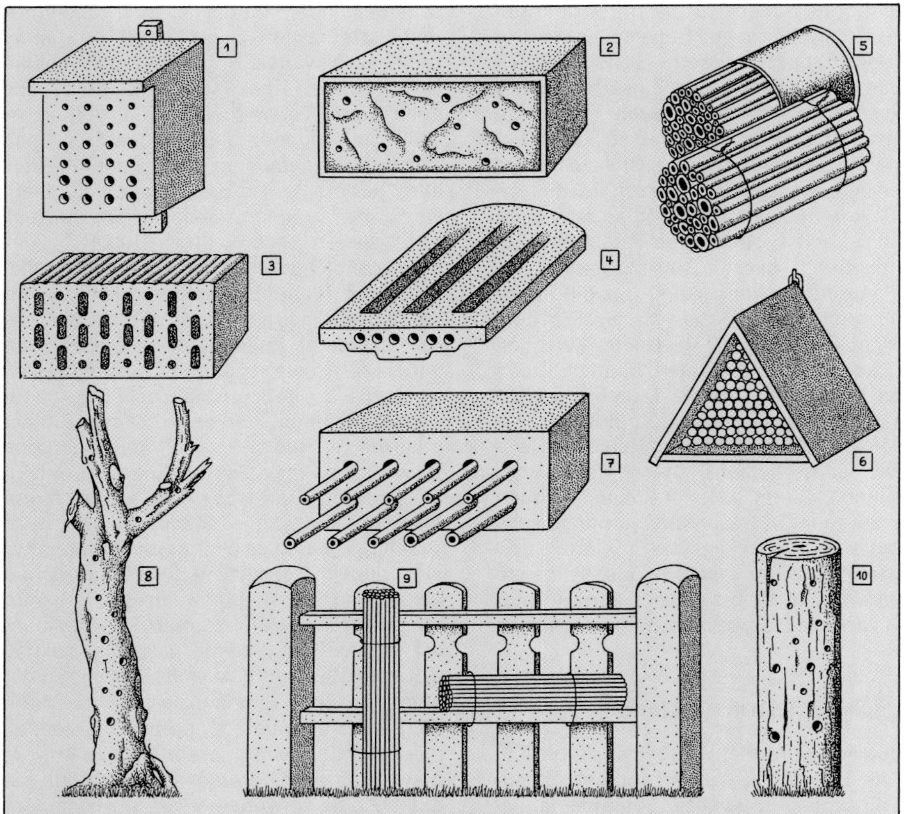

1 Hartholzblock	2 Lößlehm-Kasten	3 Ziegelstein	4 Dachhohlziegel	5 Schilfrohrstengel
6 Strohhalme	7 Bambusrohre	8 Totholz	9 Markhaltige Zweigbündel	10 Zaunpfahl

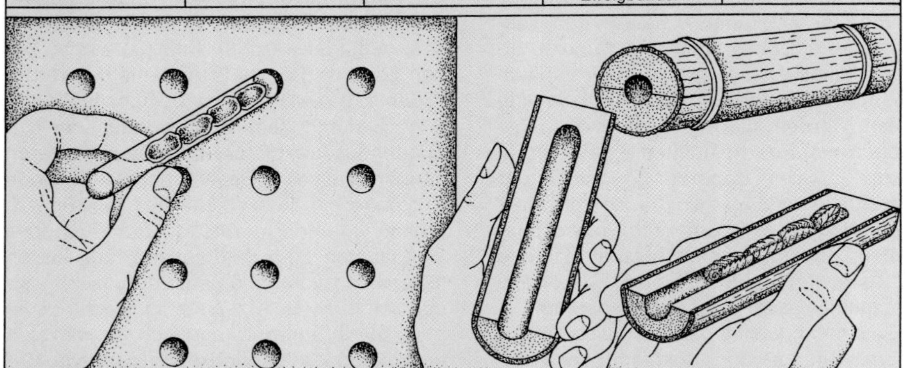

Nisthilfen für Beobachtungszwecke: Einsatzröhrchen aus Glas (l), Niströhrchen aus Holz (r.)

Nisthilfen für oberirdisch nistende Wildbienenarten (z. T. nach M. CHINERY, 1978).

Wildbienenschutz im Siedlungsbereich (z. T. nach P. WESTRICH)

Verbesserung des Nistplatzangebotes

Während die Anfertigung und das Aufhängen von Nistgeräten für Vögel die wohl populärste Artenschutzmaßnahme darstellt, sind Nisthilfen für Wildbienen trotz zahlreicher Publikationsversuche in weiten Kreisen der Bevölkerung vielfach unbekannt. Dabei sind Hilfsmaßnahmen zur Ansiedlung und Vermehrung von Solitärbienen schnell und einfach von jedermann durchführbar. Auch können diese künstlichen Behausungen an nahezu jedem geschützten und sonnigen Ort und auf kleinstem Raum (Balkon) selbst inmitten von Städten aufgestellt werden. Am leichtesten und effektivsten kann man Solitärbienen helfen, die bereits vorhandene Hohlräume als Brutstätte beziehen.

Einfache Nisthilfen für Hohlraumbewohner

Niströhren aus verschiedenem Material
Die wohl einfachste Möglichkeit besteht darin, Bambusrohr mit einem Innendurchmesser von 3–10 mm so in Stücke zu sägen, daß jedes der entstehenden Stücke ein offenes und ein durch einen Knoten verschlossenes Ende aufweist. Noch vorhandenes Mark wird vom Eingang her etwas ausgeräumt. Diese Bambusstäbe können auf einem waagrechten Brett und in mehreren Etagen mit einer Lehmpackung befestigt werden (FRIESE 1914), in die Löcher von Bauziegeln gesteckt oder in dichter Bündelung regensicher in PVC-Rohre und Konservenbüchsen untergebracht werden. Ebenso kann man mit Schilf-, Stroh- oder Trinkhalmen verfahren; füllt man zuerst etwas Gips in die jeweiligen Behälter, sitzen die Niströhrchen fester und fallen nicht heraus. Die Verwendung von verdunkelten Glas- und Kunststoffröhrchen erlaubt zwar interessante Einblicke in das Nestinnere, das sich bildende Kondenswasser läßt jedoch den Nahrungsvorrat der Brutzelle leicht verpilzen. Will man, z. B. im schulischen Bereich, trotzdem nicht auf diese Beobachtungsmög-

lichkeit verzichten, sollte man im ersten Jahr nicht zu viele andere Nisthilfen anbieten, um die Bienen auch zur Besiedlung der weniger attraktiven Glasröhren zu zwingen. Letztere können auch in Nisthilfen aus Holz eingesetzt werden. Am besten bewährt hat sich ein im Freilandlabor Dönche eigens für Beobachtungszwecke entwickelter Insektennistkasten (Bezugsquelle: Schulbiologiezentrum, 35216 Biedenkopf). Dieser Kasten enthält atmungsaktive Holzröhrchen unterschiedlicher Größe mit aufgelegtem Glasstreifen, so daß ein Verlust durch Schimmelbildung verhindert wird (s. Abbildung rechts).

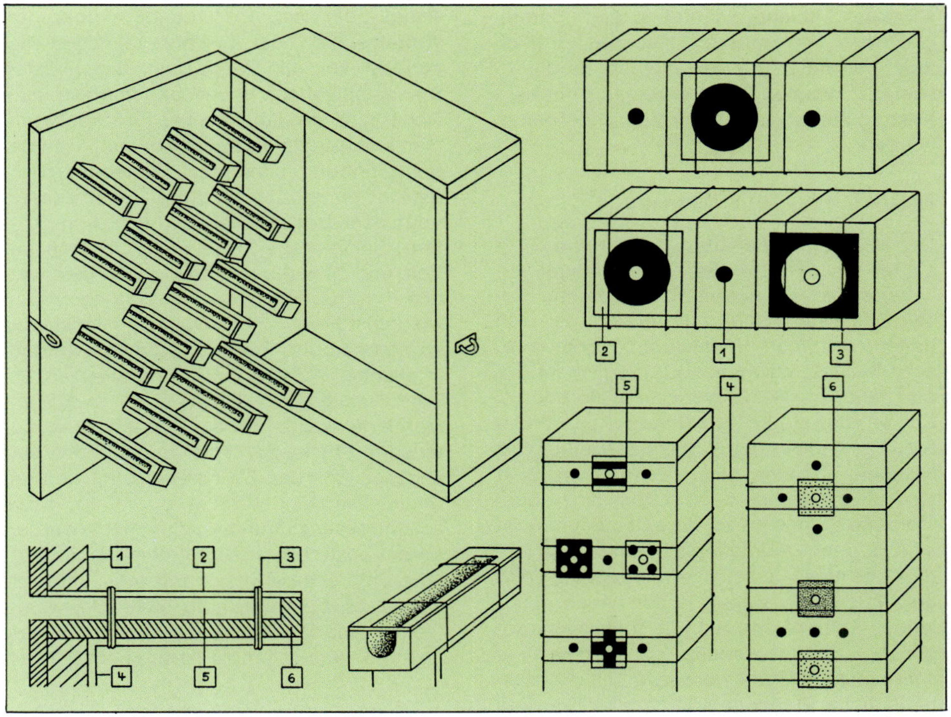

***Beobachtungskasten** (links): 1 Türinnenseite, 2 Glasabdeckung, 3 Gummiband, 4 Metallträger, 5 Niströhre, 6 Nistholz (nach Hedewig, 1988). **Nisthölzer für Stockeingangsdressuren** (rechts): 1 Andressurort, 2 Erste Wahlmaske, 3 Zweite Wahlmaske, 4 Nisthölzer, 5 Formdressur, Andressur oben und unten, Wahlversuch in der Mitte, 6 Farbdressur, Andressur oben, Wahlversuch unten. Schwarze Eingänge verschlossen (nach Hallmen, 1989).*

Nisthölzer

Weitere Nistmöglichkeiten für Hohlraumbrüter bieten Nistklötze aus chemisch unbehandeltem Holz. Geeignet ist jedes Stück Holz von der Größe eines Ziegelsteins aufwärts bei einer Stärke von 12–15 cm: Stammabschnitte, dickere Äste, Baumscheiben, Rund- und Kanthölzer. Damit die von Menschenhand angelegten Bohrungen bei feuchter Witterung nicht zuquellen, sollten nur Harthölzer (Eiche, Buche, Esche) Verwendung finden. Auch bevorzugen Solitärbienen Röhren mit glatten Wänden, so daß sich Nadelholz auch wegen seiner groben Fasern schlecht eignet. Bei einem Durchmesser von 2–10 mm kann die Tiefe der Nistgänge eine ganze Bohrerlänge erreichen. Damit die späteren Einmieter die jeweils für sie passende Brutröhre auswählen können, empfiehlt sich eine Kombination verschieden großer Gänge, doch sollten Bohrweiten von 3–6 mm in der Mehrzahl vorhanden sein. Zwischen den größeren Bohrungen ist ein Abstand von etwa 2 cm einzuhalten, um ein Reißen des Holzes zu vermeiden. Mit einem kleinen Regendach versehen und bei Bedarf mit Maschendraht vor Vögeln geschützt, können die Nisthölzer in sonniger und wettergeschützter Lage an Gebäuden, Mauern, Pfosten und Bäumen angebracht werden. Die Nisthilfen dürfen allerdings nicht hin und her baumeln oder vom Blattwerk der Bäume verdeckt sein. Bei mit Löchern versehenen Hartholzpfosten, die länger als ein Meter sind, ist auch eine Freiaufstellung im Garten möglich. Für Beobachtungszwecke kann man aufklappbare Nestgänge fertigen oder käuflich erwerben (V. Fockenberg, Bussardstr. 62, 46282 Dorsten): Ein entsprechend großes Kantholz wird mit einer Bohrung versehen und danach so aufgesägt, daß sich in der unteren Hälfte die größere Bohrrinne befindet. Beide Hälften werden miteinander verschraubt und erlauben so jederzeit einen vorsichtigen Blick in das Nestinnere. Eine einfachere Variante stellen gehälftete und durch Gummi zusammengehaltene Bambusrohre dar.

Niststeine

Für Wildbienen, die im Mauerwerk nisten, sind im Handel ferner Nistblöcke aus Holzbeton (Fa. Schwegler, Heinkelstr. 35, 73614 Schorndorf), gebranntem Ton, sowie sogenannte Hohlstrangfalzziegel (M. Jungmeier, Landshuterstr. 130, 94315 Straubing) erhältlich. Letztere können beim Bau einer Trokkenmauer oder als Mauerabdeckung verwendet, aber auch nur einfach aufeinander gestapelt werden. Natürlich kann man mit einem Steinbohrer auch Ziegelsteine (Klinker), Basalt oder Granitblöcke mit Nistgängen versehen. Solche Steine an geschützter und sonniger Stelle in Einzelaufstellung angeboten oder in das Mauerwerk eingebaut, können ebenfalls eine dauerhafte und preiswerte Nisthilfe sein. Vorteilhaft ist es, wenn die Gänge durch entsprechende Aufstellung oder Bohrung leicht ansteigen, damit kein Regenwasser einläuft. Untauglich für unser Vorhaben sind Ytong- oder Bimssteine, da sie wegen ihrer Wasseraufnahme die Verpilzung des Larvenproviantes fördern. Sämtliche Nisthilfen müssen selbstverständlich auch im Winter draußen bleiben, da die Insekten in warmen Räumen vorzeitig aus dem Nest schlüpfen und dann zugrunde gehen würden.

Nisthilfen für Totholzbewohner

Gewisse Wildbienenarten richten ihre Brutstätten bevorzugt in mehr oder weniger verwittertem oder schon mürbem Holz ein. Diesen Holznistern kann man bereits dadurch helfen, daß man Baumstümpfe oder morsche Wurzeln wo immer nur möglich im Boden läßt, sowie halbverrottete Holzklötze, Balken und starke Aststücke an passender Stelle gestapelt oder in Einzelaufstellung als Nisthilfe anbietet. Von besonderem Wert sind alte, teilweise oder schon ganz abgestorbene Bäume (besonders Obstbäume). Ist eine Rodung unumgänglich, sollte man wenigstens einen Teil des Baumes bis zur völligen Verrottung stehen lassen. Auch anfallendes Stamm- und Astholz sollte nicht sogleich verbrannt, sondern mindestens zwei Jahre offen gelagert werden, damit die darin befindliche Bienenbrut noch eine Entwicklungschance hat. Einen gewissen Ersatz bilden alte hölzerne Zaunpfähle, die auch von Faltenwespen zum Abnagen von Nistmaterial aufgesucht werden. HAESELER (1979) konnte an einem Zaun mit 86 etwa 60jährigen Pfählen bis zu 46 Bienen- und Wespenarten feststellen, davon 6 Bienenarten, 2 solitäre Faltenwespen- und 9 Grabwespenarten nistend. Müssen Zaunpfähle erneuert werden, sollten die alten neben den neuen Pfählen stehen bleiben.

Nisthilfen für Bewohner markhaltiger Stengel

Manche Wildbienenarten (und Lehmwespen) nagen ihre Brutröhren in das weiche Mark abgebrochener oder abgeschnittener Zweige oder Stengel von Brombeere, Himbeere, Holunder, Heckenrose, Sommerflieder, Forsythia, Königskerze, Disteln und Doldengewächsen. Wer in Gärten und Anlagen in Frage kommende Stauden und Sträucher nicht aus übertriebenem Ordnungssinn beseitigt oder verbrennt, sondern über den Winter stehen läßt, bewahrt manches Bienennest vor der Zerstörung. Die meisten Stengelbewohner haben ohnehin nur eine Generation im Jahr, so daß ihre Nachkommen erst in zehn bis zwölf Monaten nach der Nestgründung schlüpfen. Abgeblühte Königskerzen und Disteln dürfen jedoch knapp über dem Boden abgeschnitten, von Blättern, Seitentrieben und Fruchtständen befreit und den Winter über getrocknet werden. Im Frühjahr können die Stengel dann wieder im Freien in den Boden gesteckt oder an Stangen und Pfählen gebunden werden. In gleicher Weise können Brombeerranken, Himbeerruten, sowie Holunder- und Sommerfliederzweige mit der Rebschere in meterlange Stücke geschnitten, gebündelt und an Gebäuden und Zäunen befestigt werden. Damit die Bündel nicht durch zu große Feuchtigkeitsaufnahme schimmeln, werden sie am besten senkrecht entlang eines Gartenzauns, einer Bretterwand oder unter einem Dachvorsprung aufgestellt. Bei waagrechter Anbringung ist ein entsprechender Abstand vom Boden zu berücksichtigen.

Nisthilfen für Bodenbrüter

Sand-Lehm-Böschungen

Auch die zahlreichen Bodenbrüter unter den Solitärbienen (und -wespen), die in flachen Hanglagen oder im ebenen Boden nisten, leiden heute unter Wohnungsnot. Sie bevorzugen sandiges oder lehmigers, nicht zu feuchtes, aber dafür sonniges Gelände, vor allem trocken-warme, schütter bewachsene Böschungen. Seitdem sich pflegeleichte Bodendecker in Garten und Park immer größerer Beliebtheit erfreuen, sind Lebensräume dieser Art auch im Siedlungsbereich bereits rar geworden. Ersatz kann zumindest teilweise durch das Aufschütten künstlicher Böschungen von sandigem Lehm oder Löß geschaffen werden, notfalls kann auch Rohboden, wie er bei der Anlage eines Teiches oder anderer Bauarbeiten anfällt, Verwendung finden, wobei auf eine nachträgliche Abdeckung mit humusreichem Oberboden unbedingt verzichtet werden sollte. Im oberen Bereich natürlich gewachsener Böschungen, an Hängen oder beim Wegebau lassen sich ferner mit dem Spaten niedrige, etwa 20–30 cm hohe Abbruchkanten als potentielle Nisträume schaffen. In Gebieten mit sandigem Untergrund kann auch ebenes Terrain als Nistplatz angeboten werden. Schon auf einer Fläche von 1 m^2 läßt sich geeignetes Bauland für Solitärbienen schaffen, indem man den Humusbelag entfernt und bei Bedarf noch zusätzlich mit Sand oder Kies weiter abmagert. Wichtig ist, an diesen Stellen weder zu graben, zu harken, zu wässern oder zu düngen. Lediglich die sich im Laufe der Zeit einstellende Vegetation sollte hin und wieder ausgelichtet oder über dem Boden abgeschnitten werden.

Weitere geeignete Trockenstandorte

Wichtige Nistplätze für Bodenbrüter sind darüber hinaus unbefestigte, wenig befahrene Wege, deren Boden nicht zu feucht und tonig ist. Ist eine Befestigung unverzichtbar, sollte anstelle einer vollständigen Versiegelung mit Asphalt oder Beton einer in Feinsand breitfugig verlegten Pflasterung der Vorzug gegeben werden. Als Belag geeignet sind: Bruchrohe, unregelmäßige Platten (z. B. Hartsandstein, Jurakalk, Granite), behauene Pflastersteine, Flußkiesel, Bollensteine, Schroppen (Abfall aus Steinbrüchen). Eine ähnliche Habitatfunktion wie fugenreiche Weg- oder Terrassenflächen können Sand-, Kies- oder Geröllbeete unter überhängenden Dachvorsprüngen erfüllen. Regengeschützte Flächen dieser Art bilden ein willkommenes Refugium für die in unserem Klima immer etwas benachteiligten Arten, die Wärme und Trockenheit lieben, wie etwa die Seidenbiene *Colletes daviesanus* oder die Furchenbiene *Lasioglossum leucopum* und die Grabwespe *Crossocerus quadrimaculatus*. In sonnenexponierten Steingärten können sich bisweilen auch Wollbienen und Blattschneiderbienen in Erdspalten und unter Steinen ansiedeln. Vorrangiges Schutzziel muß jedoch auch hier sein, schon bestehende Brutkolonien und Brutmöglichkeiten vor gedankenloser und ordnungsbesessener Zerstörung zu bewahren, da eine Neuansiedlung bodenbrütender Wildbienen viel seltener gelingt, als dies bei oberirdisch nistenden Holz- und Stengelbewohnern der Fall ist.

Nisthilfen für Steilwandbrüter

Die Stroh-Lehmwand

Sie stellt wohl die aufwendigste Form aller für Insekten gedachten Nisthilfen dar und eignet sich in erster Linie für Schulgärten und andere Demonstrationszwecke. Als Bauplatz ideal sind ganztägig besonnte Stellen, wobei die Ausrichtung der Wand nach Süden erfolgt. Die Grundlage bildet eine mit Lehm bestrichene Flechtwand von etwa 200 cm Länge und 160 cm Höhe, die seitlich von zwei stabilen Pfosten gehalten und oben durch ein kleines Spitzgiebeldach (Schilfmatte, Strangfalzziegel, stark verpreßtes Stroh) vor Regen geschützt wird. Als Fundament dienen aneinandergereihte Hohlblocksteine, deren Löcher eine Anzahl senkrecht nach oben weisender Rund- oder Kanthölzer aufweisen. Durch Einflechten von Weidengerten entsteht eine Korbwand, in die anschließend eine Mischung aus Lehm und gehäckseltem Stroh (Verhältnis 3:1) gedrückt wird. Beim Einflechten der Weidenruten ist es günstig, diese an den Pfosten etwa 2 cm überstehen zu lassen, um die Stabilität zu erhöhen. Indem man beim Verkleiden der fertiggestellten Flechtwand langsam von unten nach oben arbeitet und die aufgetragene Masse immer wieder antrocknen läßt, entsteht allmählich eine Lehmwand von 20–25 cm Stärke. In den noch feuchten oder schon völlig abgetrockneten Lehm können abschließend mit Bleistiften oder Nägeln zahlreiche Brutröhren (Durchmesser, Tiefe, Abstand wie bei Nisthölzern) eingedrückt oder gebohrt werden. Mehr oder weniger breite Risse, die möglicherweise beim Trocknen entstehen, können ebenfalls als Nistplätze dienen und sollten nicht zugeschmiert werden. (Bei mehreren Beteiligten oder ganzen Schulklassen können die hier in aller Kürze wiedergegebenen Fertigungsschritte auch arbeitsteilig durchgeführt werden. Eine detaillierte Anweisung mit ausführlicher Materialliste ist beim Landesbund für Vogelschutz, Geschäftsstelle, 87700 Memmingen) erhältich.

Lehmziegelmauer und Mini-Steilwände

Geignete Brutstätten kann man auch mit dem Aufbau einer Lehmziegelwand in Anlehnung an Gebäude herrichten: An einer

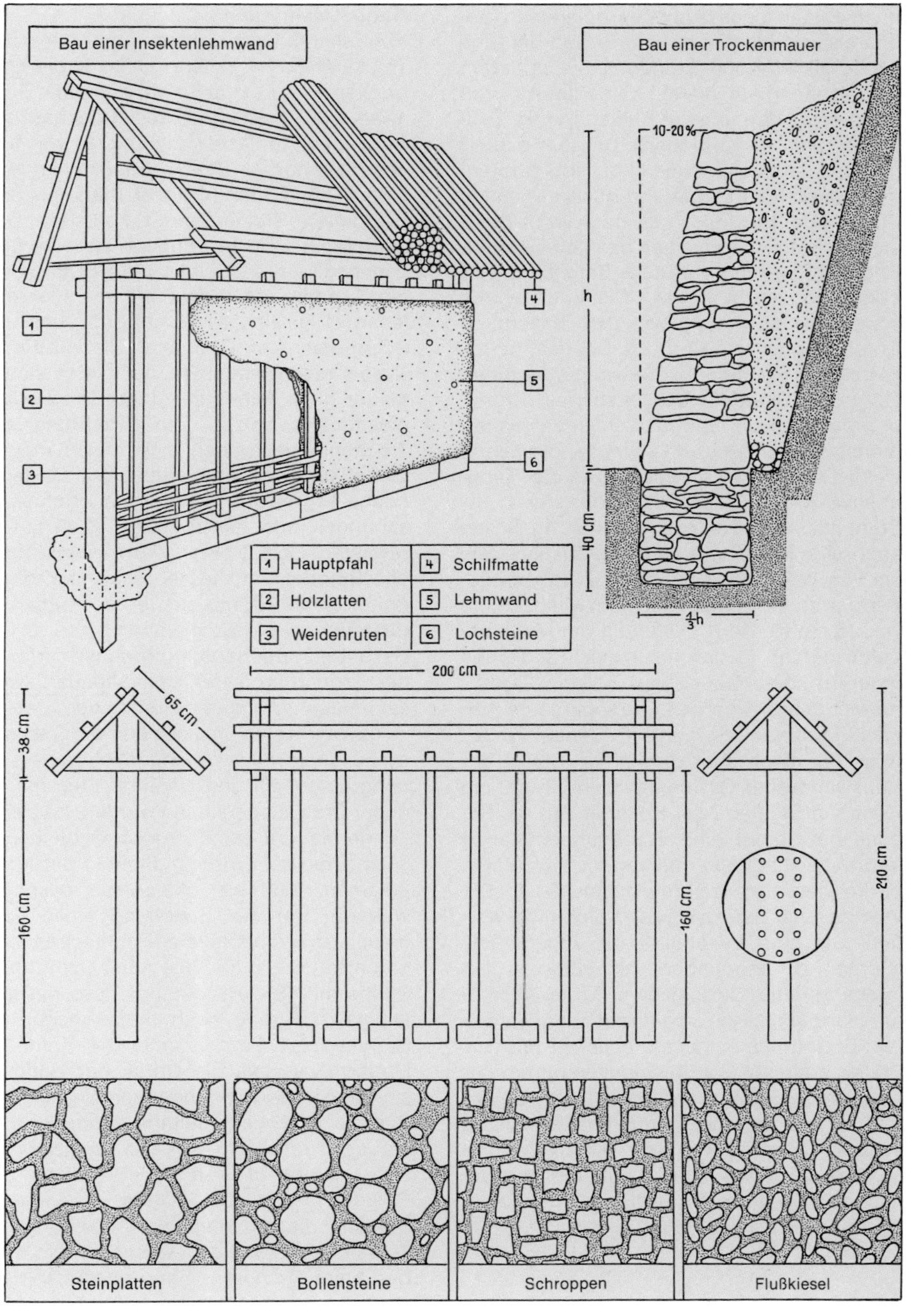

Nisthilfen für Steilwand- und Bodenbrüter.

nach Süden oder Südosten gelegenen Gebäudewand führt man vom Boden her eine bis zu 60 cm hohe Grundmauer aus harten Ziegelsteinen auf, die mit Zementmörtel verbunden werden, um ein Aufsteigen der Erdfeuchtigkeit zu verhindern. Darüber mauert man mit Lehm einfache Lehmziegel (Kluten) und schützt die Mauer von oben mit einem Ziegel- oder Rohrdach, das nach vorne übersteht, um ein Auswaschen des Lehms durch Regen zu verhindern. Diese bereits an eine Lehmwand erinnernde Nisthilfe wurde schon im Jahre 1908 von dem bekannten Entomologen H. Friese zu Beobachtungszwecken errichtet. Als Bewohner konnten festgestellt werden: die Pelzbienen *Anthophora acervorum* und *fulvitarsis*, die Mauerbienen *Osmia rufa* und *cornuta*, die Lehmwespe *Odynerus spinipes* und die Tönnchenwegwespe *Auplopos carbonarius.*
Steht nur wenig Raum zur Verfügung, leistet auch eine Mini-Steilwand gute Dienste, wie sie von WESTRICH entwickelt und beschrieben wurde: Holzkisten mit einer Mindesttiefe von 15 cm werden vollständig mit feuchtem Lehm gefüllt, in den mit einem Stöckchen mehrere kurze Gänge von 5–8 mm Durchmesser gebohrt werden. Die senkrechte Aufstellung dieser Steilwand in Kleinstform erfolgt an einer südexponierten Stelle der Hauswand oder Gartenmauer in 50–100 cm Höhe auf Steinen oder Holzpfählen. Als Regenschutz dient eine etwas überstehende und mit Dachpappe überzogene Holzplatte. Es können auch mehrere kleinere Lehmkisten zu einer Insektenwand kombiniert werden. Sie sind besonders für Jugendliche leichter zu handhaben, als schwere mit Lehm gefüllte Riesenkisten. Gute Ansiedlungserfolge lassen sich ferner mit gestapelten Eternitblumenkästen erzielen, die als Steilwandersatz Löß in seiner natürlich gewachsenen Struktur enthalten. Wer die Arbeit für den Bau einer größeren Lehmwand scheut, kann nicht zuletzt einfache Hohlblocksteine aufeinander schichten und die nach vorne weisenden Öffnungen mit einem Lehm-Strohgemisch füllen.

Natursteinmauern
Natursteinmauern, auch Lesestein- oder Trockenmauern genannt, sind Mauern, die trocken oder nur mit Lehm, also ohne Bindemittel wie Zement oder Kalk aufgebaut sind. Besonders gut lassen sich hierzu von Natur aus plattenartige Steine (Sandsteine) verarbeiten, doch auch roh gespaltene bis leicht bearbeitete Steine (Granit, Kalkstein, Quarzit) eignen sich. Im Hinblick auf eine lange Lebensdauer sollte der Untergrund unbedingt stabil sein. Als Fundament empfehlenswert ist eine ca 40 cm tiefe Kies- oder Schotterschicht (Drainage). Sie läßt Regenwasser rasch versickern, auch kann sich die Mauer nach Anhebung durch Frost wieder gleichmäßig setzen. Zur Errichtung einer Trockenmauer bieten sich gleich mehrere Örtlichkeiten an: Man kann damit Gartenbereiche abgrenzen, Steingärten, endlose Böschungen oder abschüssiges Gelände terrassieren. Selbst bereits vorhandene, häßliche Betonmauern lassen sich nachträglich durch einen Vorbau aus lehmverfugten Natursteinen ökologisch aufwerten.
Besonders überlegtes Vorgehen erfordert die Errichtung einer freistehenden Natursteinmauer. Um eine ausreichende Stabilität zu gewährleisten, müssen hier die Steine bei pyramidenförmigem Aufbau überaus sorgfältig eingepaßt und Unebenheiten mit lehmiger Erde ausgeglichen werden. Da freistehende Mauern immer trockener bleiben als solche, die mit Erdreich direkt in Berührung kommen, sind sie ökologisch besonders wertvoll. Bei der Erstellung einer Hangmauer ist es ebenfalls aus statischen Gründen erforderlich, daß die Aufschichtung der Steine mit 10–20% „Anzug", also mit einer leichten Neigung nach hinten gegen den Hang erfolgt. Ferner sollte die Breite des Mauerfußes etwa ein Drittel der Höhe der sich nach oben verjüngenden Mauer betragen. Je nach vorgesehener Höhe wird die Mauer etwa 30 cm von der Hangerde entfernt aufgebaut und mit Wandkies oder Schotter hinterfüllt. Diese drainierende Schicht dient neben der Ableitung von Feuchtigkeit auch der Aufnahme des Schubes beim Gefrieren. Eine weitere Variante stellen hinterbetonierte Natursteinmauern dar: Der Betonteil übernimmt die statische Funktion, die davorgesetzte teilweise mit Lehm verfugte Natursteinmauer die Biotopfunktion. Der Verbund der beiden Mauerteile kann durch einbetonierte Bindersteine oder Drahtanker erfolgen. Bei hohen Anforderungen an die Belastbarkeit können ferner sog. „Steinkörbe" oder „Löffelsteine" Verwendung finden, die nicht mit Humus, sondern mit Lehm gefüllt werden und so die ökologische Funktion von Trockenmauern weitgehend übernehmen können.

Zu erwartende Arten

Mit der Auswahl der Nisthilfen wird auch eine Vorauswahl künftiger Einmieter getroffen, da die Ansprüche der sich einstellenden Arten an ihren Nistplatz recht spezifisch sind. Als Bewohner sind mehr oder weniger regelmäßig zu erwarten (nach P. WESTRICH 1983):

Nisthölzer, Niströhrchen: **Mauerbienen**, *Osmia rufa*, *O. cornuta*, **Löcherbiene**, *Heriades truncorum*, **Scherenbienen**, *Chelostoma florisomne*, *Ch. fuliginosum*, *Ch. campanularum*, *Ch. distinctum*, **Blattschneiderbienen**, *Megachile centuncularis*, *M. versicolor*, **Maskenbienen**, *Hylaeus communis*, *H. brevicornis*, *H. punctulatissimus*.

Niststeine, Strangfalzziegel: **Mauerbienen**, *Osmia rufa*, *O. cornuta*, **Wollbiene**, *Anthidium manicatum*, sowie die eine oder andere **Blattschneiderbiene**.

Markhaltige Stengel: **Keulhornbiene**, *Ceratina cyanea*, **Mauerbienen**, *Osmia leucomelana*, *O. claviventris*, **Maskenbienen**, *Hylaeus communis*, *H. brevicornis*, **Blattschneiderbienen**, *Megachile centuncularis*, *M. versicolor*.

Morsches Holz: **Blattschneiderbienen**, *Megachile willughbiella*, *M. lapponica*, **Blaue Holzbiene**, *Xylocopa violacea*, **Pelzbiene**, *Anthophora furcata.*

Steilwand: **Pelzbienen**, *Anthophora acervorum*, *A. plagiata*, **Seidenbiene**, *Colletes daviesanus*, **Maskenbiene**, *Hylaeus hyalinatus*.

Wie bereits eingangs festgestellt, ist eine einwandfreie Bestimmung von Solitärbienen selbst für den Spezialisten äußerst schwierig und setzt für das genaue Erfassen von Körpermerkmalen das Töten des betreffenden Insektes voraus – für Hobbybeobachter nicht nur ein von vorneherein aussichtsloses, sondern auch gesetzlich verbotenes Unterfangen. Gute Dienste für das erste Ansprechen von Arten, die sich an Nisthilfen einstellen, leistet eine von E. LÜTHJE (1992) erarbeitete Zusammenstellung, die auch Verproviantierung, Sammelstrategie, Niströhrenweite und Nestverschluß des jeweiligen Besiedlers mit einbezieht (siehe Tabelle).

Besiedler	Größe in mm	Proviant-eintrag	Nest-verschluß	Nestein-gang (mm)	Hinweise
Mauerbienen		Pollen (Bauch-sammler)	rauher Mörtel	(3)–5–7	häufiger Parasit: kleine Fliege *Cacoxenus indagator*
Osmia rufa	9–12				Abdomen oben rot-schwarz
Osmia cornuta	11–14				Abdomen oben ganz rot
Osmia caerulescens	8–10				schwarzblaue Art
Scheren-bienen		Pollen (Bauch-sammler)	sehr harter Mörtel	3–5 (6)	länglich-rund
Chelostoma fuliginosum	8–10				Glockenblumen-Spezialist
Chelostoma florisomne	ca. 6				
Löcherbienen *Heriades truncorum*	ca. 7	Pollen (Bauch-sammler)	Harz mit Steinchen	2–5	ähnelt *Chelostoma,* sammelt an Korbblütlern
Blattschnei-der-Bienen *Megachile centuncularis*	9–12	meist Pollen (Bauch-sammler)	Blattstücke	5–6	tritt einzeln auf
Ur- oder Mas-kenbienen *Hylaeus*-Arten	5–7	Pollen und Nektar im Kropf, nicht sicht-bar	seidiges Sekret	2–4	häufiger Parasit: Gichtwespe *Gasteruption spec.*
Töpfer-Grab-wespen *Trypoxylon*-Arten	6–12	Spinnen	rauher Mörtel	3–6	häufiger Parasit: Goldwespe *Chrysis cyanea*
Blattlaus-Grabwespen *Passaloecus*-Arten		Blattläuse	Harz, oft mit Stein-chen oder Spänchen	2–4 (5)	Schlupfwespen kauen Verschluß auf oder stechen hindurch
Lehmwespen *Ancistrocerus*-Arten	8–15	raupenför-mige Lar-ven	glatter Mörtel	3–6	häufiger Parasit: Goldwespe *Chrysis ignita*
Symmorphus-Arten	9–15	Blattkäfer-larven	glatter Mörtel	3–6	häufiger Parasit: Goldwespe *Chrysis ignita*
Goldwespen	3–8	Parasiten, Larven le-ben vor der Brut der Wirtsart			
Chrysis cyanea					blau-grünlich
Chrysis ignita					grün-rot

Verbesserung des Nahrungsangebotes

Als notwendige Ergänzung eines möglichst umfassenden Nistplatzangebotes können Gärten, Parks und andere nicht überbaute Grün- und Restflächen einen wichtigen Beitrag zur Verbesserung der Nahrungssituation der Wildbienen leisten. Die Bepflanzung sollte dabei so erfolgen, daß vom zeitigen Frühjahr bis in den Herbst hinein, sowohl für kurzrüsselige als auch für langrüsselige Arten ein kontinuierliches Blütenangebot zur Verfügung steht. Zu beachten ist ferner, daß auch spezialisierte Bienen ihre Lieblingspflanzen in gebührender Anzahl vorfinden. Traditionellen Bauerngärten mit ihrem vielfältigen Blütenangebot kommt dabei geradezu eine Vorbildfunktion zu: Bis zu 128 Blütenpflanzen werden hier von Wildbienen als Pollen- und Nektarspender genutzt. 52 Arten davon stellen wichtige Pollenquellen für die Nahrungsspezialisten unter den Wildbienen dar. Moderne Ziergärten mit ihrem oft nur rein optischen Blütenzauber aus hochgezüchteten Schaublumen enthalten dagegen kaum für Bienen nutzbare Pollen- und Nektarspender. Nutzbar bedeutet, daß die Blütenbesucher in morphologischer Hinsicht, insbesondere durch den Bau ihrer Mundwerkzeuge in der Lage sind, die Nektarquellen effektiv auszubeuten, aber auch, daß die Flugzeit der Bienen und die Blühpe-

Alle Obstbaumarten werden von den verschiedensten Wildbienen zum Nektarerwerb und Pollensammeln beflogen, wobei sie wichtige Bestäubungsdienste leisten.

Die großen trichterförmigen Blüten der Bechermalven werden von verschiedenen Wildbienen zum Nektarerwerb oder zum Schlafen aufgesucht.

Zu den Gästen der kugeligen Blütenstände der Küchenzwiebel zählen mehrere Sandbienenarten, sowie einige, teils hochspezialisierte Maskenbienen.

riode der Hauptnahrungspflanzen eine genügend große zeitliche Übereinstimmung aufweisen. Diese Forderung wird am sichersten durch eine breite Palette von Wildpflanzen (s. Übersicht S. 70 u. 71) erfüllt, die nicht nur in Naturgärten, sondern auf allen nur möglichen Stellen im Siedlungsraum toleriert werden sollten: Sterile Rasenflächen lassen sich durch Aushagern des Bodens, Verzicht auf Düngung und häufige Mahd, sowie durch Neueinsaat von Wiesenblumen zu blütenreichen Biotopen renaturieren. Viele Trockensiedler finden in Steingärten, an Trockenmauern, auf Terrassenhängen und Flachdächern ihren adäquaten Lebensraum. Ödlandbewohnern kann auf einem „Schuttpflanzenbeet", auf unbebautem Gelände, in vergessenen Ecken, auf wüsten Plätzen, im Umfeld von Ställen, Scheunen oder Parkplätzen, an Weg- und Straßenrändern, sowie auf verkehrstechnischen Restflächen ein Daseinsrecht eingeräumt werden. Blütenpflanzen feuchter Standorte gedeihen am Tümpelrand oder auf einem eigens angelegten Sumpfpflanzenbeet. Entlang von Zäunen, Hecken und Buschwerk fühlen sich die Bewohner schattiger und halbschattiger Plätze wohl. Eine wichtige Bienenweide bilden ferner einheimische Blütengehölze, während die von vielen Gartenbesitzern auch heute noch weithin bevorzugten immergrünen Koniferen für Wildbienen völlig wertlos sind. Ergiebige und daher von Wildbienen gerne besuchte Nahrungsquellen stellen nicht zuletzt zahlreiche Heil-, Gewürz- und Küchenpflanzen dar, von denen sich die meisten selbst in Balkonkästen kultivieren lassen. Als Alternative für eine meist übliche Bepflanzung mit Geranien, Petunien oder Pantoffelblumen können ferner einige einjährige Blumen und kleinere Stauden Verwendung finden.

Von P. WESTRICH erprobte und empfohlene Wildbienenpflanzen für den Siedlungsbereich:

Wiesenkräuter (Blumenwiese, Grünanlagen, Wegränder):
Hornklee, Wundklee, Esparsette, Luzerne, Rotklee, Zaunwicke, Wiesen-Platterbse, Gamander-Ehrenpreis, Wiesen-Salbei, Kriechender Günsel, Knautie, Skabiose, Glockenblume, Hahnenfuß, Wiesen-Kerbel, Wiesen-Pippau, Rauher Löwenzahn, Gemeines Ferkelkraut, Flockenblume, Schafgarbe, Margerite.

Ein- und zweijährige krautige Pflanzen (Ziergärten, Wildkrautbeete):
Violetter Natternkopf, Kornblume, Garten-Resede, Wilde Resede, Färber-Resede, Wilde Möhre, Natternkopf, Gemeines Bitterkraut, Gelber und Weißer Steinklee, Kratzdistel, Ochsenzunge.

Die von April bis Mai in Gärten sowie auf Weinbergen und Halbtrokkenrasen blühende Traubenhyazinthe wird in erster Linie von den Männchen der Roten Mauerbiene besucht.

Die in verschiedenen Formen auch in Gärten angepflanzte Büschelglockenblume (Campanula glomerata) wird von mehreren spezialisierten Bienenarten als Pollenquelle genutzt.

Stauden (Staudenbeete, Steingärten, Hekken- und Tümpelränder):
Hohler Lerchensporn, Malvenarten, Hauhechel, Ziestarten, Taubnesselarten, Kriechender Günsel, Gundermann, Schwarznessel, Herzgespann, Edelgamander, Thymian, Glockenblumenarten, Lungenkraut, Gemeiner Beinwell, Fetthennenarten, Hauswurzarten, Blaukissen, Steinkrautarten, Schweizer Schöterich, Nachtviole, Wiesen-Bärenklau, Edeldistel, Wollige Strohblume, Gold-Schafgarbe, Rainfarn, Mutterkraut, Alantarten, Ruhr-Flohkraut, Ochsenauge, Wegwarte, Rispen-Flockenblume, Kugeldistel.

Zwiebelgewächse (Blumenwiese, Zier- und Steingärten, Staudenbeete):
Blaustern, Traubenhyazinthe, Küchenzwiebel, Küchenlauch, Kugellauch, Berglauch, Runder Lauch.

Rank- und Kletterpflanzen (Heckenrand, Zäune, Spaliere):
Rotbeerige Zaunrübe, karminrote und weiße Staudenwicke, Brombeere, ungefüllte Kletterrosen, Glyzine.

Dachbegrünung (Flachdächer, Dachterrassen):
Fetthennen, Hauswurz, Steinkrautarten, Ranken- und Rundblättrige Glockenblume, Schwertalant, Färberkamille.

Balkon- und Kübelpflanzen:
Knäuel-Glockenblume, Ranken-Glockenblume, Schwertalant, Färberkamille, Felsen-Fetthenne, Scharfer Mauerpfeffer, Schafgarbe, Wollige Strohblume, Thymian, Blaukissen, Reseden, Aufrechter und Deutscher Ziest, Ranken-Platterbse, sowie verschiedene ein- und zweijährige Wildkräuter, wie Kornblume und Ringelblume.

Küchen- und Gewürzkräuter (Nutzgärten, Steingärten, Balkon):
Gartensalbei, Muskatellersalbei, Ysop, Melisse, Bergbohnenkraut, Fenchel, Boretsch, Balsamkraut.

Blütengehölze (Obst- und Nutzgärten, Hekken, Parkanlagen, Alleen):
Alle Obstbäume, Stachel- und Johannisbeere, Brombeere, Himbeere, Weißdorn, Schlehe, Wildrose, Berberitze, Frühlingsahorn, Feldahorn, Weidenarten.

Unterstrichen sind für Wildbienen lebenswichtige Pollenspender (nach WESTRICH, 1990).

Auch einfach blühende Stockrosen werden gerne aufgesucht. Die gefüllt blühenden Arten sind dagegen fast wertlos.

Solitärwespen

Wie bei den Bienen gibt es auch unter den Taillenwespen solitäre Arten, die entweder parasitisch leben, wie etwa die Schlupfwespen (*Ichneumonidae*), Brackwespen (*Braconidae*) und Erzwespen (*Chalcididae*), oder Brutfürsorge in vorgefundenen oder eigens angelegten Brutröhren betreiben, wie die Wegwespen (*Pompilidae*), Grabwespen (*Sphecidae*) oder Solitären Faltenwespen (*Eumenidae*). Sie weisen in ihrer Brutbiologie und in ihren Biotopansprüchen sehr starke Parallelen zu den Solitärbienen auf. Auch hier legt das Weibchen seine Eier in ein vorbereitetes Nest, das mit einem Nahrungsvorrat für die Larven versehen wird. Dieser besteht bei den Bienen und Honigwespen aus Pollen und Nektar, bei den übrigen Wespen aus Insekten oder Spinnen. Da einige Solitärwespenarten auch für Wildbienen gedachte Nisthilfen beziehen, sollen hier wenigstens die bekanntesten Vertreter aus der Familie der Solitären Faltenwespen und der Grabwespen kurz vorgestellt werden. Übrigens stammen aller Wahrscheinlichkeit nach die Bienen von einer alten, den Grabwespen nahestehenden Wespengruppe ab, deren Angehörige dem Tötungshand-

Neben einer Vielzahl von Solitärbienen kommen auch verschiedene Solitärwespen im Siedlungsbereich vor.

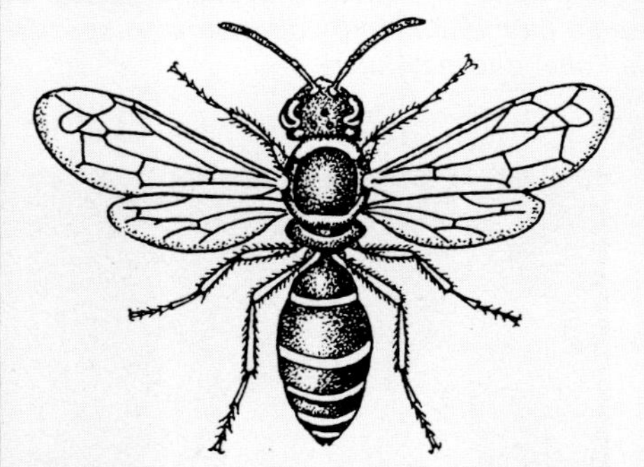

Lehmwespe
(Odynerus spinipes)

Mauerwespe
(Odynerus murarius)

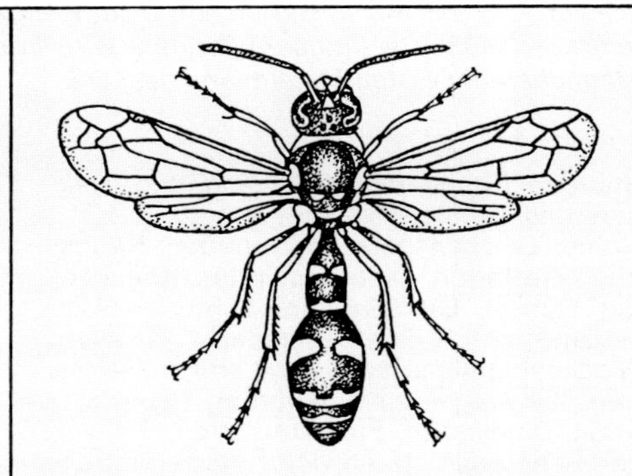

Apfelförmige Pillenwespe
(Eumenes pomiformis)

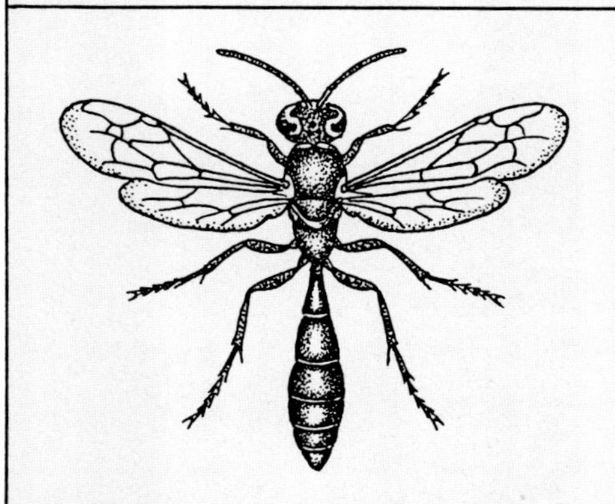

Gemeine Töpferwespe
(Trypoxylon figulus)

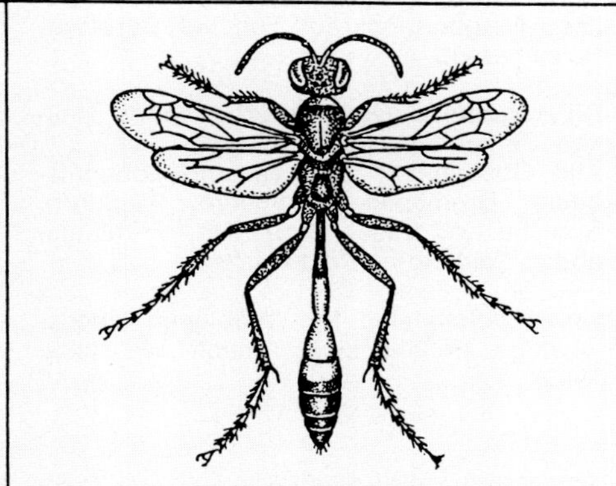

Gemeine Sandwespe
(Ammophila sabulosa)

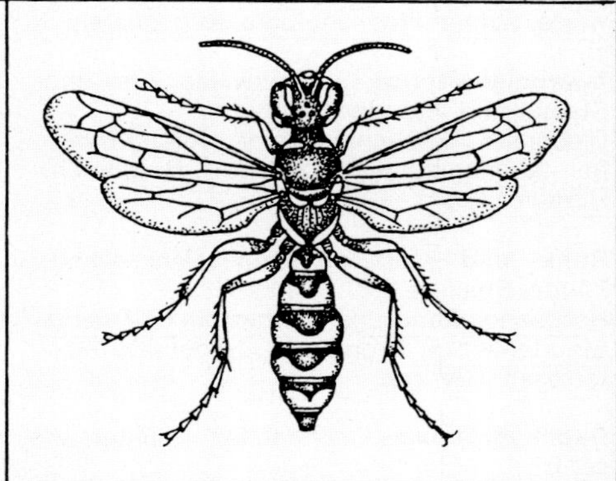

Sandknotenwespe
(Ceceris arenaria)

Die in hohlen Pflanzenstengeln nistende Lehmwespe, Gymnomerus laevipes, trägt zur Verproviantierung ihrer Brut die Larven verschiedener Rüsselkäferarten ein.

Die ältere Wespenlarve (links) hat bereits den gesamten Beutevorrat verzehrt. Die jüngere Larve (rechts) besitzt noch einen Vorrat an paralysierten Käferlarven.

werk abgeschworen und sich auf die von Blüten und anderen Pflanzenorganen dargebotenen kräftigen Nahrungsstoffe umgestellt hatten.

Die Familie der Solitären Faltenwespen (*Eumenidae*)

Diese sehr umfangreiche, weltweit verbreitete Familie, aus deren Verwandtschaft die im folgenden Kapitel behandelten Sozialen Faltenwespen hervorgegangen sind, ist in Mitteleuropa mit rund 5 Dutzend Arten vertreten. Wichtige Erkennungsmerkmale bilden die in der Ruhe der Länge nach gefalteten Vorderflügel und die nierenförmigen Augen. Alle heimischen Arten tragen ferner die typische schwarz-gelbe Wespenzeichnung und können auch stechen. Als Vollinsekten (Imagines) ernähren sich alle Arten von flüssiger Nahrung, insbesondere von Blütennektar. Die Larven werden dagegen mit Schmetterlingsraupen, Blatt- und Rüsselkäferlarven verköstigt. Bei uns sind vor allem zwei Gattungen häufig: die Lehm- oder Mauerwespen (*Odynerus*) und die Pillen- oder Glockenwespen (*Eumenes*).
Zur Gattung der **Lehm- oder Mauerwespen** gehören alle Solitären Faltenwespen, die einen ungestielten Hinterleib besitzen. Unter ihnen gibt es zahlreiche Arten, die im Boden Nester anlegen, aber auch andere, die in Stämmen und Stengeln Gänge für ihre Brutzellen bohren. Weitere Arten benutzen als Einmieter bereits vorgefundene Gänge oder Höhlungen solitärer Bienen oder anderer grabender oder bohrender Insekten. Viele Arten der Gattung nisten mit Vorliebe an Ziegelwänden mit weichem Mörtel oder an Erd- und Lehmwänden, oft in großer Zahl nebeneinander, so daß an geeigneten Stellen nicht selten umfangreiche Kolonien entstehen. Das bei der Grabtätigkeit anfallende Material wird mit Speichel vermischt und am Nesteingang zu einem etwa 15 mm langen, nach unten gekrümmten, röhrenartigen Vorbau geformt. Möglicherweise dienen diese Gebilde dazu, den Nesteingang vor vorbeifliegenden Schmarotzern zu tarnen. Die Nester bestehen in der Regel aus drei oder vier Zellen oder Kammern, von denen jede erst nach der Eiablage mit gelähmten Raupen beschickt wird. Obwohl die Zellen eng beieinanderstehen, leben die Larven völlig unabhängig voneinander. Es kommt zu keinerlei sozialen Verhaltensweisen und die Eltern sehen ihre Nachkommen nie.
Die Gattung der **Pillen- oder Glockenwespen** ist leicht an der charakteristischen Hinterleibsform zu erkennen: Das erste am fast kugeligen Brustabschnitt sitzende Segment ist schmal und stielförmig, das zweite dagegen glockenförmig erweitert. Die Weibchen schaffen im Flug feuchten Lehm als kleine, zwischen Kopf und Vorderbeinen eingeklemmte Kügelchen herbei und errichten daraus sehr kunstvolle, regelmäßig geformte kleine Lehmzellen, die mit ihrem kurzen Hals wie zierliche Krüge oder Urnen aussehen. (Diese bauchigen Bauten sollen einst den Indianern als Vorbild für ihre Tonkrüge gedient haben). Die an Pflanzen, Steine, Fensterbänke gehefteten Zellen – einige wurden auch schon in Schlüssellöchern und leeren Bienenbeuten gefunden – sind als Kinderstube für jeweils nur eine Larve gedacht und werden nach der Verproviantierung mit einem Lehmklümpchen verschlossen. Schon vor dem Eintragen der Beutetiere hat die Wespenmutter ein Ei mit einem Faden an der Decke der Zelle befestigt. Die schlüpfende Larve ernährt sich während des Herbstes und Winters von den Raupen und schlüpft als Imago im folgenden Sommer. Bekannte Arten sind:

Lehmwespe, *Odynerus spinipes*

Körper schwarz, mit gelben Flecken am Kopf und schmalen gelben Querbändern auf

Die Lehmwespe, Paragymnomerus spiricornis, beim Mauern ihrer schornsteinförmigen Nesteingangsröhre aus kleinen Lehmklümpchen.

Auf sporadisch genutzten Erdwegen finden sich bisweilen gleich mehrere „Eingangskamine" solitärer Lehmwespen.

Brust und Hinterleib. Kopf dicht schwarz behaart. Beine an der Basis schwarz, sonst gelblich mit dunklen Segmenten. Länge 10–12 mm. Flugzeit: Mai/Juni. Nistet in großen Kolonien an Sandhängen oder in geringer Tiefe in Lehmwänden. Nest aus 5–6 Kammern bestehend, deren gemeinsamer Eingang zu einer schornsteinförmigen Röhre verlängert wird. Für die zukünftige Larve werden mehrere Rüsselkäferlarven eingetragen. Das Ei wird zuvor, wie bei den Eumeniden üblich, vom Weibchen mit einem Faden an der Nestdecke aufgehängt. Zahlreiche Hautflügler, Zweiflügler und Käfer schmarotzen in den Nestern.

Mauerwespe, *Odynerus murarius*

Körper gestreckt, lebhaft schwarz und gelb gezeichnet. Binde des 2.Segmentes nicht besonders breit. Hinterleib ungestielt, Länge 11–15 mm. Nistet gesellig an steilen Erdböschungen oder in nicht zu harten Lehmwänden, gelegentlich auch in Mauerrissen, trokkenem Holz und Schilfdächern. Vor jedes Eingangsloch wird eine kleine abwärts gekrümmte, aus bröckeliger Erdmasse bestehende Schutzröhre gesetzt, die an einen winzigen Wasserhahn erinnert. Als Larvennahrung werden mehrere durch Stiche gelähmte Blattkäferlarven eingetragen. Für jedes Ei wird eine neue Röhre angelegt. Als Parasiten sind zwei Goldwespenarten, sowie eine Fliegen- und Käferart bekannt.

Apfelförmige Pillenwespe,
Eumenes pomiformis

Körper schwarz, Kopf, Brust und Hinterleib mit gelben Flecken, Vorderbeine nur an der Basis, Mittel- und Hinterbeine an Schenklen und Füßen schwarz, sonst gelb. Länge 12–15 mm. Flugzeit: Frühjahr bis Herbst in mehreren Generationen. Nest aus Lehm, ein fast kugeliges, dünnwandiges und außen grobkörniges Töpfchen, das wie eine winzige griechische Amphore aussieht. Es ist an Pflanzenstengeln, unter Baumrinde oder an Steinen, Mauern und Holzwänden angeklebt. Das im Durchmesser 10–12 mm große Gefäß wird vom Weibchen mit gelähmten Spannerraupen bestückt und mit einer Lehmschicht verschlossen. Trotzdem werden die Larven von vielerlei Parasiten – in den meisten Fällen sind es Goldwespen – heimgesucht.

Die Familie der Grabwespen (*Sphecidae*)

Die gleiche Art der Brutfürsorge, wie wir sie bei den Lehm- und Pillenwespen kennenlernten, betreiben die ebenfalls sehr artenreichen und weltweit verbreiteten Grabwespen. Diese mit Abstand größte Gruppe der solitären Wespen ist in Mitteleuropa mit über 200 Arten vertreten, die bisweilen fälschlicherweise auch als Grabwespen bezeichneten Wegwespen (*Pompiloidea*) nicht mitgerechnet. Es sind kleine bis mittelgroße Tiere von schlanker Gestalt, die sich von den Faltenwespen dadurch unterscheiden, daß ihr erstes Brustsegment nicht bis zu den Flügelschüppchen reicht und die Flügel in Ruhelage nicht der Länge nach zusammengefaltet werden. Die Färbung ist oft schwarzgelb, schwarz-rot und manchmal einförmig schwarz. Familientypischer als Farbe und Gestalt ist jedoch ihre Lebensweise. Alle sind echte Sommertiere und eifrige Blütenbesucher. Sie finden sich gerne auf Doldenblütlern ein, wo sie Nektar trinken oder für ihr Brutgeschäft Insekten jagen. Letztere lähmen sie durch einen oder mehrere Stiche ins Bauchmark, um sie anschließend im Flug oder auf dem Boden ins Nest zu schleppen. Die Brutröhren finden sich in Sandböden, Lehmwänden, morschem Holz oder im Mark von Pflanzenstengeln. Dort legt das Weibchen ein Ei auf die eingebrachten Tiere und verschließt die Kinderstube sehr sorgfältig. Jede Art ist dabei auf ganz bestimmte Beutetiere eingestellt, überfällt also nur Falterraupen, Käfer, Bienen, Fliegen, Heuschrecken, Schaben, Blattwanzen, Blattläuse, Ameisen oder Spinnen. Die davon lebenden Grabwespenlarven wachsen rasch heran und spin-

Die Gemeine Sandwespe, Ammophila sabulosa, trägt in eine selbst gegrabene Nestkammer eine gelähmte Raupe ein und belegt sie vor dem Verschließen des Nestes mit einem Ei.

Die Kotwespe, Mellinus arvensis, ist eine häufige Grabwespenart. In ihr bis zu 75 cm tiefes Nest trägt sie verschiedene Zweiflüglerarten, besonders Schwebfliegen, ein.

nen sich schon nach wenigen Tagen in einem länglich-eiförmigen Kokon zur Verpuppung ein. Eine Art (*Ammophila pubescens*) trägt ihren Larven bis zur Reife frische Nahrung zu und versorgt oft gleichzeitig mehrere Nester, worin erste Ansätze zu einem sozialen Verhalten gesehen werden können. Auch hier sollen wiederum nur einige wenige bekannte Gattungen einschließlich einer Beispielart kurz vorgestellt werden:

Die Gattung der **Töpferwespen** (*Trypoxylon*) ist durch ihre schmale, langgestreckte Körperform gut charakterisiert. Bekannt sind über 100 Arten, die über die ganze Erde verbreitet sind; in Mitteleuropa kommen vier Arten vor. Alle Arten sind schwarz. Die Weibchen legen keine Nester in der Erde an, sondern bauen ihre Brutzellen meist in verlassene Bohrgänge anderer Insekten oder in markhaltige, hohle Schilfhalme und Pflanzenstengel. In den Niströhren werden die hintereinander angeordneten Zellen durch Zwischenwände aus herbeigetragenem Lehm voneinander getrennt. Die ganze Anlage wird schließlich durch eine feste Lehmdecke verschlossen, nachdem vorher gelähmte Spinnen als Larvenfutter eingetragen wurden.

Zur Gattung der **Sandwespen** (*Ammophila*) gehören große, überschlanke Wespen mit zweigliedrigem Stiel des Abdomens, der sich allmählich verdickt und in den eiförmigen Hinterleib übergeht. Sie stellen die vielleicht häufigsten und bekanntesten Grabwespenarten dar. Im Gegensatz zu den Wegwespen graben die Sandwespen die Bruthöhle vor der Jagd. Sie wird – von einigen Arten auch inmitten von Siedlungen, z. B. zwischen Gehwegplatten – im Sand angelegt und erweitert sich am Ende zu einer kolbenförmigen Brutkammer. Als Larvenfutter werden große unbehaarte Raupen (Eulen- aber auch Schwärmerraupen) durch Stiche gelähmt und zum Bau geschleppt. Nach der Eiablage wird die Höhle mit Sand verschlossen. Die nächste Generation schlüpft erst im kommenden Sommer aus der Puppe.

Die Gattung der **Knotenwespen** (*Cerceris*) bildet eine Gruppe mittelgroßer Wespen, deren kantig hervortretende Hinterleibssegmente durch tiefe Einschnitte getrennt sind. Die zahlreichen Arten sind über die ganze Erde verbreitet, wovon 20 in Mitteleuropa heimisch sind. Es sind Sommertiere, die gerne Blüten besuchen und mit Vorliebe im Sand, besonders an Wegrändern nisten. In ihre innen mit Speichel geglätteten Niströhren werden entweder Käfer oder Hautflügler eingetragen, wobei manche Arten auf ganz bestimmte, oft keineswegs häufige Beutetiere eingestellt sind. An den meist kolonienweise angelegten Nistplätzen kann ein reges Hin- und Herfliegen beobachtet werden. Bekannte Arten:

Gemeine Töpferwespe,
Trypoxylon figulus

Körper langgestreckt, einförmig schwarz, schwach weißlich behaart. Augen auf der Innenseite tief ausgerandet. Länge 8–12 mm. Flugzeit: Mai – Juli. Häufig auf Doldenblütlern, Blättern, an Pfosten und alten Baumstämmen. Nest in verlassenen Bohrgängen von Pfosten und Stämmen, in Erdbienengängen, Brombeerstengeln und Schilfhalmen auf Rieddächern. Nagt nur selten weiches Pflanzenwerk zur Schaffung von Niströhren aus. Diese erreichen oft eine Länge von 20 cm und enthalten bis zu 9 durch Zwischenwände aus Lehm getrennte Zellen. Jede Kammer wird mit einer größeren Anzahl gelähmter Spinnen und einem Ei versehen. Nach der letzten Zelle verbleibt ein 2 cm leerer Raum, der durch einen starken Lehmkegel abgeschlossen wird. Schmarotzer sind vier Goldwespen- und zwei Schlupfwespenarten.

Das im Sand nistende Weibchen des Bienenwolfes, Philanthus triangulum, legt 5–7 Brutzellen an. Jede Zelle erhält 2–3 paralysierte Bienen, auf eine wird ein Ei gelegt.

Die hübsche, metallisch schimmernde Goldwespe, Chrysis ignita, parasitiert Solitärwespen und -bienen. Die Imagines saugen Nektar auf Möhre, Dill, Brustwurz und Pastinak.

Gemeine Sandwespe,
Ammophila sabulosa

Körper schwarz, dünner zweigliedriger Hinterleibsstiel, der allmählich in den kolbenförmig verdickten, schwarz und rot gefärbten Hinterleib übergeht. In der Regel sind nur das zweite Stengelglied und ein Teil des folgenden Segmentes rot. Beine schwarz, beim Weibchen mit Grabfüßen. Brustseiten beim Weibchen silberbehaart. Länge 16–24 mm. Flugzeit: Juni – Oktober. Gerne auf Thymian, Knautie, Flockenblume und Gamander. Häufig am Boden auf der Suche nach geeigneten Nistplätzen an sonnigen Wegrändern, Gehwegen und lockeren, sandigen Stellen in Siedlungen. Nest eine ungefähr 2,5 cm lange, schräg in den Boden führende Röhre, unten kesselartig erweitert. Öffnung wird beim Verlassen mit kleinen, zwischen den Kiefern herbeigetragenen Steinchen verschlossen. Die Larven entwickeln sich an eingebrachten Eulenraupen, auf die ein Ei geklebt wird. Für weitere Eiablagen werden neue Höhlen gescharrt.

Sandknotenwespe,
Cerceris arenaria

Körper schwarz, Gesicht und Brust reichlich gelb, Beine braun mit gelb. Hinterleib reich gelb und schwarz gezeichnet. Tiefe ringförmige Einschnitte zwischen den knotig hervortretenden Hinterleibsringen; 1. Segment stark verschmälert. Länge 14–17 mm. Flugzeit: Juli – August. Auf Sandböden mit spärlicher Vegetation und starker Sonneneinstrahlung. Auf verschiedenen Blüten, vor allem auf Weißem Steinklee und Thymian. Brutröhren kolonienweise im Sand, mit Speichel geglätteten Wänden und kleinen Sandhäufchen vor dem Eingang. Zur Ernährung der Larven werden paralysierte Solitärbienen und verschiedene Käfer, vor allem kleine Rüsselkäfer eingetragen. Die Nester werden am liebsten auf Wegen, auch zwischen Straßenpflaster angelegt. Zwischen den Gehwegplatten am Zoologischen Museum in Kiel wurden pro Quadratmeter insgesamt 29 Nester der Sandknotenwespe und der Fliegenspießwespe, *Oxybelus uniglumis*, einer weiteren Grabwespenart, gezählt. Um nicht selbst ein Nest graben zu müssen, versucht das Weibchen gelegentlich ein von einer anderen Grabwespe vorbereitetes Nest zu besetzen. Als Schmarotzer tritt auch hier eine Goldwespenart auf.

Soziale Faltenwespen (Wespen)

Ungebetene Gäste

Von den in unseren Breiten heimischen Wespenarten stellen die bekannten gelbschwarzen Eindringlinge in nachsommerliche Küchen und die schwer zu vertreibenden Pflaumenkuchen-Schlecker in Cafés und Gartenwirtschaften für die meisten Menschen eine wohlvertraute, aber zugleich höchst lästige Erscheinung dar. Sie sitzen an reifen Sommerbirnen, Zwetschgen und Weintrauben, kriechen an Limonadeflaschen empor, fallen in ein Saft- oder Bierglas, belagern Marmelade, Kuchen, Desserts und Zuckerzeug jeglicher Art. Bei diesen ebenso naschhaften wie zudringlichen Plagegeistern handelt es sich – selbst wenn sie gegen Ende des Sommers in regelrechten Scharen auftreten – indes nur um zwei Arten, die Gemeine Wespe und die Deutsche Wespe. Die Zahl der über die gesamte Erde verbreiteten Arten geht dagegen in die Hunderttausende und umfaßt Wespenarten verschiedenster Gestalt und Größe. Die gleichsam als Riese unter den heimischen Formen auftretende Hornisse zählt ebenso zum Wespengeschlecht wie die Schlupf- oder Gallwespen, die sich dagegen oft wie wahre Zwerge ausnehmen; ja unter den Zwergwespen finden wir mit 0,2 mm Körperlänge die kleinsten Insekten überhaupt. Schon hier mag deutlich werden, daß die Bezeichnung „Wespe" für den Fachmann einen viel zu allgemeinen Sammelbegriff darstellt, der eine ganze Anzahl verschiedener und meist sehr artenreicher Familien beinhaltet, die sich hinsichtlich Form und Lebensweise oft grundsätzlich voneinander unterscheiden. Nun ist trockene Systematik zwar sicher nicht jedermanns Sache, aber angesichts der Vielzahl der Wespenfamilien ist es jedoch dringend geboten, ja unerläßlich, mit Hilfe systematischer Kategorien zunächst einmal ein wenig Ordnung in den Begriff Wespen zu bringen.

Eine weitläufige Verwandtschaft

Alle Wespen werden von den Zoologen zur Ordnung der Hautflügler zusammengefaßt. Diese zweitgrößte Insektenordnung mit mehr als 280 000 Arten gliedert sich in die drei Unterordnungen der Pflanzenwespen (Blatt-, Holz- und Halmwespen u. a.), der Legewespen (Schlupf-, Erz-, Zehr- und Gallwespen u. a.), sowie der Stechwespen (Ameisen, Bienenameisen, Bienen, Falten-, Grab-, Weg-, Dolch- und Goldwespen u. a.). Die Pflanzenwespen stellen die entwicklungsgeschichtlich älteste Gruppe dar, während die ersten Vorfahren der Stechwespen vor etwa 100 Millionen Jahren in der sogenannten Kreidezeit erschienen. Stech- und Legewespen werden heute meist zu einer Unterordnung (Taillenwespen) zusammengefaßt, die sich durch die bereits sprichwörtlich gewordene „Wespentaille" von den Pflanzenwespen unterscheidet. Alle Stechwespen, die ihre Vorderflügel in Ruhelage

Bei Pflanzenwespen, hier eine Blattwespenart, sind Brust und Hinterleib breit miteinander verwachsen. Ihre Larven fressen Blätter oder bohren im Inneren von Pflanzen Gänge.

Lege- und Stechwespen, hier eine Feldwespenart, besitzen eine „Wespentaille": Der Hinterleib ist nach dem ersten, mit der Brust verschmolzenen Segment stark eingeschnürt.

der Länge nach über dem Rücken zusammenfalten, werden der Überfamilie der Faltenwespen zugeordnet. Sie leben entweder solitär oder als Soziale Faltenwespen in Staaten zusammen. Diese auch als Papierwespen bekannte Familie umfaßt die beiden Unterfamilien der Feldwespen und Echten Wespen. Letztere wiederum werden in die Gattungen der Hornisse, sowie der Kurzkopfwespen und Langkopfwespen unterteilt, je nachdem ob zwischen Kiefer und unterem Augenrand noch eine Wange ausgebildet ist oder nicht. Wie aus den Abbildungen ersichtlich wird, zählen Gemeine, Deutsche und Rote Wespe zu den Kurzkopfwespen; Mittlere, Sächsische und Waldwespe zu den Langkopfwespen. Von den ebenfalls dargestellten Feldwespen unterscheiden sich die Echten Wespen dadurch, daß sich ihr Hinterleib an der Ansatzstelle nicht allmählich verbreitet, sondern wie abgeschnitten senkrecht abfällt. Die Gattung der Feldwespen ist in Mitteleuropa mit 4 Arten vertreten, wovon hier aber nur zwei, auch nördlich der Alpen vertretene Arten kurz vorgestellt werden sollen. Nicht behandelt werden ferner die bei einigen Feldwespen und Echten Wespen schmarotzenden Kuckuckswespen.

Bekannte Wespenarten und ihre Bestimmung

Daß Wespe nicht gleich Wespe ist, bleibt selbst naturinteressierten Laien nicht selten ein ganzes Leben lang verborgen. Wespen, das sind für viele Menschen meist nur jene schwarz-gelb getigerten und wegen ihrer schmerzhaften Stiche gefürchteten Belagerer von Obst, Kuchen und Säften, die im Herbst auf der Suche nach Süßigkeiten sogar in unsere Wohnungen eindringen. Diese sattsam bekannten Lästlinge sind aber nur zwei von rund einem Dutzend in Mitteleuropa vorkommenden sozialen Faltenwespen, die bei einigen Arten schmarotzenden Kuckuckswespen nicht mitgerechnet. Wie aber lassen sich die einzelnen Wespenarten rasch und sicher voneinander unterscheiden? Keinerlei Bestimmungsschwierigkeiten bereitet die ebenfalls zu den Echten Wespen zählende Hornisse. Sie ist mit ihrer gelben und rotbraunen Körperzeichnung, vor allem aber durch ihre stattliche Größe – Königinnen können eine Länge von bis zu 3,5 cm, Arbeiterinnen von bis zu 2,5 cm erreichen – kaum mit einer gewöhnlichen Wespe zu verwechseln. Diese unterscheiden sich bei annähernd gleicher Größe in erster Linie nur durch die Zeichenmuster auf dem Kopfschild und Hinterleib, wobei letztere allerdings etwas variieren können. Als Unterscheidungshilfe wurden daher die „Gesichter" aller Arten vergrößert dargestellt. Die einzelnen Arten lassen sich dann wie folgt charakterisieren:

Gemeine Wespe (*Paravespula vulgaris L.*):
Schwarz mit gelben Zeichnungen und ziemlich dicht abstehend behaart. Kopfschild mit schwarzem, anker- oder pfeilförmigem Längsstrich. Augenbuchten ganz gelb. ♀ 16–19 mm, ♀ 11–14 mm, ♂ 13–17 mm.

Deutsche Wespe (*Paravespula germanica L.*):
Schwarz mit gelben Zeichnungen und schwarzer Behaarung auf Kopf und Bruststeil. Kopfschild mit einem, meist aber drei schwarzen Punkten. Augenbuchten ganz gelb. ♀ 17–20 mm, ♀ 12–16 mm, ♂ 13–17 mm.

Rote Wespe (*Paravespula rufa L.*):
Schwarz mit gelben Zeichnungen und ausgedehnter Rotfärbung an den ersten beiden Hinterleibsringen; abstehend schwarz behaart. Kopfschild mit schwarzem, zackigem, zuweilen ankerähnlichem Längsstreifen. Augenbuchten nur unten gelb. ♀ 16–20 mm, ♀ 10–14 mm, ♂ 13–16 mm.

Mittlere Wespe (*Dolichovespula media Retz.*):
Schwarz mit gelben und braunen Zeichnungen. Kopf und Brust rötlich, Hinterleib fast schwarz behaart. Kopfschild mit schwarzem, verkürztem Längsstrich. Augenbuchten völlig gelb. ♀ 18–22 mm, ♀ 15–19 mm, ♂ 15–19 mm.

Sächsische Wespe (*Dolichovespula saxonica F.*):
Schwarz mit gelben Zeichnungen, mehr grau behaart. Kopfschild mit mehreren schwarzen Längsstrichen oder einem in der Mitte verdickten Längsfleck. Augenbuchten nur unten gelb. ♀ 15–18 mm, ♀ 11–14 mm, ♂ 13–15 mm.

Waldwespe (*Dolichovespula sylvestris Scop.*):
Schwarz mit reichlicher gelber Zeichnung und fast geraden Segmentbinden. Kopfschild mit kleinem schwarzem Punkt oder rein gelb. Augenbuchten nur unten gelb. ♀ 15–19 mm, ♀ 13–15 mm, ♂ 14–16 mm.

Heide-Feldwespe (*Polistes nimpha Christ*):
Schwarz, reichlich gelb gezeichnet. Kopfschild mit mehr oder weniger breiter schwarzer Querbinde. Fühlergeißeln vom 3. Glied an oberseits schwarz oder rotbraun überlaufen. 6.Segment unten schwarz. ♀ bis 16 mm, ♀ bis 14 mm, ♂ bis 15 mm.

Gallische Feldwespe (*Polistes gallicus L.*):
Schwarz mit reichlicher gelber Zeichnung. Kopfschild völlig gelb, seltener mit kleinem schwarzem Mittelfleck. Fühlergeißeln orange-gelb, nur im 1. und 2. Glied oben schwarz. 6. Segment unten gelb. ♀ bis 18 mm, ♀ bis 15 mm, ♂ bis 16 mm.

Von den beiden zuletzt angeführten Feldwespenarten stellt die Gallische oder Französische Wespe nördlich der Alpen vielerorts die häufigste Feldwespe dar. Die in den Bestimmungswerken schlicht als Feldwespe bezeichnete Art *Polistes nimpha* scheint in Nord- und Nordwesteuropa zu fehlen. Ihre nördliche Verbreitungsgrenze verläuft durch Süddeutschland, wo man diese Feldwespe an warmen Stellen, mancherorts sogar mit der Gallischen Wespe auf der gleichen Wiese antrifft.
Abschließend sei noch darauf hingewiesen, daß sich mit diesem einfachen Schlüssel nur die Königinnen und Arbeiterinnen eines Wespenvolkes, nicht aber die Männchen bestimmen lassen. Letztere sind etwas größer als die Arbeiterinnen, ihr Hinterleib weist sieben frei sichtbare Segmente (Weibchen nur sechs) auf und ihre Fühler bestehen aus dreizehn merklich längeren Gliedern (Weibchen zwölf). Sie besitzen auch keinen Stachel, der ja im Grunde nur eine umgebildete Legeröhre darstellt. Bei Bestimmungsversuchen ist es übrigens keinesfalls nötig, die Tiere zu töten. Man inhaftiert sie vorübergehend in ein kleines Glasgefäß, läßt sie zur

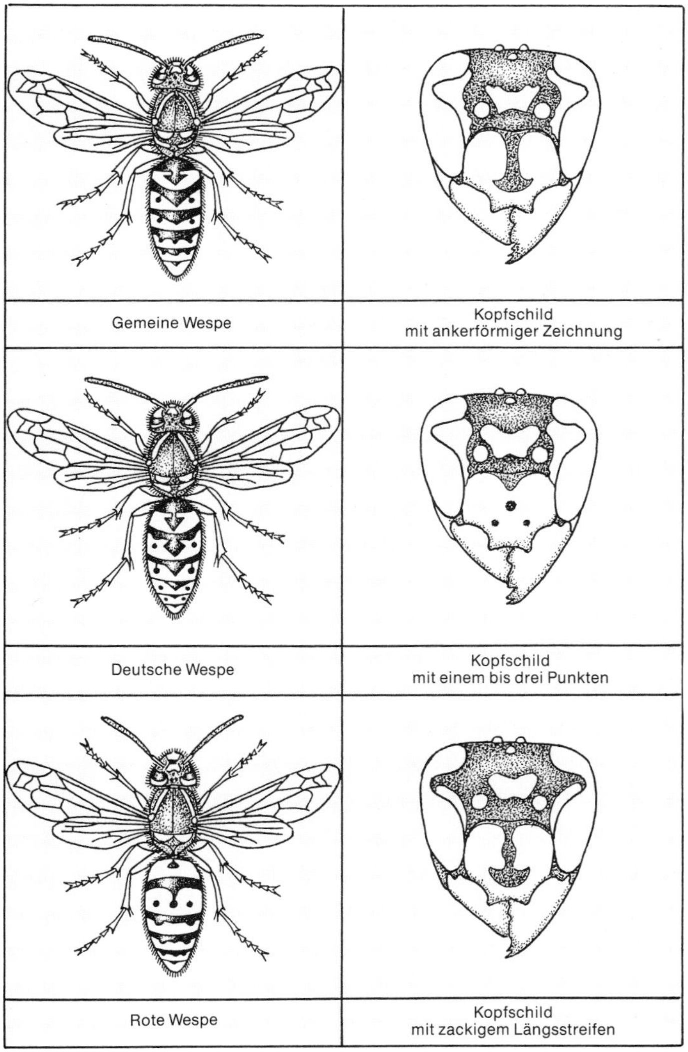

Kurzkopfwespen mit Kopfschild-Zeichnung.

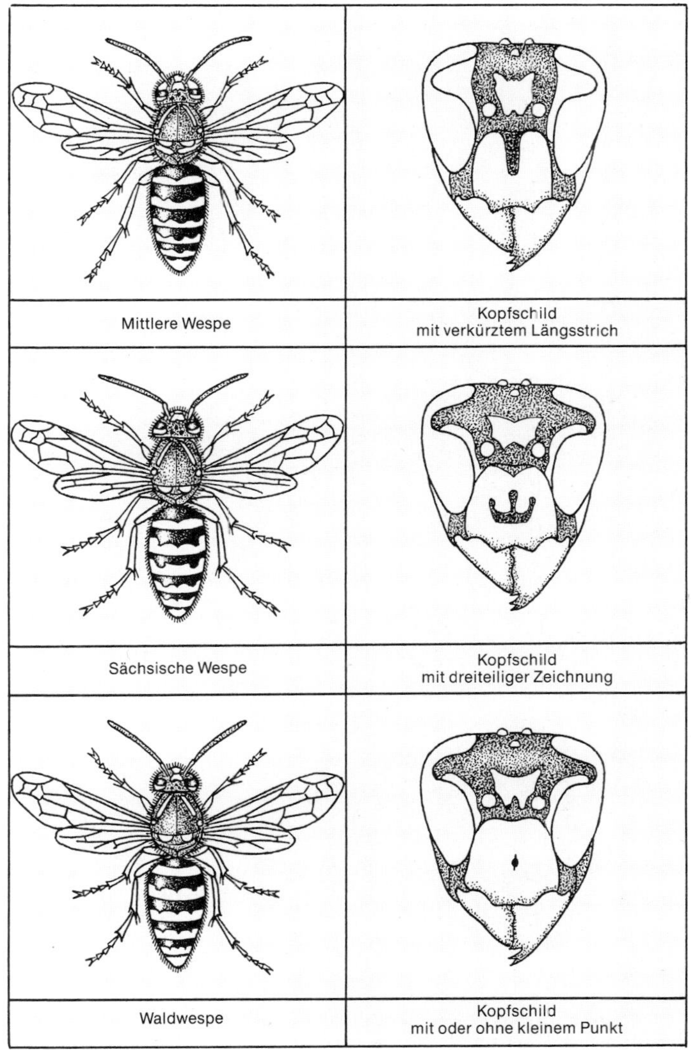

Langkopfwespen mit Kopfschild-Zeichnung.

Ruhe kommen und kann dann in aller Ruhe die entsprechenden Merkmale studieren. Oder man läßt die gefangene Wespe in einem Raum an die Fensterscheibe fliegen, nimmt sie mit einem Papiertaschentuch behutsam ab und kann bei den Tieren jetzt sogar mit einer Lupe die „Gesichtskontrolle" vornehmen.

Wespen als erste Papierfabrikanten

Den Wespen abgeschaut

Der Name des ersten von Menschenhand gefertigten Papiers geht bekanntlich auf die im alten Ägypten erfundene Kunst zurück, aus dem Mark des Papyrus-Schilfs durch Hämmern und Pressen beschriftbare Blätter zu erhalten. Papier von beachtlicher Qualität wurde aber auch schon vor über 2000 Jahren in China aus Bastfasern, Hanf und Lumpen erzeugt. Aus der in Bottichen mit Wasser zu einem Brei zerstampften Masse wurde

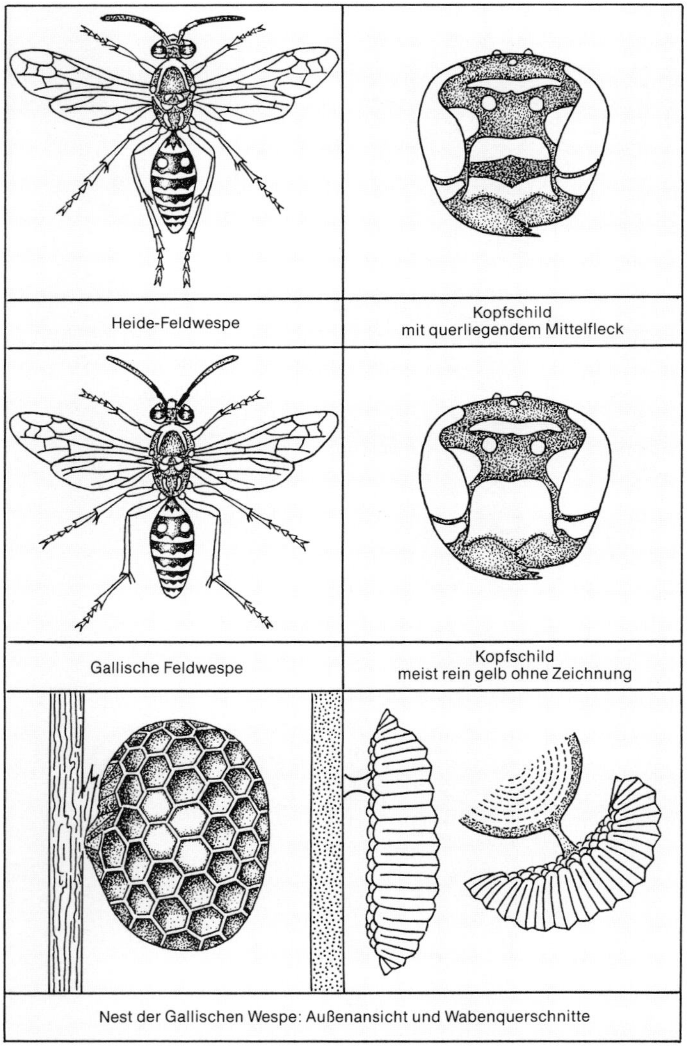

Feldwespen mit Kopfschild-Zeichnung.

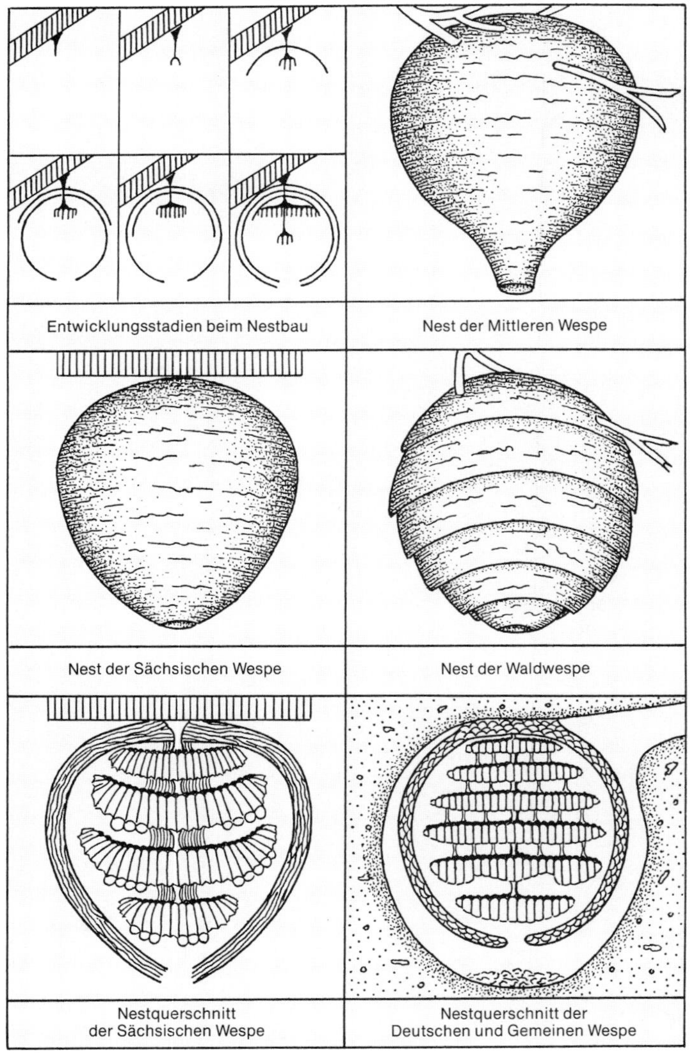

Nestbau, Nesttypen und Nestquerschnitte (nach KEMPER/DÖHRING, 1967).

mit einer Art Sieb eine dünne Faserschicht herausgehoben, getrocknet und zu Papier geglättet. Bis vor fast 200 Jahren änderte sich an diesem Prinzip der Papierherstellung nichts. Jahrhundertelang schöpfte man mit einem Siebrahmen ein Papierblatt nach dem anderen aus der Faserbrühe. Da sah der arme Weber Friedrich Gottlob Keller im Jahre 1841 Wespen bei der Papiererzeugung zu und seine Versuche ergaben das erste Papier aus Holz. Den neuen Grundstoff der Papierherstellung bildeten ab jetzt Holzfasern, die durch das Zerkleinern von Holzprügeln mit Schleifsteinen gewonnen wurden. Die ersten Papierfabrikanten der Erde aber waren die Wespen.

Wespen bei der Arbeit

Wespen können nicht wie Bienen und Hummeln Wachs schwitzen, sondern gewinnen den Baustoff für ihr Nest, indem sie vergrautes oder vermorschtes Holz abnagen, zerkauen und mit dem Sekret ihrer Speicheldrüse zu einer dicken Paste vermengen.

Das aschgraue Nest der Sächsischen Wespe findet sich häufig auf Dachböden, in Schuppen, Bienenhäusern, Vogelnistkästen, aber auch in Fensternischen und unter Dachvorsprüngen.

Das sich hier noch im Bau befindliche Nest der Waldwespe besteht meist nur aus 2–4 Wabenetagen, die durch volantartig abgestufte Hüllblätter geschützt sind.

Diese wird in hirsekorn- bis erbsengroßen Kügelchen während des Heimfluges mit den Kiefern und den Vorderbeinen festgehalten. Bei der anschließenden Bautätigkeit wird die pappmachéartige Masse durch die Mundwerkzeuge (Mandibeln) gezogen, wiederholt zusammengedrückt und dem Nest als kleiner, papierdünner Streifen angefügt. Die Wespe hängt sich dabei in einer Art Reiterstellung an den unteren Hüllenrand, indem sie sich mit drei Beinen an der Innenseite und mit drei Beinen an der Außenseite der Nesthülle festkrallt. Ist der Breivorrat aufgebraucht, darf der neu hinzugesetzte Streifen antrocknen. Ein Prozeß, der in der Tat im wesentlichen der menschlichen Technik der Papiergewinnung gleicht. Jede neue der stockwerkartig angeordneten Waben wird mit kleinen, säulenförmigen Faserverbundträgern an der darüberliegenden befestigt. Diese Träger sind zwar ebenfalls aus Wespenpapier gefertigt, erhalten aber durch die parallele Ausrichtung der Holzfasern eine zusätzliche Festigkeit. Durch Firnissen mit Speichel erhöhen die Wespen aber auch die Haltbarkeit der übrigen Nestteile. Die Kunst des Nestbaues ist den Wespen angeboren, denn obwohl viele zugleich schaffen, entsteht im Normalfall das für die Art typische Nestgebilde, weil eben jedes Tier sozusagen einen Bauplan in sich trägt. Dies gilt auch für die aus festerer Papiermasse gefertigten Wabenzellen, die nur im Verband eine sechskantige Prismenform aufweisen, während sie als Randzellen einen kreisrunden Querschnitt besitzen.

Wespenpapier von hellgelb bis dunkelbraun

Deutsche Wespe, Rote Wespe, Sächsische Wespe und Gallische Wespe holen ihr Baumaterial von entrindetem und oberflächlich verwittertem, fast nur noch aus Zellulose bestehendem Holz alter Zäune, Bretter, Pfosten, Telegrafenmasten und dergleichen. Sie fertigen daraus dünnes, aschgraues Wespenpapier, dessen Farbe, Biegsamkeit und Elastizität an minderwertiges Toilettenpapier erinnert. Die Mittlere Wespe wiederum entnimmt ihr Material lebenden Pappeln mit frischen Rindenverletzungen, weshalb ihre Nesthülle hellgrau oder gelbweiß gefärbt ist. Gemeine Wespe und Hornisse verwenden dagegen vermorschtes, modrig gewordenes Holz aus dem Innern faulender Pfähle und abgestorbener Bäume, das sich nicht mehr in Fasern abspalten, sondern nur noch zwischen den Fingern zerreiben läßt. So entstehen Nester aus holzfarbenem, hellgelbem oder rotbräunlichem Papier von sehr spröder und brüchiger Struktur. Deutsche und Sächsische Wespe verarbeiten nicht selten auch Papier, Pappe und Textilfasern verschiedener Art und Färbung, während Gemeine Wespe und Hornisse gerne Torfmull zum Bau ihrer dann vorwiegend oder teilweise dunkelbraun gefärbten Nester verwenden. Das in unseren Händen so hinfällig erscheinende Wespenpapier bildet in Form schützender Außenhüllen – vor allem bei den Wespen der gemäßigten Breiten – eine wichtige Voraussetzung für eine wirksame Wärmeregulation innerhalb des Nestes. Um eine optimale Wärmeisolation zu erreichen, besteht die Hülle oft nicht aus einfach übereinandergeklebten Papierschichten, sondern enthält dazwischen kleine abgeschlossene Hohlräume, die wie ein Doppelfenster wärmedämmend wirken. So hat man bei der Gemeinen Wespe während der Brutaufzucht eine Nesttemperatur von 30 °C gegenüber einer Außentemperatur von 12–15°C gemessen.

Die Heide-Feldwespe, heftet ihr Nest zur Ausnutzung der in Bodennähe höheren Luftwärme meistens niedrig über dem Erdboden in 10 bis 20 cm Höhe an Pflanzenstengel.

Das Einwaben-Nest der Gallischen oder Französischen Wespe wird gewöhnlich in helleren Hohlräumen von Gebäuden, südlich der Alpen aber auch im Freien an Felsen errichtet.

Wespennester und ihre Erbauer

Gemeinsamkeiten und Unterschiede

So verschieden wie die einzelnen Wespenarten in Aussehen und Verhalten, so unterschiedlich sind auch die von ihnen geschaffenen Nester hinsichtlich Baumaterial, Architektur und Ort der Anbringung. Einige grundsätzliche Gemeinsamkeiten sind jedoch unverkennbar. Ganz allgemein kann man je nach Nistplatzwahl zwischen Freinistern und Höhlennistern unterscheiden und bei letzteren wieder zwischen solchen, die ihre Nester oberirdisch errichten und solchen, die bevorzugt unter der Erde bauen. Wird als Nistplatz eine oberflächliche Bodensenke gewählt, so daß meist ein Teil der Nesthülle sichtbar bleibt, spricht man von Bodennestern. Als Beispiel sei die Waldwespe genannt, die manchmal in Erdnähe oder in Erdhalbhöhlen, jedoch nie tief im Boden nistet. Gemeine Wespe, Deutsche Wespe und Rote Wespe legen ihre Nester dagegen vorwiegend unterirdisch an, wozu sie oft Mäuselöcher und Maulwurfsgänge selbständig erweitern. Sächsische Wespe und Waldwespe wiederum befestigen ihre Nester hängend an die Unterseite von Ästen, an Balken auf Dachböden oder ähnliche Holzunterlagen. Die Nester der Mittleren Wespe – sie ist die ausgesprochenste Freinisterin – finden sich dagegen im dichten Gebüsch und nie an oder in Gebäuden. Ferner setzt sich bei den zuletzt genannten Langkopfwespen die Nesthülle aus kugelschalenartig geformten Blättern zusammen, während bei den Kurzkopfwespen die Außenseite der Nesthülle muschelförmige, meist völlig in sich geschlossene Taschen trägt. Auch sind die durch eine Mittelsäule gehaltenen Waben der Langkopfwespen zum Rand hin ziemlich stark nach oben gebogen und die Zelldeckel über den eingeschlossenen Larven sind stark gewölbt. Die durch zahlreiche kleine Säulen verbundenen Waben der Kurzkopfwespen verjüngen sich an den Seiten und besitzen nur flache, kaum über den Zellrand hinausragende Gespinstdeckel. Den mit Abstand einfachsten und am leichtesten zu bestimmenden Nesttyp finden wir bei den Feldwespen, deren Einwabennester an den Anfang der folgenden Übersicht gestellt wurden.

Frei-, Höhlen-, Boden- oder Erdnister

Gallische Feldwespe
Nest ohne Hülle, nur eine Wabe mit einigen Dutzend Zellen; Wabe dunkelgrau, aus verwitterten Holzfasern. Nest in hellen, wenigstens teilweise umschlossenen Räumen oder an der Unterseite überhängender Flächen. Oft mehrere Nester in dichter Nachbarschaft; südlich der Alpen häufig außen an Gebäuden oder ganz im Freien an Pflanzenstengeln oder Steinen.

Heide-Feldwespe
Nest hüllenlos, nur eine Wabe mit kaum mehr als 60 Zellen. Wabe hellgrau, aus langen Oberhautfasern vorjähriger Stauden und Kräuter; Nest meist 10–20 cm über dem Boden an lebenden oder abgestorbenen Pflanzenstengeln, sowie an der nach Süden gerichteten Außenfront von Gebäuden; mehr zum Süden hin im Hausinnern oder unter Dächern.

Mittlere Wespe
Nest mit vielschichtiger Schutzhülle und 6–7 Waben. Nest bis zur Größe eines Fußballes, kugelig oder zitronenförmig; Mantel hellgelb oder blaßgrau, pergamentartig fest und widerstandsfähig, meist aus nichtverwittertem Pappelholz. Flugloch etwas zur Windschattenseite verschoben mit röhrenförmigem Fortsatz. Nest häufig im dichten Gebüsch und in Bodennähe, manchmal auch an Baumzweigen, gelegentlich an Felswänden, aber nie in Höhlen.

Sächsische Wespe
Nest mit Schutzhülle aus drei oder mehreren Ballons und 2–6 Waben. Durchmesser 10–20 cm, erdbeer- oder verkehrt birnenförmig;

Die als „Kleine Hornisse" bekannte Mittlere Wespe ist zum Unterschied zur Hornisse ein Freinister in Gebüschen.

Hülle aschgrau aus verwittertem Holz. Häufig mehrere, durch den Tod der Königin nicht vollendete Nester unweit voneinander entfernt in geräumigen Dachböden, Scheunen, Schuppen, Waldhütten, Garten- und Bienenhäusern. Nester im Freien an Gesimsen, in Tür- und Fensternischen, seltener an der Unterseite starker Äste.

Waldwespe
Nest mit zahlreichen Hüllen und 2–4 Waben. Durchmesser knapp 10 cm, zitronen- bis kugelförmig; Hüllen volantartig abgestuft, dünn aber widerstandsfähig, grau bis graugelb, aus verwittertem Pappelholz. Nest dicht über dem Boden im Gebüsch, oder untief und teilweise sichtbar unter hohlliegenden Steinen und Baumwurzeln, an Weg- und Bahnböschungen, auch in Gebäuden, Nistkästen, Baum- und Mauerhöhlen, unter Dächern und in Baumwipfeln.

Rote Wespe
Nest mit mehrschichtigem Mantel und 3–4 außergewöhnlich breiten Waben; etwa faustgroßer, tellerartiger Bau, mehr breit als hoch. Mantel aschgrau aus verwitterten Holzfasern, im obersten Teil so dick wie starke Pappe; Außenschicht mit sehr breiten, übergreifenden und immer etwas abstehenden Rändern; Schuppen muschelförmig. Nest stets unterirdisch, untief im Boden mit nur kurzem Zugang; Schlupfloch gewöhnlich in der Vegetation verborgen.

Gemeine Wespe
Nest mit Schutzhülle und 8–10 Waben. Durchmesser rund 20 cm, häufig aber auch größer. Nesthülle und Waben gelb bis gelblich-braun, aus kurzen Splittern morschen Holzes, auch aus Torf oder Rinde; Mantelschuppen muschelförmig und spröde. Nest unterirdisch, freischwebend an Wurzeln aufgehängt. Meist in abschüssigen Erdstellen (z. B. Böschungen) viel häufiger als in ebenen Erdstellen. Seltener in dunklen oberirdischen Höhlungen.

Deutsche Wespe
Nest mit Schutzhülle und 7–8, durch zahlreiche dünne Tragsäulen verbundene Waben. Durchmesser 20–30 cm, zuweilen Riesennester. Nesthülle und Waben aschgrau, aus verwittertem Holz, auch Altpapier und Textilien; Hüllentaschen muschelförmig gewölbt, in 2–4 Schichten dachziegelartig angeordnet. Nest verhältnismäßig tief im Boden, in ebenen wie in abschüssigen Stellen. Weniger häufig in oberirdischen dunklen Hohlräumen an oder in Gebäuden.

Wespen leben in einjährigen Sommerstaaten

Nestgründerin und Legemaschine

Im Gegensatz zu den als ganze Volkseinheiten überwinternden Honigbienen bilden die in unseren Breiten heimischen geselligen Wespen nur einjährige Sommerstaaten. Wie bei den Hummeln ist jedes Nest das Werk eines vorjährigen, noch im Herbst begatteten Weibchens, das nach der Überwinterung im Frühling zur Gründerin eines neuen Staates wird. Aus ihrer Winterstarre erwacht, besucht die Jungkönigin zunächst Blüten, um Nektar zu saugen. Nach einigen Tagen der Stärkung wählt sie einen geeigneten, wind- und wettergeschützten Nistplatz aus und beginnt mit dem Bau der ersten Zellen an einem kurzen, etwa nageldicken Zapfen. Noch vor Vollendung der ersten Wabe ist die Königin schon mit der Errichtung der schützenden Außenhülle beschäftigt, die sich wie eine kleine Glocke oder Kappe über die Anfangswabe spannt. Soll das Nest erweitert werden, wird eine Innenlage der Hülle abgebaut und eine neue Außenschicht aufgelagert, so daß der Wärmeschutz nicht unterbrochen wird. Die Eiablage erfolgt bereits nach etwa zehn Tagen, wenn das Nest erst sieben bis zehn Zellen aufweist. Auf dem Höhepunkt der Saison, wenn durch ein Heer von Arbeiterinnen sämtliche Wabenetagen errichtet sind, werden bis zu 300 Zellen pro Tag bestiftet, da sich die Ovarien der Königin inzwischen derart vergrößert haben, daß ihr Hinterleib fast völlig mit Eiern ausgefüllt ist. Am fruchtbarsten sind die Königinnen der Kurzkopfwespen, die insgesamt bis zu 50 000 Eier je Tier produzieren können.

Ei – Larve – Puppe – Wespe

Jedes Ei wird von der Königin mit dem Hinterpol an die Seitenwand der nach unten offenen Zelle geklebt, so daß es mit dem anderen Ende frei in den Zellenraum hineinragt. Nach etwa fünf bis sechs Tagen schlüpfen die kopfunter in den Zellen steckenden Larven aus den Eihüllen. Bei gutem Futter und ausreichender Wärme werden sie nach dreimaliger Häutung in zweieinhalb bis drei Wochen reif zur Verpuppung. Die ausgewachsenen Larven verdeckeln ihre Zellen nun mit einer Seidenkappe und umspinnen sich mit einem glasartigen Gewebe, welches die ganze Zelle ausfüllt. In diesem Kokon erfolgt – je nach den herrschenden Wärmeverhältnissen – in zwölf bis zwanzig Tagen die Verwandlung (Metamorphose) zur geflügelten Wespe. Die im Frühsommer in den oberen älteren Waben aufgezogenen Nachkommen sind ausschließlich Arbeiterinnen und auffällig kleiner als die Königin. Als verkümmerte Weibchen mit starkem Brutpflegeinstinkt führen sie in der Folgezeit alle Bau- und Fütterungstätigkeiten aus, während sich die von sämtlichen Außendienstar-

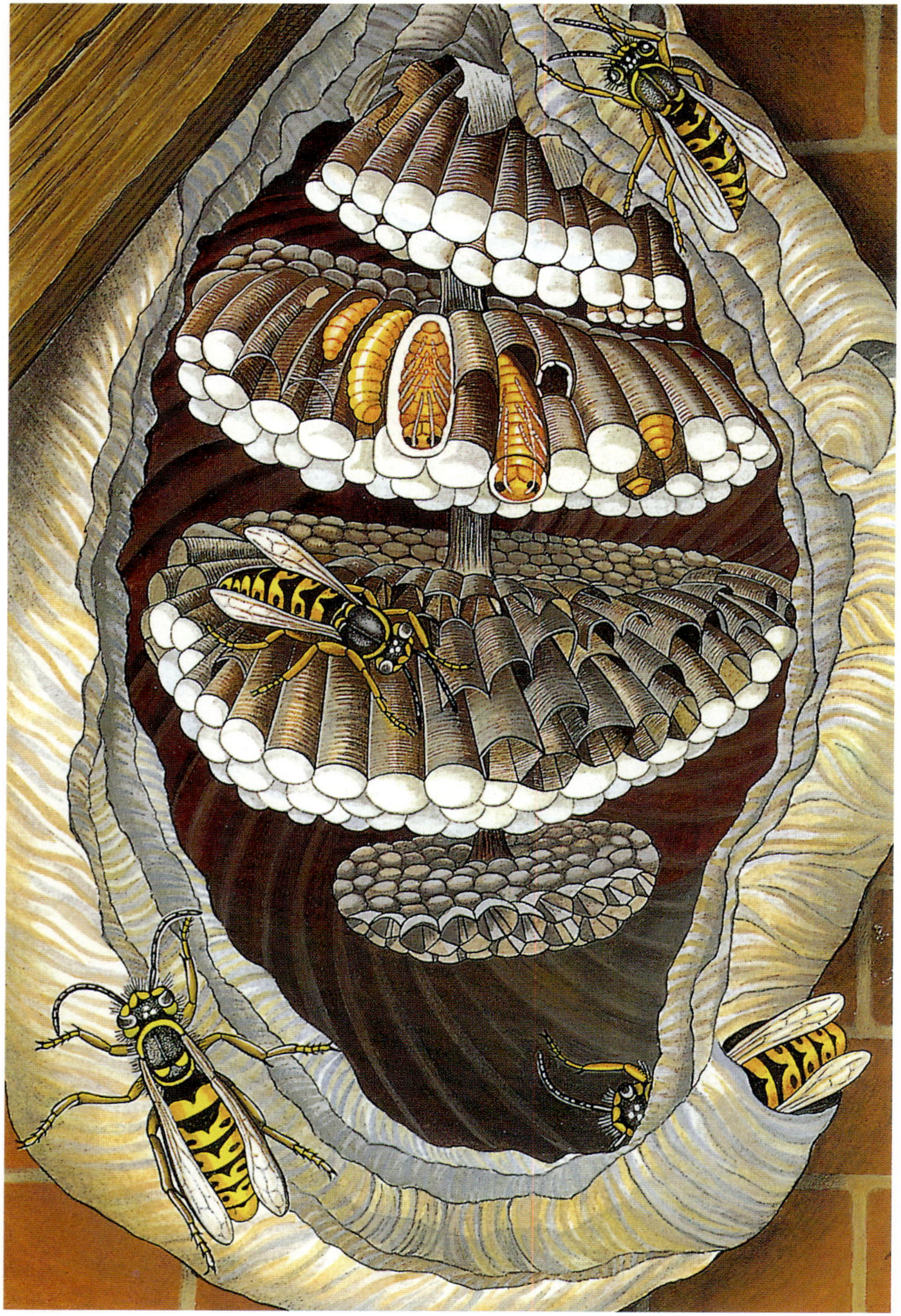

beiten entlastete Königin nur noch der Eiablage widmet. Obwohl Wespenvölker bei weitem nicht die Größe und Organisationshöhe von Bienen- oder Ameisenstaaten erreichen, ist doch auch hier eine in gewisser Weise altersabhängige Arbeitsteilung zu beobachten. So betätigt sich eine Arbeiterin der Gemeinen Wespe in den ersten neun Tagen als Amme, anschließend ist sie für das Heranschaffen von Wasser und Baumaterial zuständig, kann aber auch schon zur Nestverteidigung abgerufen werden. Ab dem 12. Tag ist sie für zwei Wochen mit dem Sammeln von Nahrung beschäftigt, um danach bis zu ihrem Tode Wächterdienste zu versehen. Vermutlich hängt die Entstehung der Arbeiterinnen-Kaste damit zusammen, daß die Königin während der Larvenzeit der Arbeiterinnen die einzige Pflegerin war und deshalb nicht genügend vollwertige Nahrung herbeischaffen konnte. Möglicherweise werden von ihr aber auch gewisse Stoffe verfüttert, die sich auf die Keimdrüsenentwicklung der Nachkommen hemmend auswirken. Gegen Ende des Sommers werden in größeren Zellen der unteren Waben aus unbefruchteten Eiern Männchen und aus befruchteten Eiern Weibchen herangezogen, die sich bei besserer Pflege durch mehr Arbeiterinnen und einem jahreszeitlich bedingten optimalen Nahrungsangebot zu Königinnen entwickeln.

Auflösungserscheinungen

Nach dem Schlüpfen verbleiben die Geschlechtstiere noch einige Zeit im Nest, beteiligen sich jedoch nicht am Gemeinschaftsleben, sondern lassen sich von ihren Schwestern füttern. Die Paarung vollzieht sich teils im Nest, teils im Freien, wo die Männchen auf der Suche nach den Weibchen bestimmte Bahnen immer wieder durchfliegen. Mit dem Ausschwärmen der Geschlechtstiere und der zunehmenden

Die stockwerkartig angeordneten Waben eines Wespennestes werden von einer schützenden, mehrschichtigen Außenhülle umgeben. Sie enthält kleine abgeschlossene Hohlräume, die wie ein Doppelfenster wärmeisolierend wirken.

Die Deutsche Wespe verwendet zum Nestbau kleine Holzstückchen von verwitterten Zäunen oder Brettern. Diese werden mit Speichel zu „Wespenpapier“ verklebt.

Die kopfunter in den Zellen hängenden Larven werden von den erwachsenen Wespen mit zerkauten Insekten, Spinnen oder Aasstückchen verköstigt.

Vor der Verpuppung verschließt die Larve ihre Zellen mit einem Deckel aus einer Art Seide. Während der Puppenruhe erfolgt der Umbau zum fertigen Insekt.

Verknappung des Nahrungsangebotes (Eiweißmangel) zerfällt die soziale Organisation des Wespenstaates. Noch vorhandene Larven werden nicht mehr gefüttert, aus den Zellen gezerrt und zum Teil auch gefressen. Selbst bereits gedeckelte Zellen werden aufgebrochen, die Puppen herausgeholt und aus dem Nest geworfen. Bei den Langkopfwespen ist die Saison etwas kürzer als bei den Kurzkopfwespen: Die Völker der Sächsischen Wespe sterben bisweilen schon in der zweiten Augusthälfte ab, die der Waldwespe Anfang September. Die Nester der Roten Wespe stehen ebenfalls Ende August bis Mitte September leer, mit den Völkern der Gemeinen Wespe geht es im Spätherbst und mit denen der Deutschen Wespe in der zweiten Oktoberhälfte oder anfangs November zu Ende. Die etwas länger fliegenden Männchen werden schließlich von den einsetzenden Herbstfrösten überwältigt und dahingerafft. Nur die im Herbst befruchteten Vollweibchen, die späteren Königinnen, überwintern. Durch reiche Fettreserven und eine niedrige Stoffwechselrate gut ausgerüstet, sind sie in der Lage, in geschützten Orten wie Holzschuppen, Mauerlöchern, Baumhöhlen, Baumstrünken, Rindenspalten oder unter Reisighaufen, Moos und Steinen sechs Monate schlafend zu überstehen, um als „Genreserve“ das Wespengeschlecht ins nächste Jahr hinüberzuretten. Damit schließt sich der Lebenskreis.

Wovon sich Wespen ernähren

Wespen ernähren sich sowohl von kohlehydratreichen Pflanzensäften, als auch von eiweißhaltigen tierischen Stoffen. Letztere werden meist in Form von Insektenfleisch vorwiegend zur Aufzucht der Larven benötigt, während die erwachsenen Tiere für ihre individuelle Ernährung hauptsächlich mit süßen Früchten, Baumsäften, Honigtau und Blütennektar vorliebnehmen.

Nicht alle blütenbesuchenden Wespen sind jedoch friedliche Nektarlecker. Viele finden sich hier nur ein, um als Jäger die Blüten nach allerlei Kleingetier abzupatrouillieren. Gejagt werden in erster Linie Fliegen (Stuben-, Gold-, Fleisch- und Schwebfliegen), in größerem Umfang aber auch Imagines und Larven von Heuschrecken und Zikaden, sowie Schmetterlingsraupen, Blattwespenlarven, Bienen und Spinnen. Eine gewisse Vorstellung von der Bedeutung der Wespen als Fliegenvertilger gibt eine Beobachtung, nach der etwa 60 Wespen in einer Stunde 227 Fliegen gefangen haben. Die mit den Füßen ergriffenen Beutetiere werden durch Bisse mit den kräftigen Kiefern oder, wenn nötig, durch Stiche getötet. Anschließend

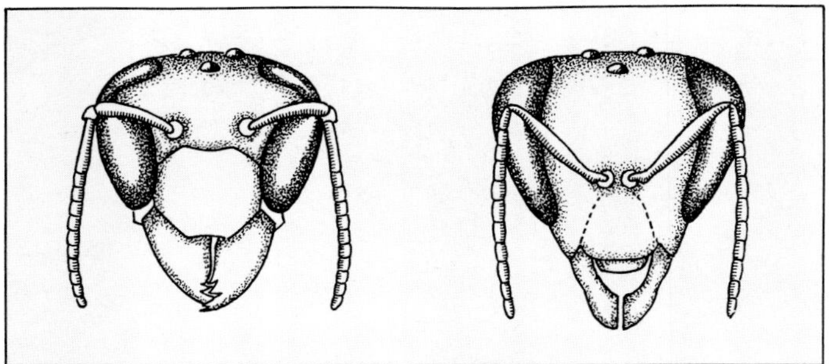

Vergleich der Kieferzangen (Mandibeln) bei Wespe und Honigbiene

O: Große Stubenfliege, Kleine Stubenfliege. M: Wadenstecher, Goldfliege. U: Blaue Schmeißfliege, Graue Schmeißfliege

Wespen als Jäger – erbeutete Fliegen.

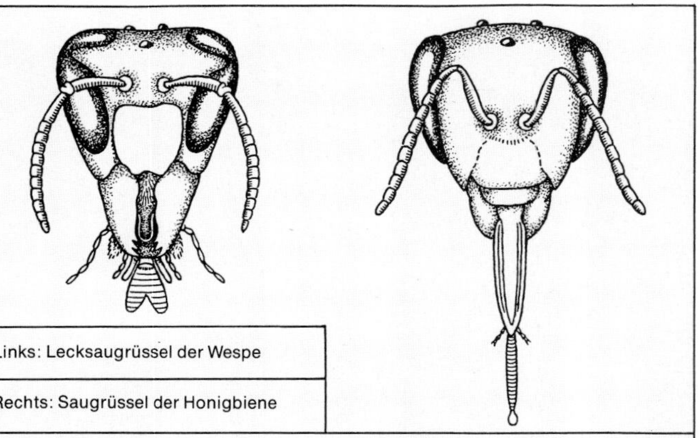

Links: Lecksaugrüssel der Wespe

Rechts: Saugrüssel der Honigbiene

Knotige Braunwurz, Echte u. Breitblättrige Sumpfwurz, Zwergmispel

Wespen als Blütengäste – Wespenblumen.

werden sie, von Kopf, Flügeln und Beinen befreit, meist an Ort und Stelle in kleine transportable Fleischpakete zerlegt und – bei größeren Tieren – ratenweise ins Nest geschafft. Dort werden die gut durchgekauten Nahrungspillen als „Insektenklein“ an die Larven verfüttert. Bei der Futteraufnahme, aber auch schon auf die leiseste Berührung hin, geben die Larven ihrerseits ein wasserklares Speicheltröpfchen ab, das wegen seines hohen Zuckergehaltes bei den Pflegerinnen sehr beliebt ist und für frischgeschlüpfte Tiere die erste Nahrung darstellt. In Schlechtwetterperioden, wenn die keinerlei Vorratswirtschaft betreibenden Wespen nicht ausfliegen können, stellen die Wespenlarven auf kurze Sicht sogar lebende Futterspeicher dar, von denen alle Volksangehörigen durch einfache mechanische Reizung lebenswichtige, trinkfertige Nahrung erhalten können. Auch untereinander füttern sich Wespen von Kropf zu Kropf, so daß die Nahrung zwischen allen Mitgliedern eines Wespenstaates verteilt wird.

In Ruhestellung sind die Vorderflügel der Faltenwespen längs gefaltet. Eine Eigentümlichkeit, die sich erst im Laufe des 1. oder 2. Tages des Imaginaldaseins bildet.

Wespen benötigen zur Larvenfütterung Eiweiß. Größere Beuteinsekten, hier eine Grille, werden in mehrere handliche Beutepäckchen zerlegt und ratenweise eingetragen.

Wespen als Blütengäste

Da die recht flugaktiven Wespenimagines für ihren Betriebsstoffwechsel viel Kohlehydrate benötigen, besuchen sie auch regelmäßig Blumen. Die im Frühjahr etwas zeitiger aus ihrem Winterschlaf erwachenden Langkopf- und Feldwespen sind dabei offenbar mehr auf das Sammeln von Nektar eingestellt als die zur Hauptblütezeit noch in geringerer Anzahl vorhandenen Kurzkopfwespen. Verglichen mit Honig- oder Pelzbienen besitzen Wespen allerdings einen sehr kurzen Lecksaugrüssel, weshalb nur Blüten mit frei zugänglichen Nektarien aufgesucht werden. In erster Linie sind dies verschiedene Doldenblütler, allen voran Bärenklau, Engelwurz und Hirschwurz, ferner Pastinak, Fenchel, Möhre und Petersilie. Überwinternde Weibchen kann man im Frühjahr an Weidenkätzchen, blühenden Schlehen, Obstbäumen, Stachelbeer-, Himbeer- und Johannisbeersträuchern, sowie an den Blüten von Berberitze, Kreuzdorn, Traubenkir-

Während Bienen in den Blüten der Doldengewächse (Dill) auch Pollen sammeln, sind Wespen ausschließlich am Nektar als Energiespender für ihre Flugaktivität interessiert.

Wespen besuchen auch Johannisbeerblüten mit ihren gut erreichbaren Nektarien. Als Bestäubungsinsekten spielen sie jedoch keine nennenswerte Rolle.

sche und Zypressenwolfsmilch beobachten. Blumen, die besonders darauf eingerichtet sind, Wespen anzulocken, sind die Echte Sumpfwurz, die Breitblättrige Sumpfwurz und die Knotige Braunwurz. Als Wespenblumen im engeren Sinne werden sie regelmäßig – aber keineswegs nur – von Wespen besucht und bestäubt. Obwohl in ihrem Blütenbau den Wespen nicht dirket angepaßt, wären ferner noch Schneebeere, Steinmispel und Alpenheckenkirsche als begehrte Nektarspender zu nennen. Auch einige Gartenpflanzen wie Gartenmajoran, Gartenengelwurz, Echter Dost, Liebstöckel, Blaustern, Gartenringelblume, Goldrute, Aster, Strohblume, Kugeldistel und Flieder werden des öfteren angeflogen.

Kaum beachtet: Feldwespen

Harmlose Randsiedler

Von den in unseren Breiten heimischen sozialen Faltenwespen kommen Waldwespe und Mittlere Wespe nur gelegentlich, Gemeine, Deutsche und Sächsische Wespe jedoch mit großer Regelmäßigkeit auch inmitten von Siedlungen vor. Mehr die Randbezirke von Ortschaften werden dagegen mit Vorliebe von der wärmeliebenden Französischen oder Gallischen Wespe besiedelt. Diese zierliche, in sehr kleinen Volkseinheiten lebende Feldwespenart wird dem Menschen nie lästig und daher von ihm auch kaum bemerkt oder gar als eigene Art erkannt, obwohl sie sich von den übrigen Faltenwespen durch eine Reihe typischer Körpermerkmale unterscheidet: Der eiförmig langgestreckte Hinterleib ist mit eingebuchteten Binden geschmückt und durch eine besonders elegante Wespentaille vom Bruststeil getrennt. Im Flug, der schon fast ein wenig bedächtig anmutet, lassen die Tiere zudem ihre Beine ganz charakteristisch nach hinten unten hängen. Auch das dunkelgraue Nest dieser Feldwespe unterscheidet sich von den oft aufwendigen Papierpalästen der anderen sozialen Faltenwespen grundlegend: Es besitzt keine Außenhülle, besteht nur aus einer einzigen scheibenförmigen Wabe, die meist nicht mehr als 50 Zellen enthält und gewöhnlich in hellen Hohlräumen oder windgeschützt unter überhängenden Flächen errichtet wird.

Interessante Einblicke

Ihre einfache Nestkonstruktion macht die Feldwespen für den Zoologen besonders interessant, da sich hier die Entwicklung und das Verhalten der Insassen, sowie ihr Zusammenleben im Staatsgefüge unmittelbar vor den Augen des Beobachters abspielt. Ja man kann sogar die ganze mantellose Wabe vorsichtig von der Unterlage trennen und frei nach Hause tragen. Die Wespenmutter wird darauf sitzen bleiben, denn Feldwespen sind auffällig friedliche Tiere. Noch eine weitere Besonderheit soll nicht unerwähnt bleiben: Während bei den übrigen Sozialwespen sich immer nur eine einzige Königin im Frühjahr als Staatsgründerin betätigt, schließen sich bei den Feldwespen nicht selten mehrere überwinterte Weibchen zusammen, um in Teamarbeit die Brutwabe zu errichten. Schon während der Bauarbeit bildet sich jedoch unter den Weibchen eine ausgeprägte Hierarchie oder Rangordnung – ähnlich der in einem Taubenschlag oder auf einem Hühnerhof – heraus und bereits kurz nach der Eiablage frißt das stärkste Weibchen als nunmehr alleinige Königin die Eier der anderen so lange, bis sich diese nur noch als untergeordnete Arbeiterinnen betätigen. Stirbt die Seniorin, nimmt das rangnächste Weibchen ihre Stellung ein.

Nektar als Flugbenzin

Interessant und kaum bekannt ist weiterhin, daß sich bei Feldwespen bereits eine Vorstufe der Vorratswirtschaft, wie sie von Honigbienen und manchen Ameisen betrieben wird, findet: An den Wänden der Zellen kann man manchmal Tropfen von Nektar entdekken, die sicherlich bescheidene Nahrungsvorräte für Schlechtwetterperioden darstellen, möglicherweise aber auch an die Brut verfüttert werden. Als überaus betriebsame Fluginsekten sind Wespen nämlich ständig auf zuckerhaltige Energiequellen wie Honigtau, Baumsäfte, Obst oder Nektar angewiesen, wobei sie eine erstaunliche Ortstreue zeigen. Mit weißen Tupfen markierte Tiere blieben tage-, ja wochenlang den honigtaubenetzten Bergflockenblumen meines Steingartens treu. In den Monaten April/Mai werden von überwinterten Königinnen blühende Weidenkätzchen, Zypressenwolfsmilch und Stachelbeerblüten, später von den Arbeiterinnen Lupinen, Steinklee, Natternkopf, Waldengelwurz, Braunwurz, Leinkraut, Goldrute, Aster, Strohblume, Roter Hartriegel und von den Männchen im Herbst Doldenblütlergewächse eifrig besucht. In erster Linie leben aber auch Feldwespen räuberisch von kleinen Insekten und Spinnen, die sie zerkauen und zu einer festen Kugel verarbeiten, um damit die Königin und die Brut zu füttern. In China werden Wespen der Gattung *Polistes* sogar planmäßig zur biologischen Schädlingsbekämpfung in Baumwollplantagen eingesetzt.

Lebende Klimaanlagen

Im Sommer kann man Feldwespen häufig an Gartenteichen, Vogeltränken oder Pfützen sehen, wo sie Wasser trinken oder zur Kühlung ihres durch Sonnenbestrahlung aufgeheizten Nestes holen. Zu Hause angekommen, streichen sie das mitgebrachte Naß auf der Rückseite der Wabe zu einem feinen Film aus und führen durch heftiges Flügelfächeln als lebende Ventilatoren seine Verdunstung herbei. Die Wirksamkeit dieser Kühlmethode wurde mittlerweile experimentell nachgewiesen: In einem leeren, der Sonne ausgesetzten Nest konnten Temperaturen bis zu 55°C gemessen werden, während in einem bewohnten Nest die Temperaturen unter gleichen Bedingungen nur auf 37,5°C anstiegen. Droht Unterkühlung, bewegen die Wespen mit ausgekugelten Flügeln ihre Flugmuskulatur im Leerlauf und erzeugen so die nötige Wärme. Sind doch die Brutzellen der ungeschützten Feldwespenwaben viel größeren Temperaturschwankungen ausgesetzt als die mit einer gut isolierten Außenhülle versehenen Nestgebilde der anderen Sozialwespen. In ihnen überwintern nicht selten die sich vom September/Oktober an entwickelnden Jungköniginnen der Feldwespen. Einige verbringen – sogar inmitten von Städten – den Winter aber auch sehr oft in Verstecken auf Dachböden oder in leerstehenden Gebäuden.

Wespen besitzen seitlich der Mundöffnung kräftige gezähnte Oberkieferzangen, die vor allem beim Nestbau und bei der Überwältigung kleiner Beutetiere gebraucht werden.

Wespen machen von ihrem gefürchteten Stachel selbst in unmittelbarer Nestnähe erst dann Gebrauch, wenn man irgendwelche Manipulationen am Eingangsloch oder Nest vornimmt.

Mensch und Wespe

Wespen – bewaffnet, aber friedfertig

Ihre Zudringlichkeit und Naschhaftigkeit hat den Wespen den wohl schlechtesten Ruf unter allen Hautflüglern eingebracht. Als lästig und unangenehm betrachten wir Wespen in erster Linie aber nur, weil wir sie fürchten: Ihr Stich tut weh, führt zu starken Schwellungen und kann im Mund- und Rachenraum sogar lebensgefährlich werden. Nicht wenige Menschen reagieren daher beim Erscheinen einer Wespe mit panikartiger Flucht oder wildem Umsichschlagen. Wer sich jedoch einmal ohne jegliche Voreingenommenheit und Furcht etwas näher mit dieser überaus interessanten Insektengruppe beschäftigt, wird schon nach kurzer Zeit feststellen, daß Wespen Menschen nie grundlos angreifen, denn sie benötigen – im Gegensatz zu Stechmücken und Bremsen – weder unser Blut noch eine andere Körperflüssigkeit von uns. Zu Stichen kommt es nur, wenn wir ihre Nester zerstören, versehentlich auf eine Wespe treten, uns auf eine setzen oder wenn das Insekt zwischen Kleidung und menschlichem Körper in arge Bedrängnis gerät. Im übrigen deutet bereits die Tatsache, daß das Eindringen des Stachels nicht senkrecht, sondern meist in einem spitzen Winkel erfolgt, augenscheinlich darauf hin, daß der Stich nicht so sehr auf Feinde, als auf große schwer zu bewältigende Beuteinsekten gemünzt ist. Hierzu ein paar Erfahrungen aus dem eigenen Umgang mit Wespen: Für eine genaue Bestimmung, wie auch bei der farblichen Markierung von Wespen sind wiederholt blütenbesuchende Tiere auf meinen Handrücken übergewechselt, darunter auch die als Kleine Hornisse bekannte Mittlere Wespe, ohne auch nur einen einzigen Stich zu landen. Von einem Waldwespen-Volk, das sich in einem meiner Hummel-Nistkästen angesiedelt hatte, konnten einige Exemplare für Bestimmungszwecke sogar unmittelbar vom Nesteingang behutsam in ein Glasgefäß dirigiert werden, wobei auch in diesem Fall keinerlei Angriffsverhalten festgestellt werden konnte. Selbst einem von mir in einen Nistkasten umquartierten Volk der Deutschen Wespe konnten sich interessierte Beobachter bereits eine Viertelstunde später wieder bis auf eine Entfernung von weniger als 50 cm nähern, ohne von den ein- und ausfliegenden Wespen beachtet oder gar gestochen zu werden.

Wie man sich vor Wespen schützen kann

Stichhaltige Auseinandersetzungen mit Wespen lassen sich am besten vermeiden, wenn man seine Lebensgewohnheiten im Spätsommer wenigstens ein bißchen auf diese Insekten einstellt. Vor allem sollte man
- zuckerhaltige Eßwaren nicht lange unbedeckt im Freien stehen lassen;
- nicht aus Flaschen oder Dosen trinken, falls keine Becher oder Gläser zur Verfügung stehen, möglichst dünne Trinkröhrchen benutzen;
- Gläser mit Bier, Limonade und Fruchtsäften mit Servietten oder Untersetzer abdekken;
- Speisen und Getränke nie bei fortgeschrittener Dämmerung und im Dunkeln (z. B. bei einer Sommernachtsparty) zu sich nehmen;
- von Wespen bereits benagte Früchte (Äpfel, Birnen) vor dem Verzehr in Stücke schneiden; bei Trauben Einzelfrüchte nicht mit dem Mund, sondern mit den Fingern pflücken;
- nach dem Verzehr von süßen Speisen oder Getränken bei Kindern Mund und Wangen feucht abwischen;

Nur zwei Wespenarten, die Gemeine Wespe (oben) und die Deutsche Wespe (unten) werden dem Menschen zeitweise lästig. Ihre Nester befinden sich im Boden oder in oft schwer zugänglichen oberirdischen Hohlräumen.

Rote Wespe (oben) und Gallische Wespe (unten) werden dem Menschen nie lästig. Die Gallische Wespe nistet gerne unter Dachziegeln und erscheint an heißen Tagen häufig an Gartenteichen, um Wasser zur Kühlung ihres hüllenlosen Nestes zu holen.

- nach den Mahlzeiten Tische schnell abräumen und von süßen Speiseresten reinigen;
- auf Gelände mit Fallobst nicht barfuß gehen;
- Abfallbehälter auf Campingplätzen, Spielplätzen, Schulhöfen, sowie in der Nähe von Verkaufsständen sorgfältig verschließen;
- bei der Nahrungssuche unter die Kleidung geratene Tiere nicht drücken oder schlagen, sondern ruhig warten, bis die Tiere wieder von alleine herauskommen.

Ein wichtiger Maßnahmenkomplex stellt das Absichern von Räumen dar, die auf Wespen besonders anziehend wirken (Marmeladen- und Sirupherstellereien, Saftkeltereien, Bäkkereien, Konditoreien, Süßwarenbetriebe, Imkereien, Obsthandlungen). Für ein rein mechanisches Fernhalten von Wespen haben sich hier folgende Vorkehrungen bewährt (H. KEMPER/E. DÖRING, 1967):

- Bespannen von Fenstern, Luftklappen und anderer Öffnungen mit Drahtgaze, Perlon-, Nylon- oder anderen Kunststoffgeweben (Maschenweite 3–4 mm);
- Bau einer Raumschleuse in Form eines windfangartigen Vorraumes vor den Türöffnungen gefährdeter Gewerbebetriebe;
- Anbringen von Türvorhängen aus Glas-

perlenschnüren bei stark frequentierten Bäckereien und Konditoreien;
- Aufstellen von Ventilatoren bei Kuchenauslagen in Schaufenstern;
- Abdecken von Auslagen auf Wochenmärkten mit Klarsichtfolien, Glasstürzen oder Plexiglashauben;
- Umhüllen besonders schöner und wertvoller Früchte mit Papier- oder Tüllsäckchen;
- Sicherung von Weintrauben an Hauswandspalieren durch Abdecken mit Gazeschleiern, in Reblagen durch Überspannen mit Gespinstkabeln aus Viskosefasern, wie sie zur Starenabwehr verwendet werden.

Wespen, die unseren Schutz verdienen

Wer sich auch nur ein wenig mit der Biologie der Wespen befaßt, weiß, daß sich Wespenvölker im Spätsommer und Herbst von alleine auflösen. Man kann ihre Papierpaläste deshalb ruhig an ungewöhnlichen Nistorten belassen. Nicht wenige Menschen betrachten es jedoch nach wie vor als ihre Pflicht, jedes in ihr Blickfeld geratene Nest unverzüglich zu beseitigen. Damit werden aber mehrere völlig harmlose Arten vernichtet und gefährdet, denn die Gemeine und Deutsche Wespe, auf deren Schuldkonto mit Abstand die meisten von Wespen verübten Schandtaten zu setzen sind, legen in der Regel gut versteckte Erdnester an oder nisten in schwer zugänglichen oberirdischen Höhlungen, während die übrigen Wespenarten freihängende und damit leicht zu entdeckende Ballon- oder Einwabennester errichten. Die Bedeutung dieser Arten – die Mittlere Wespe, Waldwespe, Sächsische Wespe und Feldwespe gehören dazu – ist für den Menschen vorwiegend positiv, denn sie fangen Fliegen, Bremsen und andere lästige Insekten in großen Mengen und lassen sich zudem nie in Wohnungen, auf Veranden oder in Gartenwirtschaften blicken. Beson-

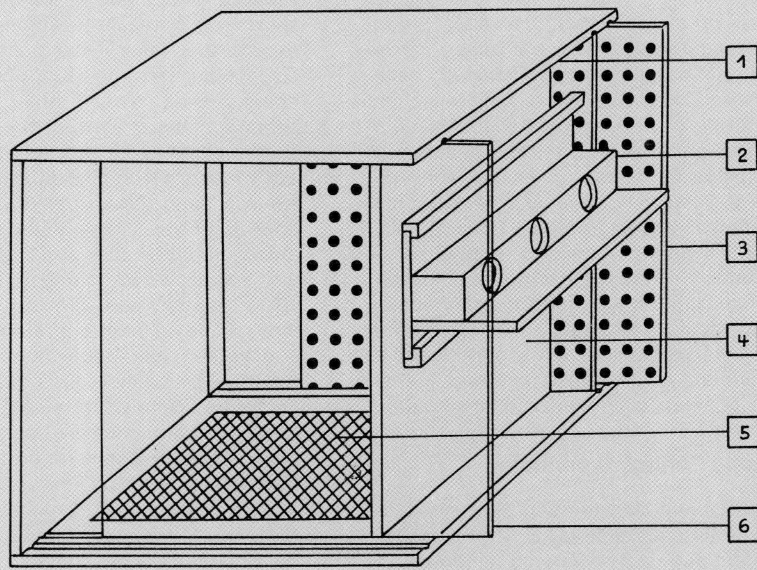

1	Dach (überstehend)	4	Vorderwand
2	Dressurvorbau	5	Gazedraht
3	Verdunklungsschied	6	Glasscheibe

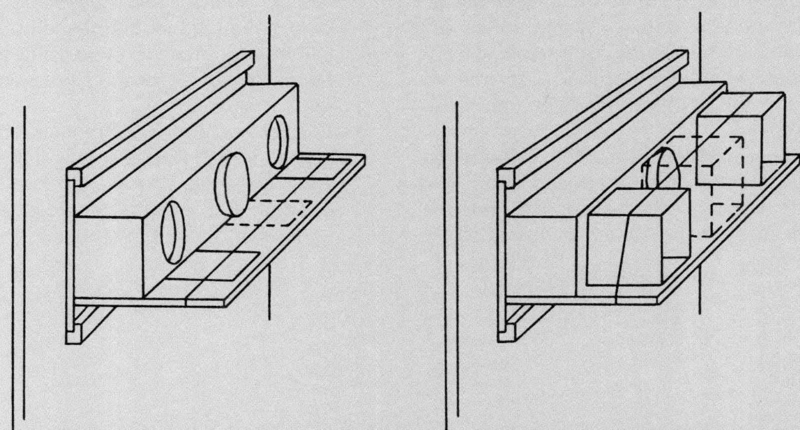

Wahltest auf zwei unterschiedliche Pappkartonplatten	Wahltest auf zwei unterschiedliche Pappkartonröhren
Andressurort in der Mitte verschlossen	Andressurort in der Mitte verschlossen

Oben: Nist- und Beobachtungskasten für soziale Faltenwespen.
Unten: Vorbau-Varianten für einfache Stockeingangsdressuren (nach M. HALLMEN, 1990).

dere Erwähnung verdient hier das „Haustier" unter den Wespen, die Sächsische Wespe. Von allen Wespenarten nistet sie in unmittelbarster Nähe des Menschen, ja direkt in seinen Behausungen. Trotzdem belästigt diese kleine Wespenart den Menschen in keiner Weise und kommt selbst dort nicht in seine Wohnung, wo sie unter demselben Dach nistet. Es besteht somit keinerlei Anlaß, ihre Nester wie auch die der anderen Langkopfwespen zu zerstören oder den Tieren mit Fliegenklatsche und Insektenspray zu Leibe zu rücken. Ungeachtet dessen werden auch heute noch vielfach alle Wespen unterschiedslos bekämpft, dabei lassen sich lästige und harmlose Arten schon hinsichtlich Nistplatzwahl, Volksstärke und Lebenszyklus mühelos voneinander unterscheiden.

Mögliche Schutzmaßnahmen

Eine pauschale Bekämpfung aller Wespenarten ist nicht nur ökologisch unsinnig, sondern stellt auch einen Verstoß gegen die in Deutschland geltenden Naturschutzbestimmungen (§ 20 des BNatSCHG) dar, wonach alle sozialen Faltenwespen dem allgemeinen Artenschutz unterliegen. Nur in begründeten Notfällen, also bei akuter Gefährdung von Menschen, dürfen die beiden lästig werdenden Arten ausschließlich durch ein geschultes Fachpersonal bekämpft werden. Meist kann schon durch wenig aufwendige Maßnahmen der Vorbeugung und der Gefahrenabwehr die Errichtung oder die Vernichtung eines Wespennestes vermieden werden:

- Durch Beachten einfacher Verhaltensregeln und Verwendung zusätzlicher Hilfsmittel können selbst Nester der Deutschen und Gemeinen Wespe in unmittelbarer Hausnähe oder in Hof und Garten toleriert werden. (Anbringen einer niedrigen Absperrung, Vermeiden heftiger Erschütterungen, z. B. beim Rasenmähen, nicht mit Gegenständen in den Einfluglöchern stochern, weder Wasser noch Insektenbekämpfungsmittel einsetzen).
- Unterbleiben sollte ein in Imkerkreisen noch immer weithin praktiziertes Aufstellen von Fanggläsern mit Bier, Limonade oder einer Wasser-Hefe-Lösung zum Anlocken und Ertränken von Wespen. Starke und damit überwinterungsfähige Bienenvölker werden von den im Spätsommer ihre größte Populationsstärke erreichenden Völkern der Deutschen und Gemeinen Wespe weder ernsthaft dezimiert noch ihrer Wintervorräte beraubt.
- Einer Ansiedlung von Wespen in Hohlräumen von Gebäuden kann dort, wo es problematisch ist (z. B. in Jalousiekästen) durch vorbeugendes Abdichten möglicher Einschlupföffnungen begegnet werden. Bei Rolläden könnte statt einzelner Kunststoff- oder Gummistopper am Ende des Rolladenpanzers eine durchgehende Leiste mit eingelassener Profilgummidichtung angebracht werden.
- An Orten, wo Nester keine Behinderung darstellen (z. B. auf Dachböden und in anderen ungenutzten Räumen, die gerne von der Sächsischen Wespe bezogen werden), sollten dagegen Einschlupfmöglichkeiten offen gehalten und entdeckte Wespennester an Ort und Stelle belassen werden.
- Für Feldwespen, die ihre kleine Brutwabe gerne unter Dachziegeln heften, aber auch für andere Arten, die zum Nestbau oberflächlich verwittertes Holz benötigen, können alte, nicht gestrichene Bretter als „Baumarkt" zur Materialbeschaffung bereitgestellt werden.
- Zum Schutz der oft an feuchten Stellen nistenden Roten Wespe sollte ein maschinelles Ausfräsen von Straßen- und Wiesengräben in die Wintermonate verlegt werden, am besten jedoch überhaupt unterbleiben, da mit der wurzeltiefen Zerstörung der Vegetation auch Ameisennester, sowie Igel und Eidechse in Mitleidenschaft gezogen werden.
- Für die bereits 1984 in die Rote Liste der bedrohten Tier- und Pflanzenarten aufgenommene und zwischenzeitlich sehr selten gewordene Mittlere Wespe stellt die Erhaltung und Neupflanzung von Hecken und Buschwerk im Siedlungs- und Außenbereich eine sinnvolle Hilfe dar.
- Hecken, die ein Nest der Mittleren Wespe beherbergen, sollten in dessen Umfeld bis zum Absterben des Volkes von einem Schnitt verschont bleiben. Befindet sich das Nest in unmittelbarer Nähe eines Kinderspielplatzes oder eines vielbegangenen Weges, kann eine Umsiedlung mit Hilfe eines Nistkastens vorgenommen werden (Anleitung s. RIPBERGER/HUTTER 1992).
- Eine Umsiedlung ist auch bei noch kleineren Kolonien der Gemeinen und Deutschen Wespe möglich. Durch Einbringen der freigelegten Nester in spezielle Nistkästen mit einem „Dressurvorbau" und verdunkelbaren Seitenwänden aus Glas können bereits Schüler interessante Einblicke in das Nestbau-, Verteidigungs-, Brutpflege-, Futteraustausch- und Fortpflanzungsverhalten, aber auch in das Lern- und Farbunterscheidungsvermögen dieser Tiere erhalten (vgl. M. HALLMEN 1990).

Hornissen

Unsere größte Faltenwespe

Hornissen kommen in Europa in nur zwei Arten vor: Als *Vespa crabro* in allen gemäßigten Klimabereichen Europas und als *Vespa orientalis* im östlichen Mittelmeergebiet. Beide Arten sind auch auf anderen Kontinenten zu Hause und gehören gemeinsam mit den kleineren Wespenarten zur Familie der Faltenwespen. Im Gegensatz zur übrigen Wespenverwandtschaft sind Hornissen nicht schwarz-gelb gefärbt, sondern das Schwarz ist an Kopf und Brust mit hellerem oder dunklerem Rotbraun kombiniert. Die in Mitteleuropa heimischen Hornissen treten in zwei farblichen Formen oder Unterarten auf, die sich leicht unterscheiden lassen: *Vespa crabro crabro* besitzt eine dunkel gefärbte Mittelbrustoberseite, während *Vespa crabro germana* eine rote, V-förmige Zeichnung auf der Mittelbrustoberseite trägt. In Deutschland können beide Unterarten angetroffen werden, doch ist *Vespa crabro crabro* die mehr nördlich und östlich verbreitete Form, während der Westen und Süden anscheinend nur von *Vespa crabro germana* bewohnt wird. Mit ihren bis zu 40 mm langen Weibchen (Königinnen) ist die Hornisse nicht nur die größte europäische Faltenwespe, sondern zugleich auch das größte staatenbildende Insekt der heimischen Tierwelt. Trotz oder wegen dieser Sonderstellung wurde dieser stattliche Hautflügler bis in die jüngste Vergangenheit meist negativ beurteilt. Ja, Größe, Warnzeichnung und Nachtaktivität der Tiere führten zusammen mit einer tiefsitzenden Furcht des Menschen vor Unbekanntem zu einer grundfalschen Einschätzung dieser im Grunde friedfertigen Großinsekten. Hinzu kommt, daß die natürlichen Lebensräume (Eichen- und Auwälder) und Nistmöglichkeiten (alte, hohle Bäume) der Hornisse in den letzten Jahrzehnten so stark dezimiert wurden, daß diese „Großhöhlennisterin“ nun mehr auf andere Nisthöhlen wie Vogelnistkästen, Dachböden, Schuppen, Bienenhäuser, Lauben und andere für sie geeigneten Räumlichkeiten ausweichen. Das Eindringen der Hornissen in den Siedlungsraum bedeutete für sie angesichts ihres schlechten Rufes und einer maßlos übertriebenen Angst vor Stichen nunmehr völlig der gnadenlosen Verfolgung durch den Menschen ausgeliefert zu sein. Direkte Nachstellung und gedankenlose Vernichtung aller ins Blickfeld geratenen „Hornissenburgen“ sind u. a. ein Hauptgrund, weshalb Hornissenbestände in mehreren europäischen Ländern eine rückläufige Tendenz aufweisen und in vielen Regionen Mitteleuropas sogar vom Aussterben bedroht sind.

Hartnäckige Vorurteile

„Sieben Hornissen töten ein Pferd, drei einen Erwachsenen und zwei ein Kind“. Durch diese ebenso weitverbreitete wie unsinnige Behauptung nehmen die als schwarz-gelbe Horrorwesen verschrieenen Hornissen bei den meisten Menschen den wohl rangniedersten Platz auf der Beliebtheitsskala der Insekten ein. Am Zustandekommen dieses hartnäckigen und von Generation zu Generation gedankenlos weitergegebenen Vorurteils war auch das ältere Schrifttum über Hornissen wesentlich beteiligt, da dort die heftigen Abwehrreaktionen eines gestörten Hornissenvolkes häufig als dessen Normalverhalten beschrieben und die allergische Überreaktion einzelner Menschen auf Hornissenstiche als Beweis für die tödliche Gefährlichkeit des Hornissengiftes interpretiert und verallgemeinert wurde. Wissenschaftliche Untersuchungen des Hornissengiftes

Die Hornisse tritt in Mitteleuropa in zwei Unterarten auf. Die mehr südlich und westlich verbreitete Form Vespa crabro germana trägt eine rote V-Zeichnung auf der Mittelbrust.

Die nierenförmigen, fein facettierten Komplexaugen werden in ihrer Funktion durch drei punktförmige, auf dem Scheitel zu einem Dreieck angeordneten Nebenaugen unterstützt.

Hornissen verwenden als Baumaterial modriges Holz von Pappeln, Linden, Obstbäumen und Eichen, das sie zu einer ockerfarbenen bis rotbraunen Papiermasse verarbeiten.

Die herbeigebrachte Pappmaché-Masse wird als kleiner Streifen dem Nestmantel angefügt, wobei die Hornisse in Reitstellung am unteren Hüllenrand hängt.

durch Pharmakologen haben indes eindeutig ergeben, daß dieses nicht toxischer ist als Bienen- oder Wespengift und daß selbst Mäuse bis zu sechs Hornissenstiche überleben können. Der Berliner Zoologe H. KULIKE berichtet von einem adulten (nicht erwachsenen) Rattenmännchen, das die Stiche von 60 Hornissen ohne bleibende Schädigungen überstand. Auf den Menschen hochgerechnet, wären damit über 1000 Hornissenstiche oder doch zumindest einige 100 auf einmal nötig, um eine 70 kg schwere Person durch die Giftwirkung in Lebensgefahr zu bringen. Auch die den Hornissen angedichtete Angriffslust geht gründlich an der Wirklichkeit vorbei. Im Gegenteil: Hornissen verhalten sich weit ruhiger und berechenbarer als Bienen, welche bei Gewitterschwüle, Schweiß- und Parfümgeruch in Stocknähe selbst ohne besondere Störung gezielt angreifen. Hierzu ein paar Beobachtungen aus dem eigenen Erfahrungsbereich:

Friedliche Untermieter

Im vergangenen Jahr hatten sich in einer Regalnische meines Bienenhauses Hornissen eingerichtet, wobei die an den Fenstern angebrachten Bienenfluchten von den stattlichen Insekten als Ein- und Ausflugöffnungen benutzt wurden. Bereits die Errichtung des schönen, hell- und dunkelbraun marmorierten Papierpalastes wurde von meinem siebenjährigen Sohn über Wochen hinweg aus nur 1 m Entfernung beobachtet, ohne von der zunächst allein bauenden Königin und den später schlüpfenden Arbeiterinnen belästigt oder gar gestochen zu werden. Zwar ließ sich gelegentlich eine Hornisse auf dem Lockenkopf des kleinen Beobachters nieder, aber offenbar nur, um diesen nach geeignetem Nistmaterial zu inspizieren, da Hornissen nicht nur morsches Holz, sondern auch feinste Stoff- und Filzreste in das kunstvolle Nestgebilde einarbeiten. Auch im Herbst, als inmitten der Hauptflugbahn der Hornissen Bienenbeuten geöffnet, Waben abgekehrt und Transportkisten gestapelt wurden, steuerten diese Großinsekten ohne jegliche Beeinträchtigung der „Störenfriede“ in ruhigem Fluge ihrem Neste zu, obwohl ihnen dicke Rauchschwaden aus der Imkerpfeife noch zusätzlich die Sicht erschwerten. Selbst als das Hornissenvolk auf dem Höhepunkt seiner Entwicklung mehrere hundert Individuen umfaßte und im Bienenhaus nicht selten mehr Hornissen als Bienen die Köpfe der oft vor Entsetzen erstarrten Besucher umkreisten, konnte keinerlei Angriffsverhalten der Tiere festgestellt werden. Wir Menschen passen eben aufgrund unserer Größe in kein genetisch fixiertes Beuteschema der Hornissen, auch fehlen uns irgendwelche Attribute eines Feindbildes, wie es z. B. dunkle Kleidung oder Haare als Alarmsignal „Bärenfell“ für Bienen darstellen. Auslöser für aggressives Verhalten bei Hornissen dürfte somit neben panikartigem Zubodenschlagen umherfliegender Tiere vor allem die Erschütterung oder Zerstörung ihres Nestes sein.

Kein Einzelfall!

Mehrere Zuschriften und mündliche Mitteilungen legen die Vermutung nahe, daß sich die thermophilen, also wärmeliebenden Hornissen mit Vorliebe Bienenhäuser mit ihrem besonderen Mikroklima zur Nestgründung aufsuchen. Dabei wurde von den betroffenen Besitzern stets glaubhaft versichert, daß sich bei sachgemäßer Behandlung – wie sie jeder Imker beim Umgang mit Bienen beachtet – Hornissen genauso umgänglich sind wie die beliebten Honigerzeuger. Auch für andere Lokalitäten im Siedlungsbereich finden sich in Literatur und Presse zahlreiche Beispiele friedlicher Koexistenz zwischen Hornissen und Menschen: In Unterrieden bei Mindelheim (Landkreis Unterallgäu)

Die Anfangswabe eines Hornissennestes enthält nur wenige Zellen. Die kopfunter darin hängenden Maden füllen bald die ganze Zelle aus und verdeckeln sich zur Verpuppung.

Nicht nur bei Honigbienen, sondern auch in einem Hornissenvolk läßt sich mit etwas Glück die „Hofbildung" der Arbeiterinnen um die Königin beobachten.

lebte ein Familie mit einem großen Hornissenvolk, das sich auf dem Gebälk des Balkons ein stattliches Nest errichtet hatte, problemlos zusammen. Oft saß die Familie unten am Tisch, während oben die Hornissen ein- und ausflogen. Sie interessierten sich weder für Süßes noch für Speisen, sondern wollten nur in Ruhe gelassen werden. Aufmerksam studierte die Familie das Verhalten der Tiere aus nächster Nähe und erlebte sie als ausgesprochen friedfertig. Hornissenschützer H. H. VON HAGEN berichtet von einem Hornissenvolk, dessen Flugloch sich im Rahmen der Schwingtür eines Hallenbadeingangs befand: Obwohl täglich viele Menschen in leichter Badebekleidung ein und aus gingen, kam es zu keinerlei Zwischenfällen, da sich die Tiere an die ständige Benutzung der Schwingtüre offenbar gewöhnten und sich nicht mehr davon beunruhigen ließen. Ein nahezu identisches Beispiel schildern R. RIPBERGER und C. P. HUTTER: In Backnang-Waldrems, einer Gemeinde im baden-württembergischen Rems-Murr-Kreis, nistete ein Hornissenvolk unmittelbar über dem Eingang eines Schulgebäudes in einer Holzverschalung. Die Tiere flogen dabei nur ca. 50 cm über den Köpfen der Schüler in ihr Flugloch ein. Trotz des starken Flugbetriebes gab es keine Probleme.

Lohnende Beobachtungsobjekte

Nicht durch menschliches Fehlverhalten gereizt, sind Hornissen überaus friedfertige Insekten mit einem hohen Beobachtungswert. Vor allem in Gebäuden, wo sich das Leben der Tiere nicht in einer Höhle, sondern frei vor den Augen des Beobachters abspielt, vermitteln diese stattlichen, urigen Großinsekten dem Naturfreund und Freizeit-Entomologen ungewöhnlich eindrucksvolle Bilder von der Nestgründung im späten Frühjahr bis zum Niedergang des Hornissenstaates im Spätsommer und Herbst. Um den ungehinderten Zuflug der Tiere nicht zu blokkieren und ein Anatmen des Nestes zu vermeiden, sollte der Beobachter allerdings einen Mindestabstand von 1 m nicht unterschreiten. Ängstliche Naturen können sich zusätzlich mit einem Imkeranzug sichern, der für nähere Inspektionen ohnehin unerläßlich ist. Da bewußtes Sehen und eine richtige Deutung des Geschauten immer schon ein bestimmtes Wissen voraussetzen, ist es ferner ratsam, sich vorher durch entsprechende Lektüre mit den wichtigsten Stationen eines Hornissen-Jahres vertraut zu machen. Wie bei den Wespen überwintern auch bei einem Hornissenvolk nur die begatteten Jungköniginnen. Sie fliegen im kommenden Jahr etwa ab Mitte April und beginnen Ende Mai/Anfang Juni mit der Gründung eines neuen Hornissenstaates.

Langzeitbeobachtung: Stationen eines Hornissenjahres

Da auch bei Hornissen Vorjahresnester nie ein zweites Mal benutzt werden, legt jede überwinterte Königin an geeigneter Stelle ein neues Nest an. Das dazu nötige Rohmaterial entnimmt sie mit Vorliebe morschen Eichenstubben und Hartholzbalken. Die mit einem dünnen Stiel an die Decke befestigte und mit einer kleinen Schutzhülle überdachte Anfangswabe enthält nur wenige (maximal 40–50) Zellen, die von der Königin jeweils mit einem Ei bestiftet werden. Die daraus nach 5–8 Tagen hervorgehenden wachsweißen Larven hängen, durch eine klebrige Masse festgehalten, kopfüber in den Zellen. Sie werden zunächst mit einer Drüsenabsonderung der Königin ernährt, aber schon wenige Tage danach mit tierischer Kost versorgt, die von der Hornissenkönigin als durchgeknetete Fleischkugel an die Brutzelle gebracht wird. Die immer hungrigen Insassen machen mit ihrem Vorderende dabei eigentümlich nickende Bewegungen, als ob sie, wie nesthockende Jungvögel, die Aufmerksamkeit ihrer Stammutter

Die starken Kieferzangen der Hornisse dienen zum Abnagen von Holz, zum Zerlegen von Beutetieren, aber auch zum Anzapfen der Saftleitungen von Bäumen (ringeln).

Neben Obst- und Baumsäften nehmen Hornissen auch Nektar auf. Die Blüten der Blutberberitze werden im Frühjahr oft von mehreren Hornissenköniginnen gleichzeitig besucht.

auf sich lenken wollten. Durch ihr rasches Wachstum füllen sie bald die ganze Zelle aus, deckeln sich ein und verpuppen sich nach 12–14 Tagen. Etwa 13–15 Tage dauert es, bis sich die dicke Made zum fertigen Insekt verwandelt hat. Die voll entwickelte Hornisse streift zwar sogleich die Puppenhaut ab, verbleibt aber noch ein bis zwei Tage in ihrer Brutkammer. Erst dann nagt sie die Fasern des schützenden Deckels auf, verzehrt einen Teil davon und entsteigt der Zelle. Sobald genügend Arbeiterinnen zur Verfügung stehen, widmet sich die Königin vermehrt ihrer Legetätigkeit, während ihre Gehilfinnen nun alle Pflichten übernehmen, die sie bisher allein versehen mußte. Mit vereinten Kräften wird der Bau des Papierpalastes vorangetrieben: Nach Fertigstellung einer Wabenetage wird einige Zentimeter darunter das nächste Stockwerk in Angriff genommen und mit einem Stiel am oberen verankert. Bei der Verlängerung des Nestmantels wird die feuchte Papiermasse stets leistenförmig aufgetragen, wobei die mitgebrachte Materialfracht einer einzigen Arbeiterin für einen etwa 3 cm langen und 1 cm breiten Streifen ausreicht. Während die ersten Waben nur Arbeiterinnenzellen enthalten, werden im Verlauf des Sommers auch größere Zellen für Geschlechtstiere erbaut. Ihnen entschlüpfen im August die Hornissenmännchen, die sich mit den Jungköniginnen am Boden, auf Bäumen oder bereits im Hornissenbau paaren. Wenn dann im Herbst die Temperaturen längere Zeit unter 15°C absinken und das Beuteangebot immer mehr zurückgeht, stirbt das auf seinem Höhepunkt bis zu 600 Tiere umfassende Hornissenvolk bis auf die befruchteten Jungköniginnen ab. Diese suchen sich abseits des alten Nestes einen Unterschlupf zum Überwintern.

Aufschlußreich: Die Speisekarte der Hornissen

Bei Beobachtungsnestern innerhalb von Gebäuden sollte unterhalb der Nestöffnung gegen Verschmutzung eine dicke Lage Zeitungspapier als „Windel" ausgebreitet werden, da sich dort heruntergefallene Wabenteile, Hüllen und Holzspänchen, abgestürzte, kranke oder tote Hornissenlarven, vor allem aber die festen und flüssigen Ausscheidungen der Hornissen sammeln. Durch die untere Öffnung des Nestes fallen ferner allerlei Nahrungsreste wie Kopfkapseln, Beine oder Flügel, die einen interessanten Einblick in die Speisekarte der Hornissen bieten. Wie die übrige Wespenverwandtschaft, benötigen auch Hornissen zur Aufzucht ihrer Brut tierisches Eiweiß, das sie sich durch den Fang großer Mengen von Insekten beschaffen. Zum Beutespektrum der Hornissen zählen neben Spinnen, Wespen, Wild- und Honigbienen alle Arten von Fliegen, auch größere Insekten wie das Grüne Heupferd oder Großlibellen, ferner viele Forstschädlinge, wie die Raupen des Eichenwicklers und die Kiefernbuschhornblattwespe. Wissenschaftler haben in diesem Zusammenhang ermittelt, daß ein starkes Hornissenvolk pro Tag bis zu 500 g Insekten an seine Brut verfüttert und damit das Tagespensum von 5–6 Meisenfamilien leistet. Hornissen erfüllen so wichtige Regulationsaufgaben im Artengefüge, ähnlich den Greifvögeln und anderen ökologisch wirksamen und anerkannten Tieren. Obwohl die Hauptnahrung der Hornissen zu fast 90% aus Fliegen besteht, werden gelegentlich auch Bienen erbeutet. Doch handelt es sich hierbei vorwiegend um Sammlerinnen, die zum Zeitpunkt der Entwicklungshöhe des Hornissenvolkes ohnehin nicht mehr winterständig werden. Auch beträgt die Fangquote von täglich 10–15 Bienen ab Ende Mai bei 1500–2000 schlüpfenden Jungbienen pro Volk und Tag weniger als 1% und steht damit weit hinter normalen witterungsbedingten Verlusten. Im Imaginalstadium benötigen Hornissen zum Betrieb ihres Bewegungsapparates fast nur noch Kohlehydrate. Aufgenommen wird der Saft reifer Früchte (vor allem von Birnen, Pflaumen, Mirabellen und Pfirsichen), wobei sich die Tiere jedoch meist mit Fallobst oder schon von Vögeln beschädigten Früchten begnügen. „Kraftstoff“ tanken Hornissen auch auf einigen blühenden Sträuchern mit leicht zugänglichen Nektarien (z. B. Berberitze, Faulbaum, Cotoneaster) sowie an verletzten Bäumen. Das Bluten der Bäume können Hornissen durch Ringeln auch selbst bewirken, indem sie mit ihren kräftigen Kauwerkzeugen (Mandibeln) die Siebröhren von Laubholzzweigen annagen und den austretenden Saft auflecken. Allerdings erleidet ein Baum dadurch keinen ernsthaften Schaden. Überdies sind als Futterbäume forstwirtschaftlich eher uninteressante Gehölze wie Eschen, Birken, Erlen, Pappeln und Weiden begehrt.

Mögliche Schutzmaßnahmen

Gnadenlose Vernichtungsaktionen, verbunden mit einer allgemeinen Verschlechterung der Lebensbedingungen infolge Biotopzerstörung und Mangel an geeigneten Nistplätzen haben der Hornisse in Deutschland schon 1984 als regional gefährdete Art einen Platz auf der Roten Liste eingebracht. Inzwischen sind Hornissenvorkommen aus weiten Teilen Mitteleuropas völlig verschwunden oder zumindest sehr selten geworden, so daß langfristig ein Aussterben dieser Insektenart zu befürchten ist. Seit dem 1. Januar 1987 wurde die Hornisse daher als besonders geschützte Tierart in die Anlage 1 der Bundesartenschutzverordnung aufgenommen. Hornissenvölker dürfen demnach weder gestört, belästigt oder beeinträchtigt, noch getötet werden. Wo bei Versagen aller Schutzmöglichkeiten die Vernichtung eines Hornissenvolkes unumgänglich ist, muß in jedem Einzelfall die Genehmigung der Oberen Naturschutzbehörde eingeholt werden. Die so gesetzlich verbriefte Bestandsgarantie sichert diesen Großinsekten jedoch noch keineswegs ein Überleben, wenn die rechtlichen Bestimmungen nicht praktisch umgesetzt und durch aufklärende Öffentlichkeitsarbeit flankiert werden. Sinnvoller und weithin auch von engagierten Einzelpersonen durchführbarer Hornissenschutz läßt sich gleich auf mehreren Ebenen verwirklichen.

Erhalten artgemäßer Lebensräume

Wie in allen anderen Bereichen des Artenschutzes lassen sich auch die an ganz bestimmte Lebensräume gebundenen Hornissenvorkommen auf die Dauer nur durch einen konsequenten Biotopschutz erhalten, dem gegenüber allen anderen Maßnahmen absolute Priorität zuerkannt werden muß. Er beinhaltet in erster Linie den Aufbau und die Pflege naturnah strukturierter Mischwälder, sowie artenreicher Altholzbestände innerhalb intensiv genutzter Wirtschaftswälder. Zur Sicherung eines auch bei Hornissenpopulationen notwendigen Genaustausches sollten solche Inselbiotope einen Abstand von 8–10 km nicht überschreiten. Nicht weniger dringlich ist die Erhaltung natürlicher Bachläufe und Weichholzauen mit alten Weiden- und Pappelbeständen, sowie traditioneller Streuobstwiesen mit hochstämmigen Obstbäumen. Im Siedlungsbereich können hornissenfähige Park- und Alleebäume durch Baumschutzverordnungen wirksam geschützt werden. Wichtiger Bestandteil intakter Hornissenlebensräume sind ferner blühende Hochstaudenfluren an Waldsäumen, Lichtungen, Ufern, Weg- und Grabenrändern. Vor allem große Doldenblütler wie Engelwurz oder Bärenklau stellen mit ihrem reichen Insektenvorkommen leicht zugängliche Jagdgründe zur Erbeutung der in beträchtlichen Mengen benötigten Larvennahrung dar.

Nistplatzsicherung im Siedlungsbereich

Ihrer ursprünglichen Nist- und Lebensräume beraubt, suchen Hornissen für die Anlage ihrer Nester vermehrt die Nähe des menschlichen Wohnbereiches auf, wo sie in Schuppen, Scheunen, Dachböden, Garten- oder Bienenhäusern genügend künstliche Höhlen finden. Wenngleich Hornissen Menschen nie grundlos angreifen, ist es in häufig betretenen Räumen, sowie bei von Hornissen bewohnten Bäumen im Siedlungsbereich dennoch ratsam, besetzte Hornissennester in einem Umkreis von einigen Metern mit einer auffälligen Absperrung zu umzäunen, damit niemand unabsichtlich zu nahe kommt oder das Nest versehentlich beschädigt. Bei kritischer Lage in Gebäuden genügt oft schon eine einfache Absicherung des Nestes durch Verkleiden mit Fliegendraht (Kunststoffnetze werden zerbissen!) zum Innenraum hin. Solche Drahtgehäuse sollten dem Hornissenvolk allerdings noch genügend Platz für die normale Vergrößerung des Wabenbaues lassen. Bei ungünstigen Einflugstellen empfiehlt sich das Anbringen einer etwas abseits gelegenen Bohrung und Herstellen einer röhrenförmigen Fliegendrahtschleuse vom neuen Flugloch zum Nest. Nicht selten können bereits einfache Sichtblenden verhindern, daß die Tiere durch die für sie bedrohlich raschen Bewegungen Vorbeigehender irritiert werden. Bei Nestern in hohlen Bäumen kann die Hauptflugrichtung geändert werden, indem man auf der anderen Seite des Baumes eine neue Einflugöffnung bohrt und die alte verschließt. Weidetiere können von Hornissenkolonien in Bäumen oder Unterständen durch Elektrozäune (Abstand etwa 5 m) ferngehalten werden (H. H. v. HAGEN, 1982).

Beseitigung tödlicher Lichtfallen

Da Hornissen auch in der Dämmerung und am späten Abend (bei günstiger Witterung zuweilen die ganze Nacht hindurch) ausfliegen, werden sie immer wieder von nächtlichen Lichtquellen angezogen. Obwohl in beleuchtete Zimmer geratene Tiere selbst bei Nachstellungen nie angreifen, fallen sie häufig der Fliegenklatsche zum Opfer. Durch rechtzeitiges Schließen der Fenster vor dem Anschalten des Lichtes oder durch Einsetzen von Fliegengittern lassen sich derartige Situationen leicht entschärfen. Hat sich dennoch eine Hornisse ins Zimmer verirrt, findet sie bei abgeschaltetem Licht meist wieder von selbst hinaus, oder kann mit einer Zeitung behutsam ins Freie gelotst

Bei der Erweiterung des Wabenbaues wird von den Hornissen die schützende Nesthülle vorübergehend abgebaut.

In Vogelnistkästen haben Hornissennester wegen Raumnot schon bald ihre Wachstumsgrenze erreicht.

In geräumigen Hornissen-Nistkästen errichten Hornissen mehrere Etagen, so daß sich die Völker optimal entwickeln können.

werden. Noch verhängnisvoller wirken sich die fast immer viel zu großzügig angelegten Straßenbeleuchtungen aus, sowie starke Scheinwerfer mit denen Industriebereiche ausgeleuchtet oder markante Gebäude angestrahlt werden. Vor allem Quecksilber-Hochdrucklampen, deren Wellenlängenbereich auf Insekten besonders anziehend wirkt, werden zu regelrechten Lichtfallen, an denen nachtaktive Insekten zu Tausenden verbrennen. Anerkannte Fachleute raten daher, bereits vorhandene Beleuchtungskörper auf insektenschonende Natrium-Niederdrucklampen umzurüsten, die zudem noch den Vorteil haben, besonders energiesparend zu sein (R. RIPBERGER, 1992).

Nistraumerweiterung bei Vogelnistkästen

In Ermangelung natürlicher Nisthöhlen siedeln sich zahlreiche Hornissenköniginnen immer wieder in Vogelnistkästen an. Doch bereits im Frühsommer, wenn das Hornissenvolk auf 25–30 Tiere und 3–4 Waben angewachsen ist, sind die Grenzen für das weitere Wachstum des Nestes in einem Vogelnistkasten erreicht. Durch rechtzeitiges Entfernen des meist an der Vorderseite angebrachten Kastendeckels kann jedoch häufig das Raumangebot erweitert werden. Um Spechten und anderen Vögeln den Zugang zum Hornissennest zu verwehren und gleichzeitig die Hornissen beim Ein- und Ausfliegen nicht zu behindern, empfiehlt es sich, den Nistkasten mit einem nicht zu eng anliegenden Maschendraht (Maschenweite 10–20 mm) zu umspannen. Wird bei einem starken Hornissenvolk dieses Drahtgehäuse vollständig in das Nest eingebaut, so daß es zwar zu dessen Stabilisierung beiträgt, aber seine eigentliche Schutzfunktion einbüßt, kann ein zweiter noch größerer Maschendraht-Mantel um das Nestgebilde gelegt werden. Als Regenschutz dienen zwei rechtwinkelig zusammengesetzte Bretter, in die der Vogelnistkasten gehängt werden kann. Erhält das Schutzdach einen zusätzlichen Bezug aus Dachpappe, kann der damit geschaffene trockene Unterstand den Hornissen jahrelang als Nistplatz dienen (BEIER 1990).

Zur natürlichen Ansiedlung: Nistkastenmodell Münden

Da alte Bäume, der klassische Nistplatz von Hornissen, in unseren weitgehend ausgeräumten Wäldern und Landschaften mittlerweile zur Mangelware geworden sind, leiden die auf Großhöhlen angewiesenen Hornissen heute unter akuter Wohnungsnot, die jedoch durch das Anbieten spezieller Nisthilfen etwas gelindert werden kann. Gut bewährt hat sich der von M. WALDSCHMIDT und

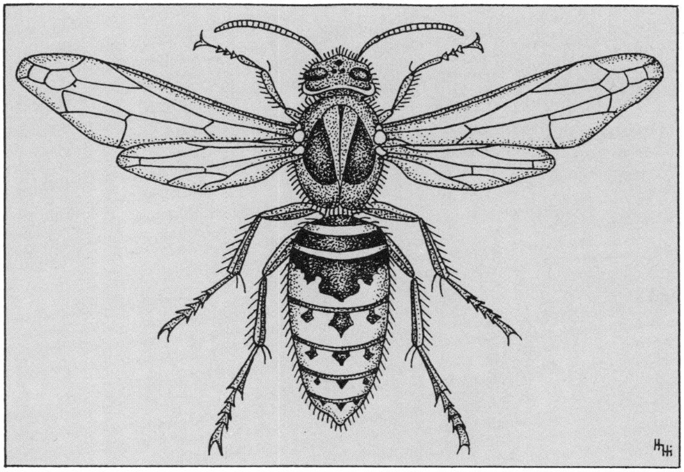

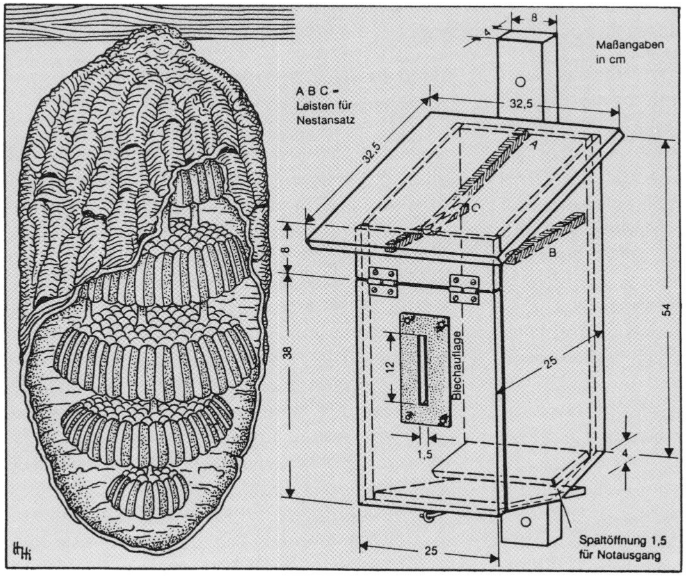

Als künstliche Nisthilfe hat sich der „Mündener Hornissenkasten" gut bewährt. Der Innendurchmesser des aus ungehobelten Fichtenbrettern bestehenden Kastens sollte nicht verändert werden, da sonst der Wabenbau nicht an den Seitenwänden und an den Holmen verankert und abgestützt werden kann. Die Spaltöffnung am Boden dient zur Belüftung und Feuchtigkeitsableitung (Planskizze nach WENDLER, *1987).*

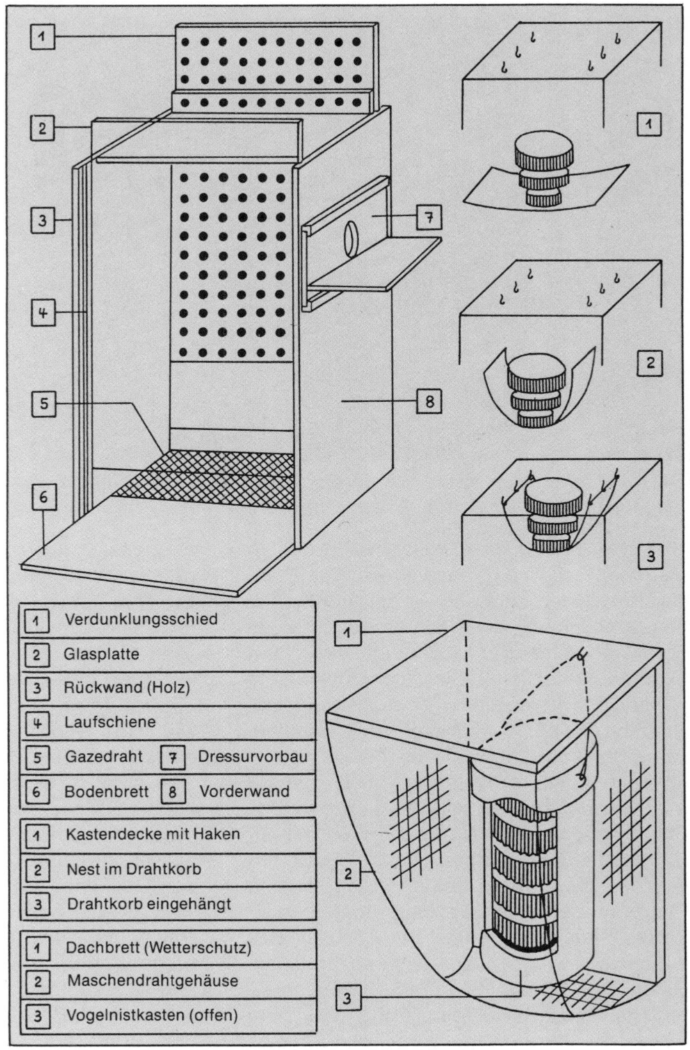

Oben: Hornissen-Nistkasten für Beobachtungszwecke und Umquartierung eines Hornissennestes mit Hilfe eines Maschendrahtkorbes. Unten: Für Hornissen mit einem Maschendrahtgehäuse erweiterter Vogelnistkasten (nach M. HALLMEN *und W.* BEIER, *1990/91). Wird das Drahtgehäuse vollständig in das Nest eingebaut, kann ein zweiter größerer Maschendraht-Mantel um das Nestgebilde gelegt werden.*

Beim Umquartieren einer Hornissenkönigin muß der Stiel der Anfangswabe in voller Länge erhalten bleiben.

Mit Hilfe von zwei durch die Wabengassen geschobenen Holzleisten läßt sich auch ein größeres Hornissennest umquartieren.

H. H. von Hagen entwickelte Nistkastentyp „Münden". Der auf nebenstehender Planskizze wiedergegebene Hornissen-Nistkasten stellt eine für den Nachbau vereinfachte Form des Mündener Modells dar und kann als natürliche Nisthilfe in solchen Gebieten eingesetzt werden, in deren nicht zu fernen Umgebung noch Hornissen vorkommen. Hornissenwohnungen dieser Art können in etwa 4 m Höhe an Waldrändern, Einzelbäumen und Gebäuden angebracht werden. Das Flugloch sollte nach Nordost bis Südost gerichtet und der Einflugbereich frei von Ästen sein, da diese Großinsekten einen offenen Flugraum benötigen. Werden mehrere Nistkästen angeboten, sollte der Abstand zwischen ihnen – je nach Deckungsgrad des Geländes – 30 bis 100 m nicht unterschreiten, da sonst Revierkämpfe mit tödlichem Ausgang zwischen den Hornissenvölkern ausgetragen werden. Alte Nester entfernt man erst zu Beginn der Hornissen-Saison (Anfang Mai), um darin überwinternden spezialisierten Lebewesen (Kommensalen) eine Überlebenschance zu geben.

Für Beobachtungszwecke: Nistkastenmodell Kreuzburg

Ein Hornissenkasten besonderer Art, der sich nicht nur für wissenschaftliche Untersuchungen, sondern auch im Rahmen der praktischen Naturerziehung hervorragend bewährt hat, ist das von W. Beier und M. Hallmen entwickelte Modell „Kreuzburg" (Abb. S. 109 rechts). Für die optimale Entwicklung eines Hornissenvolkes wurde bei diesem Nistkastentyp der Rauminhalt auf 2500 cm^3 erhöht. Ein gefährdetes oder für eine Umsiedlung vorgesehenes Hornissennest wird mit Hilfe eines Maschendrahtgeflechtes (Maschenweite 1,5 cm) in den Nistkasten eingebracht, indem das Nest in einen passenden Drahtkorb gelegt und dieser an den Deckenhaken des Kastens aufgehängt wird. Da die Seitenwände jeweils aus einer Glas- oder Plexiglasscheibe mit herausziehbarem Verdunklungsschied bestehen, ergeben sich zahlreiche Beobachtungsmöglichkeiten (nach Beier und Hallmen 1991): Aus- und Einflugfrequenzen bei unterschiedlichen äußeren Bedingungen, Anzahl der Arbeiterinnen mit Futterpäckchen und Baumaterial, Bautätigkeit an Waben und Hülle, wechselseitiges Füttern zwischen Arbeiterinnen und Larven, Wächterdienste. Das Anbringen eines Vorbaues für „Stockeingangsdressuren" ermöglicht darüber hinaus noch einfache Versuche zum Farben- und Formensehen, sowie zur Lernfähigkeit von Hornissen, ohne daß die Tiere dabei beeinträchtigt werden.

Umquartierung und Umsiedlung gefährdeter Nester

Überall dort, wo vernünftige Menschen trotz aller in Erwägung gezogener Absicherungsmaßnahmen in unzumutbarer Weise belästigt werden, also in jenen Ausnahmesituationen, wie sie nach sachlicher Aufklärung eigentlich nur sehr selten entstehen, ist als letztes Mittel auch eine Umquartierung oder Umsiedlung von Hornissenvölkern durch behördlich autorisierte und geschulte Fachleute möglich. Eine Umsiedlung in geeignete Habitate ist am einfachsten zu bewerkstelligen, wenn sich das Hornissenvolk in eine transportable Nistgelegenheit (z. B. Bienenbeute oder Vogelnistkasten) eingemietet hat. In allen anderen Fällen müssen die Kolonien mit ihrem Wabenbau zuvor in einen dafür vorgesehenen Nistkasten umquartiert werden. Umquartierungen müssen jedoch nicht stets eine Umsiedlung im Gefolge haben. Werden beispielsweise Nester in Rolladenkästen durch die beweglichen Teile ständig beschädigt, kann der Nistkasten nach erfolgter Umquartierung in unmittelbarer Nähe wieder angebracht werden, wenn sich die Hausbewohner nicht belästigt fühlen. Umquartiert oder umgesiedelt werden können einzelne Hornissenköniginnen kurz nach der Koloniegründung, sowie kleinere oder größere Volkseinheiten, wofür von Fachleuten jeweils bis ins Detail erprobte Verfahrensweisen, einschließlich zu beachtender Fütterungs-, Transport- und Freilassungsmethoden erarbeitet und publiziert wurden (vgl. M. WALDSCHMIDT/H. H. VON HAGEN 1982 und R. RIPBERGER/C. P. HUTTER 1992), bei deren Nichtbeachtung jeder noch so gut gemeinte und zudem nicht ganz ungefährliche Versuch scheitern muß. Umquartierungs- wie Umsiedlungsmaßnahmen sollten deshalb in jedem Fall von Spezialisten (z. B. durch hauptamtliche Naturschützer oder deren Beauftragte, entsprechend ausgebildete Imker oder Feuerwehrleute) durchgeführt werden.

Besser als ihr Ruf: Die „stechende Zunft"

Angriffe nur im unmittelbaren Nestbereich

Die Fähigkeit, Gift als Schutz- und Verteidigungsmittel im Kampf ums Dasein einzusetzen, teilen die stachelbewehrten Hautflügler mit zahlreichen anderen Tieren, von den niedrigsten bis hinauf zu den Wirbeltieren. Doch können sich nur die Weibchen der Bienen, Hummeln, Wespen und Hornissen dieser wirksamen Waffe bedienen. Das „starke" Geschlecht ist dagegen völlig wehrlos, da der Giftstachel entwicklungsgeschichtlich (phylogenetisch) aus dem Legebohrer hervorgegangen ist. Die Länge des Stachels beträgt bei der Honigbiene 2,5 mm, bei den Wespen 2,6 mm und bei den Hornissen 3,7 mm. „Verstochen" wird nicht nur fast dasselbe Gift, sondern pro Stich auch eine ähnliche Menge (etwa 0,1 mg) davon. Bei der Honigbiene werden damit 50–100 Mikrogramm Gifteiweiß abgegeben, bei den Wespen und Hornissen, die wiederholt zustechen können, sind es sogar nur 2–10 Mikro-

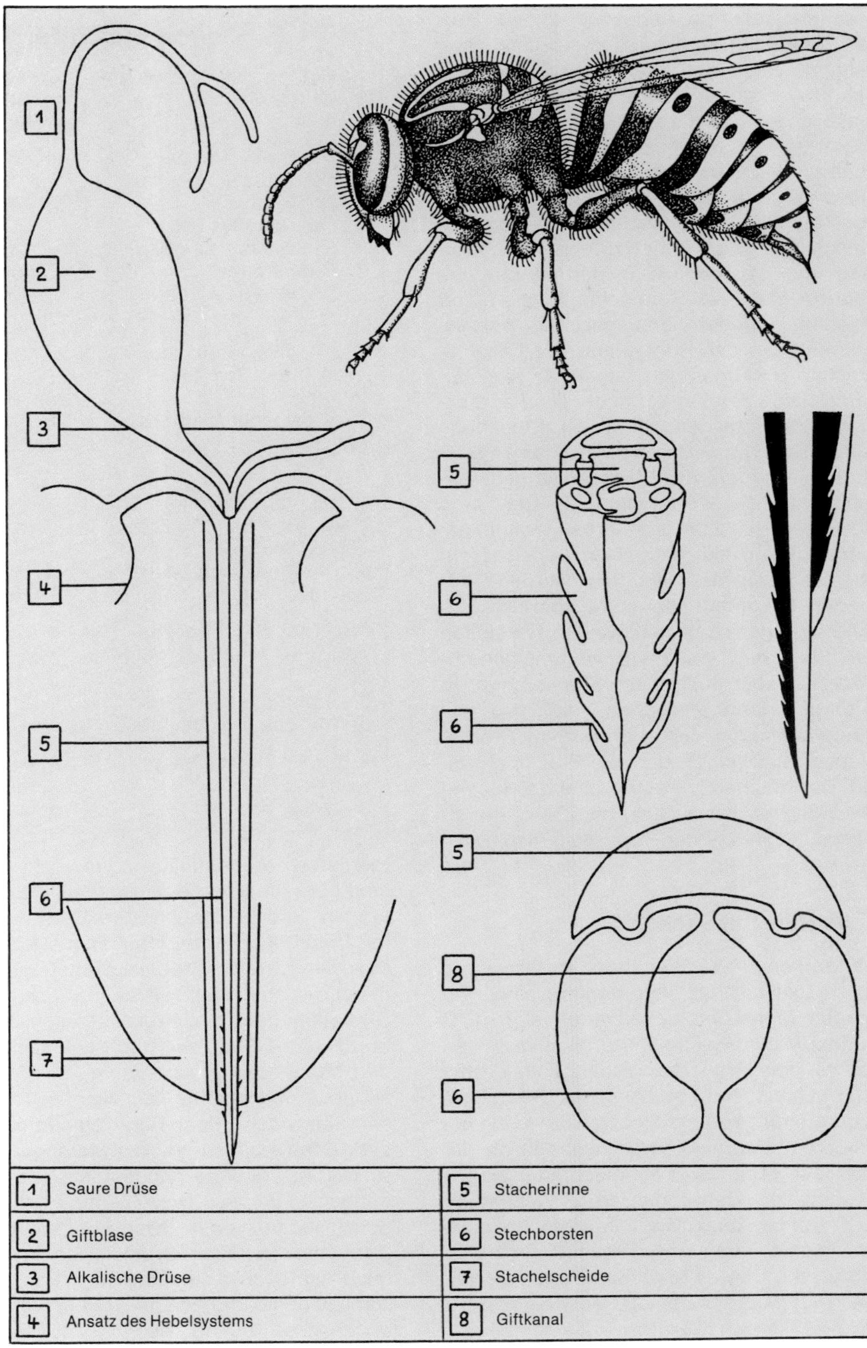

1	Saure Drüse	5	Stachelrinne
2	Giftblase	6	Stechborsten
3	Alkalische Drüse	7	Stachelscheide
4	Ansatz des Hebelsystems	8	Giftkanal

Schema des Stechapparates: Das Gift wird in einer sauren und alkalischen Drüse gebildet. Beim Stich werden beide Sekrete im Stachelrinnenkolben vermischt (z. T. nach RIPBERGER/HUTTER, 1992).

gramm. Gebildet wird das Gift in zwei Drüsen, einer sauren, die aus zwei Schläuchen besteht, und einer alkalischen Drüse. Das Sekret der sauren Drüse wird in der Giftblase gespeichert, erst beim Stich vermischen sich die Sekrete beider Drüsen im Stachelrinnenkolben. Der Giftstachel besteht aus zwei gezähnten Stechborsten, die von der Stachelrinne geführt werden und diese umschließen. Beim Stich dringen Stechborsten und Stachelrinne in den Körper ein, können aber bei Hummeln, Wespen und Hornissen wieder herausgezogen werden, während bei der Honigbiene der gesamte Stechapparat an einer bestimmten vorgebildeten Stelle abreißt und in der Haut zurückbleibt. Honigbienen zeigen in Stocknähe stets eine, je nach Rasse mehr oder weniger stark ausgeprägte Verteidigungsbereitschaft, während Hummeln, Wespen und Hornissen sich nur dann ihres Stachels bedienen, wenn sie festgehalten, gequetscht oder sonstwie derb angefaßt werden. Störungen im unmittelbaren Nestbereich (Erschütterungen, Beschädigungen, Verstellen der Flugbahn, Anatmen, Herumstochern) versetzen aber auch diese Stachelträger in erhöhte Alarmbereitschaft, während sie schon in einigen Metern Entfernung Störenfrieden ausweichen und die Flucht ergreifen. Der Nestbereich umfaßt bei den kleineren Wespenarten 2–3 m, bei der Mittleren Wespe 1–2 m, bei der Hornisse 3–4 m (H.-H. von Hagen, 1993).

Wichtige Unterscheidungshilfen im Überblick

Nester im Boden, vereinzelt auch in oberirdischen Höhlen	Nester freihängend, vorwiegend in Gebüschen oder an Kräutern	Nester freihängend, vorwiegend in und an Gebäuden
1. **Deutsche Wespe** *(Paravespula germanica)* 2. **Gemeine Wespe** *(Paravespula vulgaris)* 3. **Rote Wespe** *(Paravespula rufa)*	1. **Mittlere Wespe** *(Dolichovespula media)* 2. **Waldwespe** *(Dolichovespula sylvestris)* 3. **Heide-Feldwespe** *(Polistes nimpha)*	1. **Sächsische Wespe** oder Dachwespe *(Dolichovespula saxonia)* 2. **Gallische Feldwespe** oder Französische Feldwespe *(Polistes gallicus)*
1. u. 2. Nester oft sehr groß, bis zu 2 m Nestumfang 3. Nest meist kleiner als ein Fußball	1. Nest bis Fußballgröße 2. Nest meist kleiner als ein Fußball 3. Nest nur aus einer Wabe bestehend, ohne Außenhülle	1. Nest bis Fußballgröße, aber meist kleiner 2. Nest nur aus einer Wabe bestehend, ohne Außenhülle
1. u. 2. Große Volksstärken mit max. 5000 bzw. 7000 Tieren 3. Kleine Volksstärken: 200–300 Tiere	1. u. 2. Kleine Volksstärken mit max. 200–300 Tieren 3. Kaum mehr als 10–30 Tiere	Kleine Volksstärken: 1. max. 200–300 Tiere 2. Kaum mehr als 10–30 Tiere
1. u. 2. Langer Lebenszyklus bis Anfang November 3. Kurzer Lebenszyklus bis Mitte September	1. u. 2. Kurzer Lebenszyklus bis Mitte September 3. Kurzer Lebenszyklus bis in den Herbst	1. Kurzer Lebenszyklus bis Mitte September 2. Kurzer Lebenszyklus bis in den Herbst
1. u. 2. können lästig werden 2. völlig harmlos	Alle Arten völlig harmlos, kommen nicht in Wohnungen	Beide Arten völlig harmlos, kommen nicht in Wohnungen

Erste Hilfe bei Stichen

Weder Bienen-, Wespen- noch Hornissengift ist so toxisch, daß Vergiftungen eines gesunden Menschen zu erwarten sind. Erst Hunderte von Wespen- und Bienenstichen können beim Menschen zum Kollaps führen oder Lebensgefahr signalisieren. Auch dem Hornissengift kommt nachweisbar keine besondere Gefährlichkeit zu, wenngleich der Stich subjektiv etwas schmerzhafter als ein Wespenstich empfunden wird. Wenn dennoch von spektakulären Todesfällen nach einzelnen Stichen berichtet wird, liegt eine allergische Überempfindlichkeit des Betroffenen vor. Man schätzt, daß jedoch nur 3–5% der Bevölkerung allergisch auf Insektengifte reagieren. Augenfällige Hinweise darauf sind über die Norm hinausgehende Schwellungen und Rötungen der Einstichstelle, Hautreaktionen fernab der Stichstelle (z. B. über den ganzen Körper verbreitetes Nesselfieber), Schwindel, Übelkeit, Erbrechen, Durchfall, Atem- und Kreislaufbeschwerden. In solchen Fällen, wie auch bei Stichen in den Mund- und Rachenraum, ist sofortige ärztliche Hilfe erforderlich. Nicht selten werden aber nach Stichen auftretende erhebliche Schmerzen und Schwellungen vorschnell als Allergie mißdeutet. Quaddelbildungen bis zu zwei Zentimetern und Schwellungen von einigen Zentimetern Durchmesser liegen durchaus noch im Bereich von Normalreaktionen, auch wenn starke Ödembildungen im Gesicht (vor allem in der Augenregion) besonders schmerzvoll und entstellend sind. Die Gefahr bedrohlicher toxischer Reaktionen besteht nach heutigem Wissensstand bei Kindern erst ab 50 Stichen, bei Erwachsenen ab 100–500 Stichen. Was ist zu tun, wenn es trotz aller Vorsicht zu Stichen kommt? Bei Bienenstichen sollte der in der Haut steckende Stachel mit dem Finger weggewischt oder weggeschoben werden. Beim Greifen des Stachels mit den Fingernägeln oder mit einer Pinzette würde der Inhalt der noch am Stachel befindlichen Giftblase vollends in die Stichwunde gepreßt werden. Ein geringer Teil des injizierten Giftes kann durch sofortiges Aussaugen und Ausspucken wieder zurückgeholt werden. Zur Herabsetzung von Schwellungen und zur Schmerzlinderung haben sich Umschläge mit essigsaurer Tonerde, ein Auftragen von kühlenden Salben oder ein Betupfen mit 96%igem Alkohol (Apotheke), sowie ein Bedecken der Einstichstelle mit Eiswürfeln und kalten Kompressen bewährt. Bei nachgewiesener Überempfindlichkeit auf Insektenstiche sollte eine Hyposensibilisierung angestrebt werden, die in etwa 90% der Fälle erfolgreich ist (H.-H. VON HAGEN/H. GEFFCKEN, 1993).

Aufklärung durch sachliche Information

Die wohl wichtigste Voraussetzung für eine Vermeidung stichhaltiger Auseinandersetzungen einerseits und die Verwirklichung effektiver Schutzmaßnahmen andererseits ist sicher in einer veränderten Einstellung gegenüber diesen stachelbewehrten, aber im Grunde friedlichen Hautflüglern zu sehen, die trotz gnadenloser Vernichtungsfeldzüge die Kriegserklärung des Menschen niemals erwidert haben. Gefordert sind wesentlich mehr Toleranz und ein höheres Maß an Duldsamkeit. Diese Ziele können nur erreicht werden, indem Vorurteile durch sachgerechte Aufklärung abgebaut und eklatante Informationsdefizite durch Vermittlung notwendiger Grundkenntnisse beseitigt werden. Allein die Tatsache, daß Wespen- und Hornissenstaaten einjährig sind und die im Herbst leerstehenden Nester nie ein zweites Mal besiedelt werden, ist vielen Menschen völlig unbekannt. Vor allem dürfen Hornissen nicht weiterhin als gefährliche Schädlinge und stechlüsterne Horrorwesen eingestuft, sondern müssen als unverzichtbarer Teil im komplexen Artengefüge verstanden werden. Naturschutzverbände, Umweltbildungsstätten, Stadt- und Gemeindeverwaltungen, Feuerwehr, Forstämter, Imkervereinigungen, Schulen und Kindergärten, aber auch jeder einzelne kann einen wesentlichen Teil dazu beitragen, daß sachliche und fundierte Informationen über diese verkannten Insekten weitervermittelt werden und so allmählich zu einer Bewußtseinsänderung in breiter Öffentlichkeit führen.

Literatur

Insekten/Hautflügler:
Chinery, M.: Insekten Mitteleuropas. Hamburg 1984 – ders.: Pareys Buch der Insekten, Hamburg 1987 – Grzimek, B.: Grzimeks Tierleben, Insekten. München 1979 – Günther,K./ Hannemann, H.-J./ Hieke, F./ Königsmann, E./ Schumann, H.: Urania Tierreich, Insekten. Leipzig 1990 – Klots, A.B.: Knaurs Tierreich in Farben, Insekten. München 1955 – Sauer, F.: Bienen, Wespen und Verwandte. Karlsfeld 1985 – Schmiedeknecht, O.: Die Hymenopteren Nord- und Mitteleuropas. Jena 1930 – Schröder, Chr. (Hsg): Die Insekten Mitteleuropas, insbes. Deutschlands. Band I: Friese, W.: Bienen, Wespen, Grab- und Goldwespen. Stuttgart 1926 – Zahradnik, J.: Bienen, Wespen, Ameisen. Die Hautflügler Mitteleuropas. Stuttgart 1985.

Blütenökologie/Bienenweide:
Bertsch, A.: Blüten – Lockende Signale. Ravensburg 1975 – Heß, D.: Die Blüte. Stuttgart 1983 – Knoll, F.: Die Biologie der Blüte. Berlin 1956 – Kugler, H.: Blütenökologie. Stuttgart 1970 – Maurizio, A./ Grafl, I.: Das Trachtpflanzenbuch. München 1965 – Ministerium f. Ernährung, Landwirtsch., Umwelt u. Forsten Baden Württemberg: Landschaft als Lebensraum. Pflanzkatalog f. Vorhaben in der freien Landschaft u. im Siedlungsraum zur Verbesserung der Bienenweide u. des Artenreichtums. Stuttgart 1985 – Nettinger, M.: Unsere Bienenweide, ihre Erhaltung und Wege zu ihrer Verbesserung. Imkerfreund 2, 1983 – Probst, G.: Die Bienenweide. Stuttgart 1983 – Schaper, F.: Bienenweide-Lehrgarten in Schlüsselfeld. Imkerfreund 6, 1990 – Schriftenreihe des Deutschen Imkerbundes e.V.: Bessere Bienenweide. Nürnberg 1955 – Zander, E./Berner, W.: Die Bienenweide. Stuttgart 1979.

Honigbienen:
Büdel, A./Herold, E.: Biene und Bienenzucht. München 1960 – Diemer, I.: Bienen. Stuttgart 1986 – Drescher, W.: Imker im Dienst der Umwelt. AID, Bonn 1987 – Ewert, R.: Die Honigbiene als wichtigste Gehilfin im Frucht- und Samenbau. Leipzig (o.J.) – Frisch, K.v.: Aus dem Leben der Bienen. Berlin 1977 – Gerlach, A.: Die Bedeutung der Honigbiene für die Befruchtung von Kulturpflanzen. Merkblatt des Deutschen Imkerbundes, 1976 – Herold, E.: Neue Imkerschule. München 1965 – Herold, J.: Anfängerfibel, Flierl-Druck Amberg – Joyrish, N.P.: Die Welt der Bienen. Wien 1978 – Hüsing, J.O./Nitschmann, J.: Lexikon der Bienenkunde. München 1987 – Kobel, F.: Obstbau und Bienenzucht. Beiheft Schweizer. Bienenzeitung 3, 1942 – Melzer, W.: Schützt die Bienen. AID, Bonn 1978 – Pohl, E.: Die Imkerfibel. München 1978 – Pritsch, G.: Die Bedeutung der Bienen bei der Sicherung und Steigerung der Erträge im Obst- und Samenbau. Berlin 1961 – ders.: Untersuchungen über die Bedeutung der Honigbienen bei der Sicherung der Samenerträge von Winterwicken. Berlin (o. J.) – Schanderl, H.: Experimentelle Untersuchungen über den Einfluß der Bienen auf den Ertrag von Stachelbeeren. Südwestdeutscher Imker 8, 1957 – ders.: Die Bedeutung der Bienen für Obstbau und Landwirtschaft. Die Biene 10, 1957 – Schaper, F.: Die Bedeutung der Bienenzucht unter besonderer Berücksichtigung der Verhältnisse im Obstbau. Sonderdruck. Imkerfreund 4, 1986 – Spürgin, A.: Die Honigbiene. Stuttgart 1989 – Steuckardt, R.: Pollensammelnde Honigbienen als wirksame Bestäuber bei der Züchtung und im Samenbau von Luzerne, Rotklee und Ackerbohnen. Der Züchter 1/2, 1965 – Zander, E.: Handbuch der Bienenkunde in Einzeldarstellungen. Band IV, Stuttgart 1944 – Zander, E./Böttcher, F.K.: Haltung und Zucht der Biene. Stuttgart 1971 – Zeiler, C.: Ratschläge für den Freizeitimker. Melsungen 1989.

Hummeln:
Alford, D.V.: Bumblebees. London 1975 – Bärtschi, R.: Hummeln – die friedlichen Brummer. Eine Unterrichtseinheit für alle Schulstufen. Schweizer Bund für Naturschutz (SBN), Basel/Zürich 1989 – Frisch, K. v.: Tiere als Baumeister, Frankfurt a.M. 1974 – Hagen, E. v.: Hummeln – bestimmen, ansiedeln, vermehren, schützen. Augsburg 1990 – ders.: Die umfassende ökolog. Bedeutung der Hummeln, Erhaltungs- u. Schutzmaßnahmen. Praxis d. Naturwissensch. Biologie 6, 1984 – Hagen, H.-H. v.: Zur Einbürgerung u. Haltung von Hummeln in Nistkästen. Praxis d. Naturwissensch. Biologie 2, 1975 – Hallmen, M.: Hummeln erkennen leicht gemacht. Unterr. Biologie 174, 1992 – ders.: Ein Nistkasten zur künstlichen Ansiedlung von Hummeln der Gattung Bombus mit einem neuartigen Vorbau für einfache Stockeingangsdressuren zum Einsatz im aktiven Naturschutz. Mitt. int. ent. Ver. 14 (1/2), 1989 – Hintermeier, H.: Hummeln – Gefährdung, Bedeutung, Schutzmaßnahmen. Der prakt. Gartenratgeber, München 1987 – Horber, E.: Beitrag zur Domestikation der Hummeln. Sonderdr. aus d. Vierteljahresschr. d. Naturforsch. Gesellschaft in Zürich. Jg. 106, 1961 – Röseler, P.K.: Wird die Honigbiene in der Bestäubung unserer Nutzpflanzen von der Hummel verdrängt? Südwestdeutscher Imker 18, 1966 – Tack, K.J.: Hummeln und Wildbienen in der Großstadt. Siedlung u. Garten 7, 1984 – Witte, G.R./ Seger, J./ Häfner,N.: Hummelschauanlagen. Veröffentl. des Schulbiologiezentrums Hannover 1989 – Witte, G.R./Seger, J.: Hummeln. Umwelt-lernen 43, 1989 – ders.: Hummelmanagement. Unterr. Biologie 174, 1992 – Wolf, H.: Zur Hummelfauna von Südwestfalen – Gefährdung, Schutz. Der Märker 31, 1982 – Zapletal, F.: Über die Domestikation von Hummeln. Forschungsanst. f. Bienenkunde d. Tschechoslow. Akad. f. Landw., Versuchsbienenstand Filipow 1960.

Solitärbienen und Solitärwespen:
Bellmann, H.: Brutfürsorge solitärer Wespen und Bienen. Kosmos 1974 – Dorn, M./Weber, D.: Die Luzerne-Blattschneiderbiene. Wittenberg Lutherstadt 1988 – Drachenfels, O. v.: Grundlagen eines Hilfsprogrammes für Wildbienen, Falten-, Weg- und Grabwespen. Diplomarbeit am Inst. f. Landschaftspfl. u. Naturschutz d. Univ. Hannover, 1982 – Friese, H.: Die europäischen Bienen (Apidae). Berlin 1923 – Geiser, F.: Wildbienen – wehrhafte Blumenkinder. Hannover 1988 – Haeseler, V.: Anthropogene Biotope (Kahlschlag, Kiesgrube, Stadtgärten) als Refugien für Insekten, untersucht am Beispiel der Hymenoptera Aculeata. Zool. Jb. Syst. 99, 1972 – ders.: Landschaftsökolog. Stellenwert von Zaunpfählen am Beispiel der Nistgelegenheiten für solitäre Bienen u. Wespen (Hym. Aculeata). Natur u. Landschaft 54, 1979 – ders.: Ameisen, Wespen u. Bienen als Bewohner gepflasterter Bürgersteige, Parkplätze u. Straßen (Hym.Aculeata). Drosera 82, 1982 – Hallmen, M./Beier, W.: Einfache Versuche mit Osmia rufa L. als Motivation zum Artenschutz. Mitt. int. ent. Ver. 14, 1989 – Lohmann, M.: Naturinseln in Stadt und Dorf. München 1986 – Lüthje, E.: 'Alternative Imkerei' mit Wildbienen im Hausgarten. Landesverband Schleswig-Holsteinischer u. Hamburger Imker e.V. Bad Segeberg 1992 – Mühlen, W./Schlagheck, G.: Wildbienen. Biologie, Bedrohung, Schutz. Landwirtschaftsk. Westf.-Lippe Inst. f. Pflanzenschutz, Saatgutuntersuchung u. Bienenkunde. Münster 1991 – Olberg, G.: Das Verhalten der solitären Wespen Mitteleuropas. Berlin 1959 – Westrich, P.: Wildbienen. Ökologische Bedeutung – Gefährdung – Schutz. Veröffentl. Naturschutz Landschaftspflege Baden-Württemberg, Karlsruhe 1983 – ders.: Wildbienen-Schutz in Dorf und Stadt. Arbeistbl. Naturschutz (1), Karlsruhe 1983 – ders.: Die Wildbienen Baden-Württembergs. Allgemeiner und Spezieller Teil, Stuttgart 1990.

Wespen und Hornissen:
Beier, W.: Beobachtungen und Experimente zur Orientierung der Deutschen Wespe (Paravespula germanica) am Futterplatz. Zoologische Beiträge 28/3, Berlin 1982/83 – Blüthgen, P.: Die Faltenwespen Mitteleuropas. Berlin 1961 – Döhring, E./Kemper, H.: Die sozialen Faltenwespen Mitteleuropas. Berlin 1967 – Hagen, H.-H.v./Waldschmidt, M.: Die Hornisse. Erfahrungen und Erfolge beim Schutz unserer größten sozialen Faltenwespe. Sonderdruck aus ÖKO-L., Zeitschr. f. Ökologie, Natur- und Umweltschutz 2, 1982 – Hagen, H.-H. v./Geffcken, H.: Wenn Hummeln, Wespen und Hornissen störend auftreten: Richtig beraten und Naturschutzgesetze beachten! Deutsches Bienen Journal 6/1993 – Hallmen, M.: Ein Nistkasten für soziale Faltenwespen zum Einsatz im Naturschutz und in der praktischen Naturerziehung. Entomol. Nachrichten u. Berichte 34/ 4, 1990 – Hallmen, M./Beier, W.: Ein Nistkasten für die Hornisse Vespa crabro L. zum Einsatz im Naturschutz und in der praktischen Naturerziehung. Mitt. internat. entomol. Ver. 16 (3/4) Frankfurt a.M. 1991 – ders.: Maßnahmen zum Schutz von Nestern der Hornisse Vespa crabro L. in Vogelnistkästen. LUSCINIA 46, H. 5/6, Frankfurt a.M. 1990 – Hintermeier, H.: Wespen und Hornissen als Unterrichtsthema. Sonderdruck im Selbstverlag. Gallmersgarten 1991 – Laukötter, G./Niemeyer-Lüllwitz, A.: Stichpunkte für den Wespenschutz u. Mit Hornissen leben? Informationsblätter des Naturschutzzentrums NRW bei LÖLF, Recklinghausen 1992 – Pfletschinger, H.: Die Wespe mit dem Schnakenstich. Kormos 9, 1979 – Reichholf, J.: Wir tun was für Insekten. München 1987 – Ripberger, R.: Hornissen – Erfordernisse des Artenschutzes und ihre praktische Umsetzung. Beiträge d. Akad. f. Natur- u. Umweltschutz Baden-Württemberg, Bd. 7, Stuttgart 1990 – Ripberger, R./ Huttter, C.-P.: Schützt die Hornissen. Stuttgart 1992 – Schremmer, F.: Wespen und Hornissen. Wittenberg Lutherstadt 1962 – Wolf, H.: Eine Lanze für Wespen gebrochen. Plettenburg 1985

Abbildungen:
D. Bausenwein: S. 65; H. Bellmann: 37 l, 39 l, 56, 57, 58, 59, 60; O. Danesch (FWU München): 41 m, 41 r, 95 m, 95 r, 100 ul; K. Fiedler (FWU München): 99; E. v. Hagen: 34, 37 l, 41 l; H.-H. v. Hagen: 104, 105 r, 108 l, 108 r, 110; K. Harz: 45 l, 68 r, 85, 86 r, 87 r, 100 ol, 103 l, 105 l, 106 l; H. Hintermeier: 23, 24, 26 l, 26 r, 49, 50 l, 52 r, 80 l, 80 m, 81 or, 106 r; K. Kieß: 19 l, 45 r, 97 ur, 100 ur, 103 r; T. Kittsteiner: 91 l, 92 r, 93, 108 m; E. Knapp: 63, 54 or; A. Krebs: 83, 84, 87 l; H. Kretschmer: 36 r, 39 r, 43 r, 68 l, 69, 86 l, 97 ol, 97 or, 100 or; M. Nettinger: 10 r; F. Pachtner: 36 l, 38, 42 l, 43 l, 97 ul; K. Paysan (FWU München): 45 m; P. Pretscher: 12 l, 13 r; F. Schaper: 10 l, 81 ol; F. Schremmer (FWU München): 91 r, 92 l, 95 l; E. Taube: 19 r, 42 r, 52 l, 54 l; W. Votteler: 6, 7, 33, 50 m, 50 r, 80 r, 81 ur; H. Weber (Bayer. Landesverband für Gartenbau und Landespflege e.V.): 12 r, 13 l, 14, 15, 16, 26 m, 29, 30, 32.

Umschlagbilder und Farbtafeln: Marianna Schmidt-Dünnenberger, Gossau, Schweiz. Federzeichnungen: Helmut Hintermeier, Gallmersgarten.

Inhalt